加快构建我国市域社会治理现代化体制机制研究

姬鹏程 赵春飞 王皓田 等◎著

中国市场出版社
China Market Press
·北 京·

图书在版编目（CIP）数据

加快构建我国市域社会治理现代化体制机制研究 / 姬鹏程等著.
—北京: 中国市场出版社有限公司， 2024.9
ISBN 978-7-5092-2488-5

Ⅰ. ①加… Ⅱ. ①姬… Ⅲ. ①城市管理－社会管理－现代化管理－研究－中国Ⅳ. ①D63

中国版本图书馆CIP数据核字（2023）第201568号

加快构建我国市域社会治理现代化体制机制研究

JIAKUAI GOUJIAN WOGUO SHIYU SHEHUI ZHILI XIANDAIHUA TIZHI JIZHI YANJIU

著　　者: 姬鹏程 等
责任编辑: 晋璧东（874911015@qq.com）
出版发行: 中国市场出版社
社　　址: 北京市西城区月坛北小街2号院3号楼（100837）
电　　话: （010）68033539/68036672/68020336
经　　销: 新华书店
印　　刷: 河北鑫兆源印刷有限公司
成品尺寸: 170mm × 240mm　　**开　　本:** 16
印　　张: 19.5　　**字　　数:** 260千
图　　数: 52　　**表　　数:** 7
版　　次: 2024年9月第1版　　**印　　次:** 2024年9月第1次印刷
书　　号: ISBN 978-7-5092-2488-5
定　　价: 118.00元

课题组成员名单

课题负责人：姬鹏程 赵春飞

课题组成员：胡杰成 孙长学 王皓田 张文明 刘凡熙

前言

市域社会治理是国家治理的重要基石，也是基层治理的关键环节。党的十八大以来，党中央从党和国家事业发展全局和战略的高度，就推进国家治理体系和治理能力现代化提出一系列新理念新思想新战略，为我们加快推进市域社会治理现代化提供了行动指南。党的二十大报告进一步明确指出，完善社会治理体系，加快推进市域社会治理现代化，提高市域社会治理能力。市域社会治理做得怎么样，事关顶层设计落实落地，事关市域社会和谐稳定，事关党和国家长治久安，加快推进市域社会治理现代化建设意义重大。

2019年12月，全国市域社会治理现代化试点工作部署启动。各地认真贯彻落实党中央关于推进市域社会治理现代化的部署要求，在构建市域社会治理现代化体制机制上积极探索、创新实践，采取了一系列有效举措，积累了不少鲜活经验。但仍存在体制机制不够健全、统筹不够有力、推进不够有效等问题，需要加快构建市域社会治理现代化体制机制，完善市域社会治理体系，确保市域社会治理现代化行稳致远。

基于上述背景，国家发展改革委经济体制与管理研究所课题组围绕“构建市域社会治理现代化体制机制”这一主题，在深入调研部分市域社会治理现代化试点城市，分析面临问题和体制机制障碍的基础上，研究提出了构建我国市域社会治理现代化体制机制的路径举措。本书是在中国宏观经济研究院2021年重点课题的成果基础上修订而成，分为总论篇、专题篇、调研篇三个方面。姬鹏程负责课题组织，拟定研究框架，修改审定书稿；赵春飞、王皓田负责课题具体组织实施，拟定研究框架，整合修改书稿。总论篇主报告由姬鹏程、赵春飞、王皓田执笔，结合各专题研究报告、调研报告相关内容完成；专题篇包括7个专题报告，专题报告一由张文明执笔，专题报告二由王皓田执笔，专题报告三由胡杰成执笔，专题报告四由刘凡熙执笔，专题报告五由孙长学执笔，专题报告六、七由赵春飞执笔；调研篇报告包括2个调研报告、1个问卷调查报告，调研报告一由张文明执笔，调研报告二由王皓田执笔，问卷调查报告由刘凡熙执笔。

在研究和成稿过程中感谢中国宏观经济研究院的各位评审专家给予的指导，感谢李军、严曦等各位领导给予的大力支持，当然本书的所有观点由课题组负责，如有不当之处请批评指正。

姬鹏程

2023年9月

目录

总论篇

主报告：加快构建我国市域社会治理现代化体制机制研究 / 3

一、市域社会治理的理论框架与功能定位 / 4

二、当前我国市域社会治理现代化试点的主要做法与面临问题 / 14

三、国内推进市域社会治理现代化的典型案例与经验启示 / 23

四、构建我国市域社会治理现代化体制机制的总体思路与目标 / 37

五、构建我国市域社会治理现代化体制机制的路径举措 / 45

专题篇

专题报告一：市域社会治理的理论基础、发展历程与未来目标研究 / 55

一、市域社会治理的内涵与外延 / 56

二、构建市域社会治理现代化的重大意义 / 63

三、我国社会治理体制机制的演化历程 / 65

四、市域社会治理现代化未来趋势与目标 / 68

五、结论与建议 / 70

专题报告二：市域社会治理的功能特征研究 / 75
一、市域社会治理的提出：开启社会治理新征程 / 76
二、市域社会治理的功能特征 / 82
三、推进我国市域社会治理现代化的路径与建议 / 86
专题报告三：完善市域社会治理多元主体参与机制研究 / 95
一、完善市域社会治理多元参与机制的理论基础 / 96
二、我国社会治理体制改革进展 / 101
三、我国市域社会治理多元参与机制存在的短板和不足 / 104
四、完善市域社会治理多元参与机制的思路和原则 / 109
五、完善市域社会治理多元参与机制的主要举措 / 111
专题报告四：以公共服务能力建设为重点，健全市域社会治理的体制机制研究 / 125
一、概念界定与理论梳理 / 126
二、市域社会治理面临的公共服务新需求和新趋势 / 133
三、市域社会治理公共服务能力建设中存在的短板弱项 / 143
四、以公共服务能力建设为重点健全市域社会治理体制机制的基本原则 / 146
五、以公共服务能力建设为重点健全市域社会 / 148
专题报告五：分类推进市域社会治理问题研究 / 155
一、分类推进市域社会治理基本依据及分类标准 / 156
二、市域社会分类治理要解决的主要问题 / 163
三、分类推进全域社会治理改革 / 167
四、完善分类治理的体制机制改革举措建议 / 176

专题报告六：国内市域社会治理典型案例研究 / 185

一、市域社会治理改革试点的基本情况 / 186

二、市域社会治理现代化典型案例剖析 / 189

三、试点城市改革存在的主要问题 / 203

四、下一步完善改革试点的对策和建议 / 206

专题报告七：推进市域社会治理数字化体制机制研究 / 211

一、市域社会治理数字化的重要作用 / 212

二、市域社会治理数字化的进展 / 216

三、市域社会治理数字化的突出问题和风险 / 226

四、完善市域社会治理数字化体制机制的思路、目标和体系设计 / 232

五、加快完善市域社会治理数字化体系的主要途径 / 235

调研篇

调研报告一：数字赋能市域社会治理的困境与难点 / 245

一、数字赋能市域社会治理的主要做法 / 246

二、数字赋能市域社会治理存在的突出问题 / 248

三、几点思考和建议 / 251

调研报告二：当前我国市域社会治理现代化试点的主要做法、面临问题与对策建议 / 255

一、市域社会治理现代化试点主要做法 / 256

二、市域社会治理现代化试点工作成效 / 260

三、市域社会治理现代化试点经验启示 / 264
四、市域社会治理现代化试点面临的突出问题 / 268
五、推进市域社会治理现代化建设的对策建议 / 271
问卷调查报告：以群众满意为目标 探索市域社会治理新路径 / 275
一、关于市域社会治理现代化的总体评价 / 276
二、关于市域政务服务和公共服务的评价 / 283
三、关于公共安全和矛盾调解的评价 / 289
四、关于社区治理与社会参与的评价 / 295
五、结论与建议 / 299

总论篇

主报告

加快构建我国市域社会治理现代化体制机制研究

内容提要： 推进市域社会治理现代化是国家治理体系和治理能力现代化的内在要求，是构建基层治理新格局的关键举措。课题组在全面梳理市域社会治理概念、理论框架与功能定位的基础上，通过对杭州、深圳、榆林、昆明与曲靖等四省五市的调研，了解当前我国市域社会治理现代化试点的进展情况与面临的问题。本文认为推进市域社会治理现代化建设，构建市域社会治理现代化体制机制，要牢牢把握国家治理体系和治理能力现代化的内在要求，紧紧抓住实践中存在的主要矛盾和突出问题，以实施全域、全面、全民“三全”市域社会治理，推进基层“六化”系统集成改革为基本思路，增强改革的系统性、整体性、协同性，健全党领导下的市域社会治理体系，创新市域社会治理方式，构建市域社会治理现代化新格局。

推进市域社会治理现代化是国家治理体系和治理能力现代化的内在要求，是构建基层治理新格局的关键举措。党的十九届四中全会明确提出，“加快推进市域社会治理现代化”，这是“市域社会治理”

概念第一次出现在党的纲领性文件中。党的十九届五中全会指出“加强和创新市域社会治理，推进市域社会治理现代化”。党的二十大进一步明确提出，完善社会治理体系，加快推进市域社会治理现代化，提高市域社会治理能力。加快构建市域社会治理现代化体制机制，完善市域社会治理体系，提高市域社会治理水平，对于推进国家治理体系和治理能力现代化，全面建设社会主义现代化国家具有重要意义。

一、市域社会治理的理论框架与功能定位

（一）市域社会治理的概念

基于我国国情政情社情，科学解析管制、管理与治理，社会治理、城市治理和国家治理，市域社会治理及其现代化的内在含义，分辨和厘清各自之间的联系与差异，对于达成市域社会治理现代化的基本内涵的共识，具有重要的认识基础意义。

1.“经济治理”“社会治理”与“城市治理”

“经济治理”是当今世界的重要议题，可以将经济治理理解为国家治理在经济领域的表现，是经济行为与治理关系的联结。斯蒂格里茨借助公共品与外部性的概念，将经济理论引入全球治理[1]。与全球治理所涉及的领域有别，全球经济治理更强调国际管理机构来约束成员的经济行为[2]。以国家为基点，建构一种超越纯粹经济增长的视

[1] 约瑟夫·E.斯蒂格利茨. 全球化及其不满[M].北京:机械工业出版社, 2010.

[2] Hirst,Paul,Grahame Thempson,Globalization in Question[M]. Blackwell Publishers,1999.

角，将经济治理界定为政府、社会组织、公民个人等主体通过一定形式的组织和制度安排，共同处理公共经济事务的过程，体现为经济治理行为和治理效果。

社会治理是多元社会主体共同参与的，旨在规范和维持社会秩序、预防和化解社会矛盾、维护社会稳定、保障国家和社会安全、促进社会公平正义、协调社会关系、增进社会和谐、激发社会活力、推动社会进步的活动。党的十八大报告指出，我国的社会治理是在“党委领导、政府负责、社会协同、公众参与、法治保障”的总体格局下运行的中国特色社会主义社会管理。

“城市治理”是治理的一种应用和延伸，是通过多个利益主体的对话、协调、合作以达到最大程度动员资源、实现利益关系双赢的利益调节机制和过程。这种调节机制发生在城市地域空间范畴内，涉及城市经济、社会、生态等方面的内容，是对城市运转过程中的土地、劳动力、信息、技术等生产要素的整合，是城市范围内政府、私营部门、非营利组织等多元主体，共同解决城市公共问题、提供城市公共服务、增进城市公共利益的过程。

在西方，“国家治理”意味着政府分权和社会自治。改革开放以来，我国国家治理的总体战略是党的领导、人民当家作主和依法治国有机结合。党的十八届三中全会提出：“全面深化改革的总目标是完善和发展中国特色社会主义制度，推进国家治理体系和治理能力现代化。”国家治理体系就是规范社会权力运行和维护公共秩序的一系列制度和程序。习近平总书记在论述国家治理体系时指出，“国家治理体系是在党领导下管理国家的制度体系，包括经济、政治、文化、社会、生态文明和党的建设等各领域体制机制、法律法规安排，也就是一整套紧密相连、相互协调的国家制度”[1]。

上述内容参见图1所示。

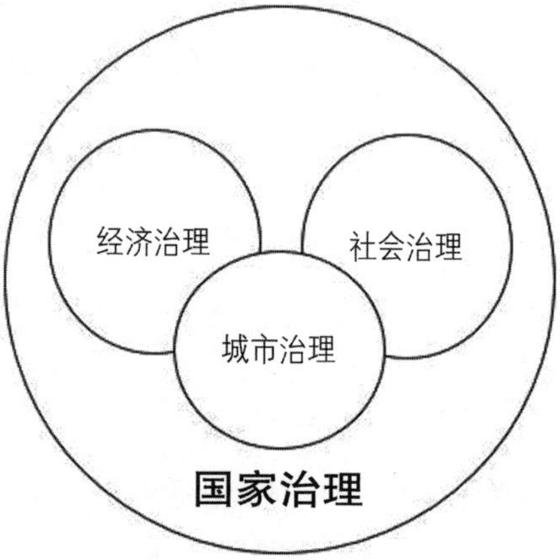

图1　经济治理、社会治理、城市治理与国家治理关系示意图

在中国政治话语体系和语境下，经济治理、社会治理和城市治理在本质上具有一致性，这就是中国共产党领导人民进行的治国理政，根本出发点是人民的根本利益。作为国家国体和根本制度实现的途径，国家治理显然包含着其他方面的治理。国家治理与经济治理、城市治理、社会治理之间的关系，是包含与被包含的关系。国家治理是总体治理，经济治理、城市治理、社会治理是国家治理的分支领域和子范畴。城市治理是国家治理在城市地域空间范畴内的体现，经济治理和社会治理是并列关系，是国民经济和社会发展的具体体现。城市治理中也有经济治理、社会治理，但城市治理与经济治理、城市治理

[1] 习近平:切实把思想统一到党的十八届三中全会精神上来[OL/EB].人民网.http://theory.people.com.cn/n/2014/0102/c49169-24000494.html.

与社会治理都不能简单地划等号。经济治理在城市的表现，可理解为城市经济治理。相应地，社会治理在城市的表现，即城市社会治理。

2.“市域”与“市域社会治理”

“市域”作为地域的一种空间表现，是自然要素与人文因素作用形成的综合体。按照我国行政体制，“市域”处在“省域”“县域”之间，反映“市”这一行政区划单位的时空特点、经济社会文化特征。由于历史沿革等原因，在不同场合我们还经常看到“直辖市”“副省级城市”“计划单列市”“省会城市”“较大的市”“设区的市”“县级市”等带有地域空间性质的用语。我国现有23个省、5个民族自治区、4个直辖市、2个特别行政区、293个地级市、965个市辖区、387个县级市。市域的空间范围与“副省级城市”“计划单列市”“省会城市”“地级市”等行政区划重叠，分为“设区的市”和“不设区的市”，包括县、乡镇、村和街道、社区在内的行政管理区域，也可以说是“大基层”。

市域社会治理可以理解成治理理念在市域层面的应用。本文认为市域社会治理是以设区的城市或拥有立法权的地级行政区为基本治理单位，以党的集中统一领导、政府负主责与公众广泛参与为主要特征的多元共治主体，以政治、法治、德治、自治和智治等“五治”融合为手段，以防范化解政治安全、社会治安、矛盾冲突、公共安全和网络安全等五类市域重大风险为着力点，以增强市民获得感、幸福感、安全感为落脚点，充分发挥市级层面在行政层级关系中的承上启下特殊位置的作用，实现全地域、全要素、全周期的社会治理。

（二）市域社会治理现代化的理论框架

市域社会治理现代化在市域层面的具体体现，包括市域社会治理目标、体制、方式、任务等全方位、多层次、高标准的社会治理现代化，不断增强人民群众的获得感、幸福感、安全感。

1.市域社会治理现代化目标：实现市域社会良序善治

国家治理的理想状态是良序善治（good governance）。良序善治是公共利益最大化的过程，其本质特征是国家与社会处于最佳状态[1]。党的二十大提出“以良法促进发展、保障善治”，这表明良序善治已经成为我国国家治理及社会治理的目标状态。具体而言，坚持服务人民的人民立场，把增进人民福祉、促进人的全面发展作为根本出发点和落脚点，实现好、维护好、发展好最广大人民根本利益；坚持公平正义的价值取向，实现规则公平、机会公平、权利公平；坚持依法治理的基本遵循，发挥法治对社会治理的保障、服务和促进作用；坚持制度创新的必由途径，从政府包揽向政府负责、社会共同治理转变；坚持党的领导的根本保障，充分发挥党总揽全局、协调各方的领导核心作用。市域社会治理现代化的基本目标就是要实现市域社会的良序善治，并为整个国家的善治提供坚实支撑。

2.市域社会治理现代化体制：构建“纵向到底、横向到边”治理体系

市域社会治理将“市”整合到社会治理结构之中，逐步形成了党中央集中统一领导，市级重统筹协调，县（市、区）级重组织实施，乡镇

---

[1] 俞可平. 论国家治理现代化[M]. 北京:社会科学文献出版社, 2014:3.

（街道）重强基固本，权责明晰、层层推进、上下贯通的纵向治理架构。在横向层面，市域社会治理形成了党委领导、政府负责、群团组织助推、社会组织协同、人民群众参与的治理体制，增强市域社会治理的聚合力，把分散的资源集合起来[1]。由此，以市域为单元的社会治理体制建立了纵向连接通畅、横向联结多元、纵横合作的新模式。

3.市域社会治理现代化方式：实施“五治”融合治理方式

“政治”强引领，以党的政治建设为统领推进社会治理，坚定政治方向、强化政治领导、夯实政治根基、涵养政治生态，将政治引领贯穿于市域社会治理全过程和各方面。“法治”强保障，运用法治思维和法治方式解决市域社会治理难题，完善法律规范、用好立法权、增强执法效能、提高司法水平、推动全民守法，将市域社会治理纳入法治轨道。“德治”强教化，发挥道德教化推进社会治理的内在动力，挖掘德治资源、完善德治体系、强化德治约束、激发德治能量，推动成为市域社会治理现代化的强大力量。“自治”强基础，坚持和完善基层群众自治制度，建强自治组织、创新自治活动、激发自治活力。“智治”强支撑，发挥智治支撑作用，推进智防风险、智慧决策、智助司法、智利服务，为市域社会治理智慧化赋能。

4.市域社会治理现代化任务：防范化解市域重大风险

市域社会治理的重要职能之一就是防范化解市域重大风险，而由公共服务总量供给不足、服务供给不均等引发的收入分配结构不合理、贫富分化严重、社会不公平感等社会矛盾正是诱发社会风险的深层原因。因此，应将公共服务领域纳入市域社会治理。但这并不意味“无所不包”，而是应将“风险防控”与“公共管理服务”相结合，

[1] 杨磊,徐晓东. 市域社会治理的问题导向、结构功能与路径[J]. 改革, 2020(6).

聚焦政府在市域社会治理领域的公共服务能力建设问题，对标对表建议制定的社会治理标准和基本公共服务标准，努力补短板、强弱项，化矛盾、防风险。

（三）市域社会治理在国家治理体系中的地位和作用

1.战略强支点：在国家治理体系中具有特殊定位

在治理层级上，市域处于国家治理的中观层面，对上承担贯彻落实国家大政方针的重要责任，对下指导基层一线工作，可以起到“一子落而满盘活”的效果。在治理地位上，市域相比县域而言，政治、经济、社会等资源集中，人流、物流、资金流、信息流汇聚；相比省域而言，对基层的辐射力、影响力更大而且更为直接。在治理作用上，与县域相比，市域社会治理涉及对象多、问题更具体，可使用的资源更加丰富；与省域相比，市域更加接近基层，对党中央决策部署、国家大政方针的落实更容易拿出微观层面的操作方案和具体解决办法，治理更快速高效。

2.化解主阵地：对重大矛盾风险化解具有特殊作用

在化解成效上，市域是观察矛盾风险走向的晴雨表，一些最突出的矛盾和问题汇聚在市域，具有最大政策边际效应。在化解效率上，市域具有最优的治理半径，资源整合能力强，可以有效地防止矛盾风险向上传导、向外溢出。在化解影响上，市域直面人民群众，感受最直接、最灵敏，能够较好满足人民群众需求；而且，市域作为防止风险外溢扩散上行的重要关口，能够防止单个风险、局部风险的扩大，可以将影响降到最小范围。

3.集成综合体：对推进社会治理现代化具有特殊优势

在行政位阶上，市域作为“前线指挥部”，可以直面基层的各类问题，快速研判、协调联络、广泛调集、紧急处置，最大效能发挥基层“前沿战斗堡垒”作用。在资源统筹上，设区的市具有解决问题的物质基础和资源手段，往往能够统筹各种资源力量，及时有效解决各类突出问题。在法治手段上，设区的市具有地方立法权，可制定地方性法规规章，对于破难题、开新局具有重要的意义。

上述内容参见表1所示。

表1　市域相比省域、县域在社会治理中的优势

维度	优势
治理层级	市域处于国家治理的中观层面，对上承担贯彻落实国家大政方针的重要责任，对下指导基层一线工作。与县域相比，市域社会治理涉及对象多、问题更具体；与省域相比，市域更加接近基层，治理更快速高效。
资源统筹	设区的市具有解决问题的物质基础和资源手段，往往能够统筹各种资源力量，及时有效解决各类突出问题。设区的市具有地方立法权，可制定地方性法规规章，对于破难题、开新局具有重要的意义。
风险化解	市域是观察矛盾风险走向的晴雨表，是风险排查、预防、化解最直接，治理最有效的层级；市域具有最优的治理半径，具备较为完备的治理体系，化解效率最高；市域直面人民群众，感受最直接、最灵敏，能够较好满足人民群众需求；而且，市域作为防止风险外溢扩散上行的重要关口，能够防止单个风险、局部风险的扩大，可以将影响降到最小范围。

资料来源：课题组整理。

（四）推进市域社会治理现代化建设的重大意义

1.贯彻习近平总书记关于社会治理思想的重要举措

习近平总书记围绕社会主义社会建设和社会治理发表的一系列重要论述，立意高远，内涵丰富，思想深刻，是我们深刻认识民生建设和社会治理的行动指南。习近平总书记指出，“创新社会治理，要以最广大人民根本利益为根本坐标，从人民群众最关心最直接最现实的利益问题入手……要调整和完善不适应的管理体制机制，推动管理重心下移，把经常性具体服务和管理职责落下去，把人财物和权责利对称下沉到基层，把为群众服务的资源和力量尽量交给与老百姓最贴近的基层组织去做，增强基层组织在群众中的影响力和号召力”[1]。强调“一个现代化的社会，应该既充满活力又拥有良好秩序，呈现出活力和秩序有机统一”，提出“社会治理是一门科学”，实现了从“社会管理”到“社会治理”的新飞跃，构建了一个完整的科学理论体系。加快推进市域社会治理现代化，始终坚持以习近平新时代中国特色社会主义思想为指导，将习近平新时代中国特色社会主义思想的精神实质和丰富内涵贯彻落实到市域社会治理的各项工作之中，坚持和完善共建共治共享的社会治理制度的总要求，把准市域社会治理的时代脉搏，倾听市域社会治理的时代呼声，创新市域社会治理的时代路径，探索具有中国特色、市域特点、时代特征的社会治理新模式。

2.推进国家治理能力现代化的内在要求

实现全面深化改革的总目标，实质上就是要推动中国特色社会主义

---

[1] 中共中央文献研究室. 习近平关于社会主义社会建设论述摘编[M]. 北京:中央文献出版社, 2018.

制度更加成熟、更加定型，为党和国家事业发展、为人民幸福安康、为社会和谐稳定、为国家长治久安提供一整套更完备、更科学、更规范、更管用的制度体系。市域社会治理在国家治理中具有承上启下的枢纽作用。市域层面具有较为完备的社会治理体系，具有解决社会治理中重大矛盾问题的资源和能力，是将风险隐患化解在萌芽、解决在基层的最直接、最有效力的治理层级，处于推进基层治理现代化的前线位置。

3.破解现代治理难题的现实需要

当前，社会问题日趋复杂，传统的社会管理模式、手段和制度越来越难以应对，更难以从根本上解决层出不穷的新问题。比如，中央和地方财权事权等权责划分有待明晰，尚未形成以市域为主体的资源配置机制；社会治理“条块”分治严重，条块间协同演进不充分；治理资金投入机制不健全，人才保障力度不足；数字化智能化不足，无法实现精细治理、精准治理；公众参与社会治理常态化机制尚未建立，多元主体参与治理的程度还没有形成。因此，要积极推进市域社会治理现代化，创新市域社会治理体制、完善市域社会治理体系、增强市域社会治理能力，才能更加有力、更加有效地解决各种社会矛盾和问题。

4.持续提升人民群众获得感幸福感安全感的实施路径

推进市域社会治理现代化是深入践行以人民为中心的发展思想的具体行动。市域社会治理现代化，表面上是要解决治理的问题，根本上是解决如何让人民群众更好发展、更幸福生活，说到底是“为了谁”“依靠谁”的问题。新时代社会主要矛盾发生了深刻的变化，人民群众对美好生活的追求日益强烈，在民主、法治、公平、正义、安全、环境等方面的需求日益增长，要求我国必须实现高质量的发展。高质量的发展必然要求高质量的社会治理，作为承上启下、统领基层治理单元的市域，其治理的范围适中，能够为辖区内居民提供便捷有效的管理和服务，对满足人民群众日益多样化、个性化的需要具有不可替代的作用。

二、当前我国市域社会治理现代化试点的主要做法与面临问题

2019年12月，全国市域社会治理现代化工作会议召开，部署启动市域社会治理现代化试点工作。试点实施以来，各地在《全国市域社会治理现代化试点工作实施方案》《全国市域社会治理现代化试点工作指引》指导下，在共性工作中求实效、在特色工作中求创新，为推进市域社会治理现代化探索新路。课题组于2021年5—6月先后赴浙江省杭州市、广东省深圳市、陕西省榆林市、云南省昆明市与曲靖市开展调研，实地走访11个街道（乡镇）、16个社区（村）以及综合治理中心、社会治理中心，与10个区（县、市）以及相关部门进行座谈，下文主要以试点城市调研情况为例，梳理分析试点的主要做法与面临问题。

（一）市域社会治理现代化试点的主要做法

2019年，中央政法委全面部署启动市域社会治理现代化试点工作，试点范围包括所有副省级市、地级市和自治州以及地（盟）、新疆生产建设兵团师市、直辖市下辖的区（县）。各市根据自我评估情

况，自愿申报。试点以3年为一期，第一期为2020—2022年、第二期为2023—2025年。

1.制定工作方案

中央政法委部署市域社会治理现代化试点工作，制定试点工作实施方案，并制定《全国市域社会治理现代化试点工作指引》，明确88项具体工作任务，提出具体工作要求，指导各省份部署开展试点工作。各试点城市根据中央政法委、省级党委政法委制定的试点工作方案、试点工作指引以及区域特色工作指引，制定市域社会治理现代化试点工作实施方案，发挥各市的特色优势。

深圳市制定《深圳市推进全国市域社会治理现代化试点工作三年行动方案（2020—2022年）》，对试点工作内容、项目、进度、分工等进行总体设计，明确可量化、可评价的49项具体任务，形成任务书，明确时间表、路线图。

云南省在中央政法委明确的具体任务的基础上，制定了《全国市域社会治理现代化试点工作——云南省区域特色工作指引》，根据当地少数民族多、边境地区等特色，补充云南省区域特色工作指引10条。

杭州市委政法委对照《全国市域社会治理现代化试点工作指引》和《全国市域社会治理现代化试点工作——浙江省区域特色工作指引》，结合杭州工作实际，确定17个重点任务，分解为41项具体工作，发挥杭州数字赋能市域社会治理特色优势，制定《杭州市推进市域社会治理现代化试点工作任务书》，逐项明确基本要求、推进举措、责任单位和完成时间，为工作推进把准方向。

2.建立工作机制

各试点城市注重高位统筹，建立职责清晰的组织体系，高位推动市域社会治理现代化各项重点工作，通过加强与部门间的横向沟通和区、县（市）间的纵向指导，确保工作提质增效。

杭州市探索形成“六和塔”治理结构，在纵向上明确“市级抓统筹主导、区县抓组织实施、乡村街社抓落实执行”，在横向上实施“党建领和、政府主和、社会协和、智慧促和、法治守和、文化育和”的六和工程，以及在镇街建立综治工作、市场监管、综合执法、便民服务“基层治理四平台”。

昆明市成立由市委书记和市长任双总指挥长的市域社会治理现代化试点工作总指挥部，设立17个由市级领导任指挥长的专项工作分指挥部，具体牵头负责推进落实。总指挥部下设办公室在市委政法委，由市委常委、市委政法委书记兼任办公室主任，办公室下设5个工作组，主要负责统筹谋划、工作指导、沟通协调、督促落实等工作。同时，抽调相关职能部门人员组成工作专班，负责协调推动、督促指导、考核通报等日常工作。在全国范围内选聘30位社会治理专家组建“专家智库”，从本市选取40名专业人员建立“本土人才库”，为探索市域社会治理路径和方法出谋划策。

曲靖市成立了由省委常委、市委书记任组长，市长任第一副组长，其他16位市级领导任副组长的“1+16”工作体系。将市域社会治理现代化作为“一把手”工程，做到“三个纳入”，全面统筹推进。

3.完善基层治理机制

全面推进基层社会治理现代化，是坚持和完善中国特色社会主义制度、推进国家治理体系和治理能力现代化的一项重要工作和基础工程。各地都在加强党建引领、做实网格、整合资源提升服务、激发自治活力、加强智治支撑、打造样板等方面不断进行改革创新，极大地提升了基层治理能力，提高了居民满意度。

榆林市榆阳区在围绕城区、乡村两大治理板块，在城区治理层面，全面推行组织联建、网格联心、会议联席、事务联商、群众联动、矛盾联调、成效联评等“七法联通”治理模式；在乡村治理层面，全面推行引领制、融合制、网格制、协商制、联调制、积分制、评议制等“七制融合”治理模式，涌现出新明楼街道三官会社区“三区联动”、沙河路街道榆康社区智慧治理等一大批治理典型。

各地也在着手建立综合网格制度，构建基础管理服务平台。深圳推进“多网合一”构建全科网格基层社会治理体系，整合各类行业网格，按照“任务相当、方便管理、界定清晰”的理念，根据人口、面积、楼栋数量（间套数）、历史因素和治理对象的物业形态类型等五大要素科学划分全科网格，承担信息采报、便民服务、矛盾化解、隐患排查、治安防范、人口管理、法治宣传、心理疏导以及其他服务管理职能，形成明晰的网格服务管理体系。

（二）市域社会治理现代化试点工作成效

自2020年市域社会治理现代化建设试点以来，试点城市风险防控能力普遍提高，基层治理基础进一步夯实，数字赋能社会治理更加深化，社会治理内在活力有效激发。

1.风险防控能力普遍提高

深圳市2020年全市接报刑事治安总警情同比下降18.5%，创历史新低，命案连续4年实现“发案不过百、破案百分百”；排查社会领域重大矛盾662宗，化解632宗，化解率达到95.5%；成立全国首个商事调解协会，填补金融等领域商事调解空白。榆林市2020年刑事、治安警情指数全面下降，扫黑除恶专项斗争综合考核全省排名第三；信访事件平均办理时间从平均55天缩短至16天，实现全年“赴省进京”零非访；全市道路交通事故起数、死亡人数、受伤人数同比下降9.65%、16.14%、10.29%。昆明市2020年社会治安整体呈现“11降9升”的良好态势，全市“两抢”警情“零接报”225天，命案发案数较2019年下降29.34%；畅通“线上+线下、现场+远程”矛盾化解双渠道，人民调解成功率始终保持在99%以上，城市公共安全感指数跃居全国省会城市首位。2020—2022年，曲靖市连续两年实现命案发案数和十万人发案率大幅“双下降”；到京非接待场所上访同比下降88%，到省集体上访同比下降29.4%，实现信访“退三”目标；发生安全事故起数、死亡人数、受伤人数、直接经济损失数，较2019年分别下降40.5%、37.4%、26.5%、15.9%，实现“四个下降”。

2.基层治理基础进一步夯实

杭州市2020年市级综治中心建成，县级矛盾调处中心实现全面覆盖，镇级矛盾调处中心规范提升；全科网格建设深入推进，全市共划分网格10093个，配专职网格员10419人，将信访维稳、矛盾纠纷、治安隐患、食药安全等22大类网格事件全部纳入网格化管理，网格员上报有效事件办结率达99.65%。深圳市强固基层基础末端支撑，截至2021年5月，共建成1个市级综治中心、10个区级综治中心、74个街道综治中心、659个社区综治中心、基本实现综治中心全覆盖；宝安区共有楼栋长、门店长义警约5.3万人，物管员、保安员义警约3.56万人。昆明市加强综治中心建设，全市85%的乡镇（街道）联通综治视联网，确保有效发挥综治中心基层社会治理实战平台作用；强化网格管理，划分4265个网格，配备网格员9349名，实现矛盾在网格内化解、问题在网格内解决、服务在网格内满足。

3.数字赋能社会治理更加深化

杭州市推进“雪亮工程”视频共享应用和智慧安防小区建设，2020年实现重点公共区域和重点行业领域公共区域视频监控联网率、覆盖率两个100%，以及住宅小区和农村出入口视频监控全覆盖；不断更新完善统一地址库，统一地址库内已赋码地址10053844条，有效采集人、房、企等信息11710638条，服务调用信息近亿次；市、县两级“基层治理四平台”迭代升级，综合执法平台、市场监管平台上报事件办结率分别为99.6%、99.95%。深圳市推进智能成果深度应用，形成“全覆盖、全共享、全智能”的公共安全视频监控深度智能应用体系；建成涵盖2000多万人口、360多万法人、64万栋房屋的社会治理大数据库；统一地址应用范围逐步扩大，“块数据+商事主体登记”破解虚假地址注册和监管难题。昆明市构建“服务联系、信息服务、创业促就业服务、纠纷调处和法律援助、民族社团培育”等“五位一体”少数民族服务平台，开展“互联网+公共法律服务”，建成公共法律服务实体平台1815个；建成“智慧安防小区”2372个；研发推广电子居住证，让流动人口共享社会治理便捷服务。曲靖市完成市级综治“9+X”大数据应用平台建设，建成公共安全视频监控8万多路，初步实现公安、城管等基础数据的整合联通。

4.社会治理内在活力有效激发

杭州市社会组织活力迸发，2020年已培育省级品牌社会组织9家、领军人才25名，市级品牌社会组织103家、品牌项目38个、领军人才34名，一批优秀社会组织参与基层治理品牌涌现；市共青团组织推进志愿队伍建设，市残联建立市、区、镇街三级助残志愿服务网络体系，市各级关工委开办1524个“假日学校”等。深圳市推进“志愿之城3.0”建设，208万志愿者、399支志愿服务队、5.5万名社区志愿者深入参与公共安全、矛盾化解等志愿服务活动；1万余家社会组织参与心理健康、矫治安帮、纠纷调处等工作；建立“民情诊所”等各类议事平台，行业商会设立调解组织，实现90%以上矛盾纠纷自我消化。榆林市榆阳区通过党建引领，组建自管小组、“三三制”筹资等方式，有效激励引导居民群众以主人翁的姿态积极主动投身其中、参与治理，100多个老旧小区“微治理”成效显著。昆明市打造“100个城乡社区治理创新试点”；组织“十佳社会组织”等评选，开展“春城志愿行、滇池明珠清”等系列活动，100%的社区建立协商议事委员会，不断提升广大市民对社会治理的参与率和认可度。

（三）推进市域社会治理现代化体制机制面临的问题

新时代推进市域社会治理，要坚持运用系统观念，坚持目标导向和问题导向相结合，全面、准确把握市域社会分类治理核心要义，找准问题症结，奔着问题去，冲着改革来，分析分类治理中的体制机制短板弱项，为提出体制机制针对性改革举措提供依据和支撑。

1.政府职责体系还需进一步完善

当前，各地在推进市域社会治理现代化进程中，基本建立起市、区（县）、街（镇）、村（居）、网格等五级体系。但在实践中，“五级”权责和资源配置关系把握不尽相同，一些地方把“市域社会治理”等同于“基层社会治理”，基层责任过大、任务过重。一些地方对于推进市域社会治理现代化原因理解不深，在谋划试点工作时未能把握市级主体、发挥市级优势、突出市域特点，导致工作目标不明、着力点不准、推进力度不大。街镇（乡）及以下，特别是社区，承担的责任和拥有的权限不匹配，虽然街镇及社区基层队伍和网格员搜集信息、发现问题的机制基本健全，但确定是谁（或部门）的责任、谁有权决定解决问题的机制存在问题，信息联通机制存在堵点。改革要从基层治理体制入手，要进一步清晰划分五级主体的权责界定，协调推进权责对等的资源配置，为市域社会治理现代化提供更加科学合理的行政体制保障。此外，部分政府缺乏智慧化治理思维，仍未结合大数据优势创新社会治理方法，影响了社会治理效率。

2.治理资源配置与治理重心存在不同程度错位

在各地推进市域社会治理进程中，基层的成效最突出，亮点最多，基层人员喊出的困难和发现的问题也最多，说明当前市域社会治理人力和物质资源短板弱项在基层。中央一再强调，社会治理的重心在基层，人员编制、物资装备、场地设施等都要向基层转移和倾斜，相应的治理权限也要向基层赋权赋能。在这些方面，基层发现问题、解决问题的能力与配置的资源还不适应，事多、权少、责重是普遍现象，这种错位将很大程度上制约市域社会治理能力和治理现代化水平提升。其中，最为缺乏的是不同层级的专业人才队伍。

3.不同区域间治理能力短板弱项差距明显

我国发展不平衡不充分问题，在市域社会治理上也表现突出，不同区域间治理短板弱项差距明显。课题组在东中西部不同的试点地区调研中发现，东部发达地区城市经济发展水平高，地方政府财力条件好，投入到社会治理中的人、财、物、技等资源保障能力明显较强，社会治理现代化装备十分完备，极大提高了市域社会治理能力。相比而言，西部地区的城市普遍缺乏足够财力保障智能设备设施的投入，网格员等人员投入也比较有限。不同地区间在社会治理上的差距是一个突出的现实问题，也是统筹全国社会治理必须着力解决的重要问题，十分有必要将市域社会治理纳入国家基本公共服务体系，推进标准化建设。

4.社会力量参与治理能力不足

单纯由政府提供的公共服务，往往模式单一、效率偏低，难以满足新时代的差异化需求。当前，社会资本参与公共服务领域的意愿较强，但仍面临较大的体制机制约束。营利性和非营利性分类管理模式有待完善。社会组织缺乏良好的治理能力，部分社会组织仍严重依赖政府机构，影响了社会组织的运作能力以及规范管理。

5.部门间数据资源共享与关联不足

推进市域社会治理智治建设，已成为各试点城市实施的重点，大数据、5G、云计算等前沿科技不断运用到市域社会治理中。但各部门开发的信息系统“各自为战”，公安、人力资源社会保障、司法、民政、卫生健康等部门数据关联不足，很难在市级层面实现联通共享，信息资源共享程度低，信息碎片化、“信息孤岛”等现象不同程度存在，不利于形成治理“一盘棋”。

三、国内推进市域社会治理现代化的典型案例与经验启示

市域社会治理已经形成了一些具有鲜明特色的实践经验与典型案例，这为推进市域社会治理现代化提供了“经验仓”。本部分通过对各地市域社会治理形成的实践经验和典型案例进行分析，为推进市域社会治理现代化提供经验借鉴。

（一）杭州三墩镇“整体智治”的实践与启示

杭州市西湖区三墩镇位于主城区的西北部，是典型的城郊接合区块，辖区面积约38平方千米，总人口37.8万，三墩北部区块还有杭州市最大的经济适用房和廉租房居住区，经济适用房总量占全市1/6，廉租房总量占全市8.6%，困难人员的基数非常大。因此，总体来说，三墩镇是杭州市人口密度最大、安全压力最重，服务需求最多的镇街之一。

1.主要做法

三墩镇坚持“条抓块统、整体智治”理念，通过机制重塑、流程再造、数字赋能，逐步探索出“1+6+X”的基层治理数字化模式，即“一体化智治平台、六个应用模块、十三个应用服务场景”。

“小脑+手脚”整体智治模式，形成了“线上+线下”联合互动，实现了“跨层级联动、跨事权联处、跨部门协同”三大机制重塑，推动指挥调度、矛盾调处应急、闭环管理、研判会商等流程再造。

一是实现信息数据协同治理。三墩镇基层一体化智治平台以基层

治理四平台的事件流转体系为中枢，对接了省市信访大数据、110联动、119火警、数字城管等省区市重点应用平台，实现了“人、房、企、事、物”等五大类数据整合，通过掌上终端，实现跨部门信息数据的协同共享。

二是健全基层治理队伍。在综控方面，设置一体化智治中心，设有7名指挥长和15名座席员，实行全天候轮班值守。在执行方面，以基层社区网格圈为基础，将全镇划为1个核心指挥圈、6个风险防控圈、12个应急管理圈、30个联合执法圈、125个基层网格圈，部门执法力量与社区网格固定对应，镇政府统一指挥，综治、矛盾调处、网格等三支队伍协同联动。

三是实现跨事权联处。梳理了辖区应急处置、平安巡检、交通治理等6大类20余项非执法类事项，均实现标准化事项处置。通过公安的联勤警务机制改革、行政执法的综合行政执法改革，梳理执法类事项50余项，打破了原有的执法边界，提升了事件处置效率。

四是建立部门协同机制。通过对跨部门条线信息的归集，打破之前“多头下达，重复执行”弊端，平台对事件分析研判后统一下派，实现了“违章停车一件事”“油烟整治一件事”“渣土管理一件事”“工地平安一件事”等跨部门协同事项处置流程。设置了视频点验在线率、事件上报率、事件处置率、平安巡检率、联合执法参与率等考核指标，以强化事件处置的闭环化、标准化与数字化，实现了“一套标准管考核”。

上述内容参见图2所示。

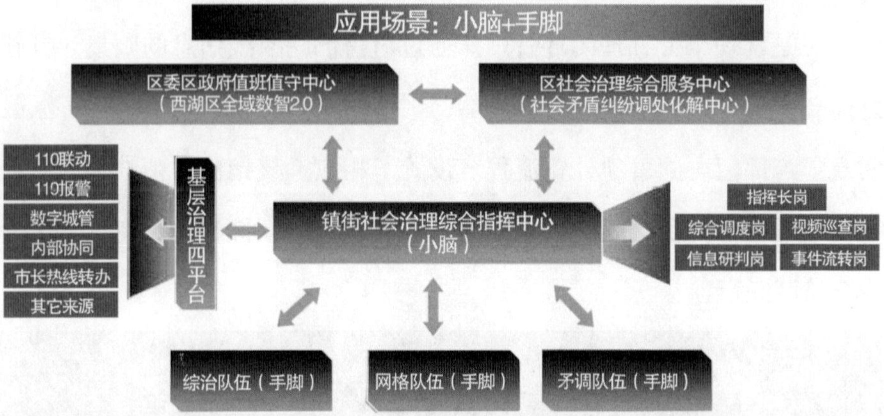

图2 “三墩镇”智慧执法场景结构图

2.经验启示

三墩镇的整体智治模式破解了镇域基层治理普遍存在的“指挥传递滞后”“部门联动不足”“信息协同较差”等问题。

一是破解基层跨部门联动执法。将公安、行政执法、交警、市场监管、应急等部门的综合执法人员整合，建立一支综合治理大队，可以专职专项进行，当指挥中心下达指令后，队员快速到达指定区域开展事件处置，实现了“一支队伍管处置”，破解了基层治理人手不足、资源分散、信息共享难、执法联动难等问题。

二是为基层执法减负。通过统一调度指挥，将各类报告事件分为执法类和非执法类事项，并实现非执法事项快速处置和执法事项联处。既能减轻执法人员的工作压力，也能改变过去网格员为应付考核指标“只报自己能解决的问题”现象，为基层减负的同时，极大提升了基层问题发现概率和处置效率。同时做到政策兑付条件标准化，政策兑付对象可测算，通过社工代办、在线审批，实现一键秒达，破解基层服务困难群体时面临的人手少、流程多、效率低、压力大等问题。

三是实现事件办理闭环管理。通过对跨部门条线信息的归集，打破之前“多头下达，重复执行”弊端，平台对事件分析研判后统一下派，实现了跨部门协同事项处置流程。设置了相应考核指标，精准推送镇街主要领导及部门负责人，以考核评估标准，倒逼事件解决效率。上述内容参见图3所示。

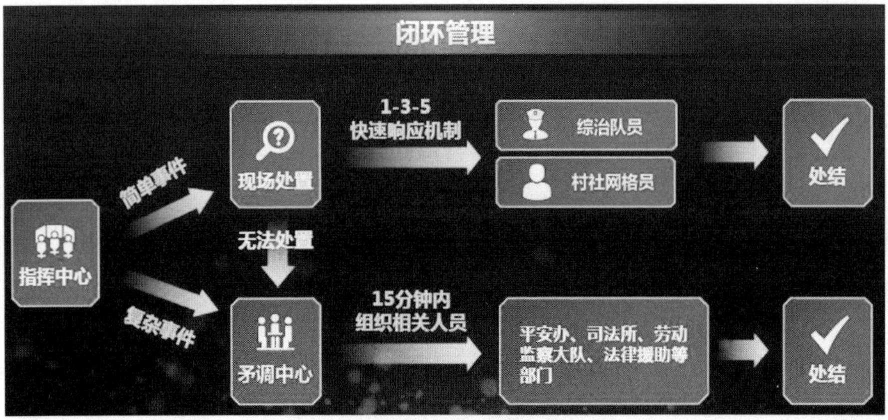

图3 智慧执法闭环管理图

（二）深圳宝安区“数字赋能”市域社会治理的实践与启示

宝安区是深圳市“块数据”创新社会治理的试点地区，通过建立智慧网格，以“块数据”作为智能底板，坚持抓住重点人、重点事、重点区域三个重点，在整体性、协同性、精准性上下功夫，形成问题智慧联治、工作智慧联动、平安智慧联创工作机制。

1.主要做法

一是以深圳市“块数据+”试点为契机，率先建成“块数据中心”，以统一地址库为基，以人口、法人、房屋、通信、事件为柱，高度融合市各部门分享的数据和区里自行采集的数据（包括网格员巡查、采集的数据，以及各业务系统产生的数据）。经大数据清洗关联比对，经网格员现场核实、更新，形成六大基础库（人口、法人、楼栋房屋、电子证照、公共信用、地理信息）、九大主题库（个人空间、企业空间、网格管理、办事过程、行政监管、用户、权责清单、学位资源、企业服务），将数据与电子地图结合，分层入块，落图落格、落楼落房。

二是建立了覆盖全区的统一地址库。地址库是指给每个具体房间确定一个由25位数字组合的编码，确定此唯一编码后，为建立房屋地址数据库奠定基础，形成“块数据智能底板”。充分发挥网格队伍优势，按照统一地址库落到区、街道、社区、网格、楼栋、房屋，对每一栋楼、每一间房进行摸排、赋值，并开放共享14家市直部门的相关数据，与52个区直部门业务数据、网格员巡查采集数据进行清洗关联比对，形成“块数据”数据平台。

三是构建智慧网格。设立区网格办，建立健全区、街道、社区三级网格机构。精细划分网格，按照“一格一员”组建专职网格管理队伍。网格员工资纳入区财政保障，并按照“费随事转”原则，对网格员承担的查违、计生、公共卫生等事项给予专项补贴。运用“管控通”等智慧应用，对矛盾纠纷、安全隐患等153项事项进行巡查、上报，通过平台自动分拨，由整治员及时接收、办理，实现巡、办分离的“第一时间发现、第一时间处置、第一时间解决”的闭环式管理。同时对网格员的巡查、整治工作实行电子监察，自动考核、自动评级，用“绣花”功夫推动基层治理精细化现代化。

2.经验启示

一是块数据不仅解决“数据孤岛”和信息化平台统一标准的问

题，更是构建一个面向未来的数据平台，将为社会精准服务和精细治理提供强有力的数据支撑。

二是以房屋地址库为载体，以身份证号码、社会信用代码、房屋编码、手机号码、事件编码为关联，建立了人口、法人、房屋、通信、事件等“五码关联”的块数据库，确定了五大基础数据的分级分类标准。联通33家市直部门的业务数据，真正做到统一数据标准，实现数据互联互通。

三是充分发挥网格员的基础数据采集的优势，将网格员转变为数据的生产者、核校者、服务者，充分发挥他们数据要素落地主力军的作用。

（三）深圳光明区“社区发令，部门执行”机制的实践与启示

1.主要做法

一是确保资源下沉。明确和规范社区党委人事安排权、管理监督权、重大事项决定权、领导保障权等“四项权力”，赋权社区党委统筹协调行政、司法、社会资源。赋权社区党委发令，调动区、街道相关部门到社区一线现场调处问题，充分发挥了区信访联席办统筹协调全区信访问题的职能，使社区党委成为解决群众矛盾的一线指挥部。区财政每年为每个社区安排3000万元强基惠民工程经费和200万元民生“微实事”专项经费，解决群众身边问题，化解群众矛盾纠纷。

二是完善“发令”机制。利用电话、短信、纸质文件和智慧系统同步推送案件情况，做到信息传达到位；依托区群众诉求服务指挥中心智慧管理系统实时协调督促，做到跟踪化解到位；组建工作微信群向各职能部门主要领导通报化解进度，依托信息化手段实现信息直通

区领导，做到领导监督到位。

三是完善考核机制。将“社区发令、部门执行”情况纳入政府绩效考核，明确各类事项职能部门报到时限、到场领导级别和化解时间，做到“每日一提醒、每周一例会、每月一分析、每季度一考核”。对不按要求落实的，在全区进行通报，并在绩效考核中扣分。

2.经验启示

一是体制扁平化。把矛盾纠纷的治理重点放在基层，主要是在街道、社区一级建立“社区发令、部门响应”的工作机制。指挥调度在平台上完全公开，指挥统一，通过体制扁平化的指挥调度，以信息化手段为支撑，实现数据流转带动层级业务流转，倒逼行政层级的转变。

二是统筹管理。社区自己解决不了的事项，光明社区书记可以借力信联办，向部门发令，调配各部门负责人。重要原因是光明区委党政一把抓，一个领导可以统抓人民调解、信访、维稳三个方面的工作，形成统一合力。

三是强化了多元预防调处化解机制，切实推动了矛盾化解在源头、问题处理在基层，有效助力信访案件“减存量、遏增量”，进一步推动信访体制机制改革。

（四）云南曲靖市全科网格的实践与启示

曲靖市马龙区推进网格化服务管理体系。马龙区辖个2镇、3个乡、5个街道，74个村（社区）、566个村（居）民小组，居住着汉、彝、苗、回等共20余万各族人民群众。为提升基层治理水平，夯实基层社会治理基础，马龙区积极探索推进网格化服务管理体系建设，实现全科网格建设全覆盖。

1.主要做法

一是探索推进“党建+”网格建设模式。实现“多网合一、一网格一支部（党小组）”。在城区，形成“区委→街道党工委→社区大党委→片区党总支→网格党支部”等五级党组织管理体系。在农村，形成“区委→乡镇（街道）党（工）委→村（社区）党总支→村（民）小组党支部”等四级党组织管理体系，切实加强党对网格建设工作的领导。

二是科学划分网格。在村（社区）建设一级网格，在村（居）民小组建设二级网格。城市社区以居民小区、路街或楼幢等为网格进行划分，每个网格200至300户或常住人口1000人左右。行政村（村改居社区）原则上以现有村民（居民）小组为网格进行划分，全力推动“组网合一”。

三是配强网格队伍。采取专兼结合、专群一体、分类推进的方式，配齐配强网格队伍。一级网格，按照“一长两员”模式组建网格队伍。由乡镇（街道）班子成员下沉网格担任一级网格指导员，村（社区）主任担任一级网格长，配备党群服务类、社会治理类、民生事务类专职网格员各1名。如图4所示。

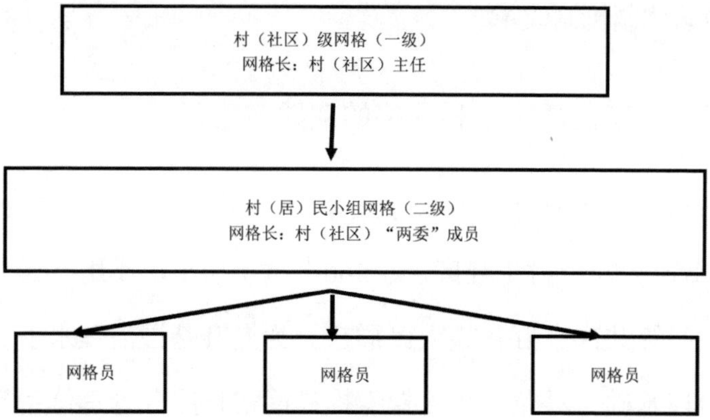

图4 网格结构图

四是加大保障力度。区财政对公开招聘的专职网格员按每人每年3万元给予保障，对片区党总支给予每个每年5000元办公经费补助；街道整合资金对重组的小组干部给予每人每月1000元补助，对专职网格员实行每人每月500元绩效考核。农村积极探索合法合规程序，将村（社区）集体经济收入按一定比例提取，用于保障网格员待遇。鼓励网格员积极参与矛盾纠纷调处化解，按照“以案定补”给予补贴。

五是压实网格责任。制定完善《曲靖市马龙区城乡网格化管理考核办法》，明确片区党总支书记、网格指导员、网格长、网格员的工作职责，细化工作任务。建立群众评价、日常工作情况考核、年度综合考评相结合的考核评价机制，将网格化管理工作，纳入各级党组织书记抓基层党建工作述职评议考核内容，纳入村组干部实绩考核指标体系，考核结果作为评先评优、续用、退出的重要依据。

2.经验启示

一是全科网络的谋划将解决基层最关切的社会治理边界不清、力量分散、多头管理、重复劳动等基层治理中存在的现实问题，为实现多网合一提供科学路径。

二是推进党建与社会治理的阵地深度融合，由政法、组织部门牵头，整合党建和社会治理等各种资源和制度，建设集服务党员群众、开展社会治理等功能于一体的社区综合管理服务平台，推动各部门服务窗口下沉到街道、社区。

三是“互联网+社会治理”助推网格主体多元化。在完善激励机制的基础上，能吸纳更多主体参与网格治理，解决政府人员资源有限，网格力量不足，群众参与社会治理的动力不足、渠道不畅，社会组织活跃度不高等问题。

（五）陕西榆林市“三无”小区自治的实践与启示

榆林市光大怀德小区系原供电局家属院，治理前该小区环境卫生脏乱差，居民矛盾纠纷多，无物业、无业委会、无人防技防，是典型的“三无”小区。2020年以来，社区创新社会治理工作，推出“党建+居民自管小组”微治理服务模式，从根本上解决了“三无小区”治理难的问题。

1.主要做法

一是完善组织搭建阵地。在社区党支部的指导下，选举成立了小区党小组、自管小组，通过“找、选、带、做”的方式对小区进行治理服务。建立居民议事厅、健身广场、家门口服务站等服务阵地。

二是建立自治机制。针对楼道墙体破损、乱堆乱放等遗留问题，按照居民自筹一部分、报到单位支持一部分、街道兜底一部分的“三三制”资金筹措方式，进行楼道综合治理。通过卫生评比积分制，调动了居民参与楼院治理的积极性，建立形成长效治理机制，居住环境、邻里关系均得到较大改善。

三是通过“双报到”机制，将报到党员、支部党员、爱心人士纳入志愿者服务队伍，并激励报到单位为社区提供各类资源，鼓励企业参与社区治理。

2.经验启示

一是完善制度。总结借鉴“微治理”“三三制”治理机制，创新机制，引导激励广大居民群众参与基层社会治理，形成政府主导与群众主体之间有效沟通、良性互动的生动局面。

二是文化治理。通过开展文体娱乐、生态环保、社会服务等不同类型的社区活动，积极组织引导辖区居民群众参与其中，用一系列丰富多彩、符合群众需求、文明健康向上的社区活动来吸引广大群众积极主动参与基层社会治理。

三是积分促进。按照《榆林市榆阳区网格公益服务积分管理暂行办法》《榆阳区社区志愿服务公益积分兑换操作细则》，实施居民群众参与社会治理积分制度，充分激发广大居民群众参与基层社会治理的内生动力，规范居民群众参与基层社会治理积分管理和兑换工作，构建居民群众广泛参与基层社会治理的长效制度保障体系。

（六）杭州七彩社区推进老旧社区改造的实践与启示

七彩社区是典型的“卫星镇老旧社区改造重建”类型未来社区项目。七彩社区以新加坡卫星镇社区模式为借鉴，以“浙江四大都市圈TOD卫星镇未来社区”为总体定位形成示范，对周边老旧城区整体改造提升起到全面辐射带动作用。

1.主要做法

一是政府办理“最多跑一次”。“七彩公共服务中心”围绕“最多跑一次”改革和“就近办”，通过政企共建、政府购买服务的方式，创新打造的“24小时自助服务区”和“8小时之外公共服务区”，可办理事项达261项，实现了24小时服务，破解居民上班与办事时间冲突的难题。

二是打造“熟人”社区。打造“主题社区公园+邻里开放有顶广场+街道口袋公园+组团共享空间”的邻里交往空间体系。充分利用社区图书馆、公共服务中心、老年健康馆等公共空间以及大型社区活动，引导鼓励更多社会力量参与社会治理，群策群力、紧密配合。增强邻里协作，培养社区群众对社区建设发展的认同感和归属感。

2.经验启示

一是创新居民服务。创新社会服务，七彩公共服务中心旨在打造8小时外的便民服务及就近办理等公共服务内容，进一步解决关系群众办事难问题。

二是打造企业参与社会治理模式。七彩社区就是把邻里、办事、服务、娱乐、教育等都纳入同一个社区体系，形成了一个特有的“小城市”。建设过程中，七彩文化公司提供了一种密度较高、功能混用和公交导向的集约紧凑型未来社区建设模式。

三是探索基于大数据的“党建引领+社区自治”治理模式。坚持“政府导治、社区智治、居民自治”创新，依托社区综合数据平台，鼓励社区居民自愿参与，积极发展社区基金会、社区议事会等自治组织，形成共建、共治、共享的智慧治理体系。

（七）开封市“一中心四平台”助力疫情防控的实践与启示

开封市以“一中心四平台”[1]为依托，对疫情防控大数据治理进行探索，从发挥政党整合功能、强化信息化运用能力、社区基层赋权赋能以及加强以大数据为支撑的公共危机预防管理等方面着力，推动疫情防控基层社会治理创新。

1.主要做法

一是延伸社区党组织的触角。开封市疫情防控建立了“横向融

[1] “一中心”即建立市、县、乡、村等四级综合指挥中心（室）；“四平台”，即统筹党建、宣传、综治、公安、司法、信访、城管、环保、应急等部门力量的综合治理平台，统筹政务服务、医疗卫生、社会保障、民政救助等部门力量的便民服务平台，统筹基层哨（网格上报）和交办哨（上级交办）双循环的双向交办平台，以及统筹人大、政协、纪委、督查、媒体、群众等监督力量的综合监督平台。

合、纵向延伸”的组织全覆盖网络。横向上，开封市、区分别成立了组织部牵头，政法、民政、城乡住房建设等部门共同参与的疫情防控领导小组或工作专班，全面开展排查摸底、组织动员、社区管控等工作；纵向上，建立县区、办事处、社区三级区域党建联盟，依托县区、乡（街道）、村（社区）三级党建联席会议，把党小组直接延伸到小区，连接到居民。

二是实施以大数据为支撑的智能精准服务。借助“一中心四平台”，联动城市大数据系统，实现疫情信息监控和数据共享。开封市利用“一中心四平台”建立市县乡综合指挥系统，线上线下结合，下发排查任务，摸清防控对象底数，实时掌握疫区返乡人员动态，建立具体准确翔实的疫情防控大数据资源库。实现数据共享和联动，与市疫情防控指挥部办公室各专项工作有机结合，坚持“日报告”“零报告”，每日定时统计、汇总、上报防疫及治安维稳等相关信息数据，确保关键人、关键事、关键点信息互通，实现了疫情实时动态管控。线上建立信息沟通三级“微信群”，即结合城市社区疫情防控网格，组建疫情防控社区、小区、楼栋三级微信群，负责及时宣传科学防疫知识、传达上级防疫精神、统计居家隔离人员状况、在线解答群众问题等。

三是双向吹哨，实现联防联控联办。开封市以网格化管理平台为依托，采取线上线下结合的方式，建立网格和职能部门“双向吹哨、双向报到”机制，通过网格系统实现了条块间的联防联控和网格事件的双向联办。

四是“互联网+”助力复工复产。运用“互联网+”，实现“不见面”业务办理。开封市借助“互联网+”系统，利用远程视频，建立重点企业、重点项目的业务办理机制。面对疫情造成的农产品销售、运输等难题，开封市政府及时建立农产品生产、运输、销售网络对接机制，搭建起“农户–合作社–政府部门–大型商超”的无缝对接网络。打造“就业服务不打烊、网上招聘不停歇”的就业服务办理机制，推行“网上办、掌上办、不见面、不打烊”的公共就业服务，通过网络平台渠道收集用人单位岗位需求信息，引导职工合理有序复工返岗和居民就业。

2.经验启示

一是大数据治理实现了技术赋能。开封市利用“互联网+”“大数据”推动智能化、精准化治理，运用了移动互联网、云计算、大数据等技术，高效采集、有效整合、深化应用政府数据和社会数据，大数据治理实现了技术赋能的作用，不仅激发了治理主体自身的能力，同时有效拓展了信息公开渠道、促进政府各部门、政府与社区及居民等主体间的交流与沟通，打破不同行业部门间的信息壁垒，增强了全市各部门疫情信息互联互通，提升了既有数据与信息在决策场景中的应用价值，推动社会治理由“精细管理”向“精准治理”升级，提高社会治理的精准性和有效性。

二是“双向吹哨”实现政民即时互动。“双向吹哨、双向报到”发挥网格化管理的功能，将社情民意传达上去，政府围绕网格浮现的问题即时回应，实现了市县乡政府和条块之间的联防联控和融合，有效地提升了政府的回应能力。体现以人民为中心的价值导向，做到了“访民情、听民意、解民难”，以群众需求和诉求为中心，建立了多部门联合的回应机制，实现了政府即时有效回应。开封市利用大数据平台，采取智能化手段，即时掌握疫情动态，问题发现和问题处置建立了有效的联控联办回应机制，提升了复杂公共问题的解决能力。

四、构建我国市域社会治理现代化体制机制的总体思路与目标

（一）实施“三全”市域社会治理

为精准有效推进市域社会治理，课题组研究提出系统性的治理方案，按照治理权责清晰化、治理效率最优化、治理成本最适化、治理能力现代化和治理保障法治化等五条标准，推进市域社会全域治理、全面治理、全民治理。

1.实施全域治理：五级分级化、城乡全域化、市域立体化

一是以市域为统筹，推进五级分级治理。实行市级主导、区县主抓、街镇（乡）主战、社区主阵、网格主源的权责功能定位，要将街镇（乡）建设成为我国市域社会治理的主力军，将社区建设成为我国市域社会治理的主阵地。如表2所示。

表2　市域社会分层分级治理权责分解

层级	主要职责	权限	智慧信息系统	重要性	人员配置占比
市级	统筹、领导、顶层政策设计	统筹决策权限	指挥中心（城市大脑）	统筹	5%
区（县）	实施组织、指挥、政策及资源保障	职能部门权限	监测中心	落实	20%

（续表）

层级	主要职责	权限	智慧信息系统	重要性	人员配置占比
街（镇、乡）	问题解决与上报协调需求	吹哨与部分事权	监测站室	主力军	30%
社区	问题反馈与就近解决	信息反馈权限	显示和上报终端	主阵地	25%
网格	信息收集与问题发现	信息调查权限	移动终端及App	源头	20%

资料来源：课题组整理。

二是扎实推进城乡区域全域治理。明确以城市为主体治理单位，延伸推进城乡一体治理。重点抓好城市群都市圈市域社会治理，抓好新建城区、城市老旧小区、人口密集地区、城乡接合部等城市社会薄弱部位的治理。实施乡村空间网格化管理，并在市域范围内实现城乡一体化治理。通过合理开发辖区内生态、集约利用公共资源、优化美化公共环境、完善基础设施、保障公共安全、有效精准提供公共服务，提升市域对人口及经济社会活动的吸纳力、包容力、影响力、辐射力和带动力，以保证市域社会治理现代化的可持续发展。坚持区域差异分类，推进市域社会治理。发达地区应在数字化智能化治理上走在前列，中西部地区更应将改革作为市域社会治理的主要突破口和重要抓手。

三是构建市域社会全域立体化治理体系。市域社会治理不应局限于平面上的治理格局，要拓宽治理维度，创新思维，充分发掘现代立体治理手段方式，探索建立全域立体化治理体系，逐步实现全域网格化、全域可视化、全域数字化治理。

2.实施全面治理：领域全面、主体全面、全周期治理

一是治理领域全面。社会治理不只是传统意义上针对人的治

理，要推动人的治理、物的治理和数的治理并重，甚至未来要以数的治理为新的突破口。充分运用大数据、区块链、人工智能等“硬技术”“黑科技”推进社会治理现代化。

二是治理主体全面。大力推动我国社会治理主体多元化发展。更好发挥党政主体作用，着重在城乡社区基层加强党对社会治理的领导力量。全面推动社会主体参与市域社会治理，特别注重发展各种新型组织参与社会治理。积极拓展各种形式的基层群众参与自治渠道。

三是全周期治理。将全周期理念充分融入市域社会治理，建立全周期社会治理立体象限图。针对人的生命周期特点，对不同阶段需要建立更加精准治理模式。针对物的生命周期特点，建立房屋建筑等固定物体基础数据，实行从源头到终结的全周期治理。针对信息等数字化治理特点，建立区块链等新技术支撑的数字化治理模式。

3.实施全民治理：全民覆盖、全民互动、全民共建共享

一是完善全民覆盖体系。全面、完整、精准推进市域社会治理全覆盖，不重不漏。大力推动市域社会城乡治理一体化，补齐农村社会治理短板。加快推进新的身份信息管理技术，消除身份信息重复问题。适应人口变化形势，提高社会治理人性化，增强包容性，消除人口漏登漏报等治理盲区和死角。

二是推动全民治理互动。人民群众美好生活需要就是社会治理的终极目标，要更大力度推进社会治理全民互动。要以网格化治理为信息来源基础，以社区为发现问题、汇集需求的主渠道，以App等移动智能终端为全民参与治理的主要形式，治理政策和治理资源跟着人民需求走，打造居民诉求表达⟷居民利益保障⟷居民权利实现⟷居民需求满足的良性循环，实现全民参与良性互动治理。

三是促进治理成果全民共建共享。逐步建立社会治理共同体理念，市域是大的社会治理共同体，街镇（乡）是中观层面的治理共同体，社区集群则是微观层面的治理共同体。健全全民共建共享机制，让社会治理成果惠及全体人民。当前，要特别关注社会治理弱势群体、薄弱人群。

（二）推进“六化”系统集成改革

1.推进市域社会治理权责清单化改革

深入学习习近平总书记关于经济治理、城市治理、社会治理的系列重要论述，更好把握党和政府在市域社会治理上的职责，更加精准厘清市域社会治理边界。建议以权责清单形式确定市域社会治理任务事项。建立市域社会治理统筹领导体制机制。

2.推进市域社会治理重心基层化改革

坚持把推动治理重心下移和向基层放权赋能作为改革的一条基本主线。着力向基层放权赋能，加强基层体系、基层队伍、基层管理服务平台建设。把推动“基层吹哨、部门报到”标准化模式化作为市域社会治理放权赋能改革举措，健全“吹哨人”制度，加大对“吹哨人”赋权，完善部门协同联动的授权机制和办事机制。

3.推进市域社会治理资源配置标准化改革

以强基层为主线，创新市域社会治理资源要素配置体制机制。深化市县财税体制改革，构建适应市域社会治理的资源配置体制。建立资源直达社区的配置机制。深化拓展网格化管理，尽可能把资源、服务、管理放到基层，使基层有职有权有物，更好为群众提供精准有效的服务和管理。建立市域社会治理基本公共服务标准，建立相应的财力保障机制。探索建立市域社会治理设备设施配置标准化体系，纳入国家基本公共服务标准体系。

4.推进市域社会治理队伍专业化改革

推进市域社会治理现代化，要把核心放在人的全面发展上，依靠人的素质提升从根本上推动社会治理提升。坚持和发展新时代“枫桥经验”，建立宏大的社会治理基层队伍。建议在国家职业资格目录中，将社区工作岗位、网格员、城市管家等增设为新的职业目录，既充实基层力量，又利于扩大就业。盘活用好各类存量人才资源，充分拓展社会各界专业人才参与市域社会治理的渠道和机制。

5.推进市域社会治理全面数字化改革

加快大数据平台建设，推动社会治理模式从线下向线上线下融合转变。着力推动人、物、技全面数字化治理改革。推动数字化治理底层基础建设，推动物联网、楼宇、住宅、动产、不动产、车辆，以及人员等信息联通联动。加强人工智能同社会治理的结合，运用人工智能提高公共服务和社会治理水平。建立社会治理标准协同机制，建立市域社会治理国家基础信息标准，明确网格划分标准、物理信息编码标准，将杭州、深圳等统一地址库基础数据库等做法上升为国家治理要求，以数字化和应用场景引领社会治理基础性变革。

6.推进市域社会治理保障法治化改革

增强宪法对市域社会治理法治赋权赋能，做实国家赋予市级立法权。研究制定社会治理的根本大法。同时，在宪法中增加社会治理有关方面的表述。省级人大加强对市域社会治理授权，加强市级制定地方性法规的权限，鼓励支持地方政府围绕社会治理现代化完善地方性法规，要增加信息安全监管、隐私保护、数字化治理权责义务规范等法治内容。

（三）构建我国市域社会治理现代化体制机制的目标与指标体系

1.市域社会治理体制现代化

主要是完善党委领导体制、政府负责体制、民主协商体制、社会协同体制、公众参与体制、纵向指挥体制，形成权责明晰、上下贯通、层层推进的纵向治理架构，把体制优势更好转化为市域社会治理效能。

2.市域社会治理工作布局现代化

主要包括完善社会治安防控体系、防范化解社会矛盾风险、保障公共安全、防控新型网络安全风险等部分，通过提高这四个领域建设的能力，进而实现市域社会治理工作布局现代化。

3.市域社会治理方式手段现代化

主要是充分发挥政治、法治、德治、自治、智治等“五治”作用，以政治强引领、以法治强保障、以德治强教化、以自治强活力、以智治强支撑，增强市域社会治理的系统性、整体性、协同性。

上述内容参见表3所示。

表3　市域社会治理现代化指标体系

一级指标	二级指标	三级指标
市域社会治理体制现代化	党委领导体制	党委推进市域社会治理领导责任制
		平安建设工作协调机制
		基层党组织建设
		社区治理工作纳入地方党政领导干部政绩考核
	政府负责体制	社会治理与平安建设纳入全市发展规划
		各级政府社会治理权责清单
		“互联网+政务服务”相关重点工程
		社区公共服务综合信息平台社区覆盖率
	民主协商体制	协商渠道统筹机制
		城乡社区协商机制
	群团助推体制	群团组织在市域社会治理职责清单
	社会力量协同机制	社会组织孵化培育、人才培养、资金支持机制
		政府购买服务指导性目录
		企事业单位参与社会治理机制
	公众参与机制	社区工作人才队伍和社区服务中心建设
		志愿服务组织建设
		公众参与平台建设
	上下贯通纵向治理架构	四级综治中心建设
		矛盾风险联动处置机制
		街道（乡镇）赋权赋能
		社区网格化建设
市域社会治理工作布局现代化	社会治安防控体系	黑恶犯罪整治
		禁毒、黄赌毒治理
		盗抢骗治理
		电信网络诈骗治理
		流动人口管理
	社会矛盾风险防范	信访制度
		涉军、涉众等特殊利益群体风险化解
		人民调解调处机制
		社会心理服务

（续表）

一级指标	二级指标	三级指标
市域社会治理方式手段现代化	公共安全保障	新技术、新产业、新业态、新模式安全评估机制
		公共安全风险监测预警机制
		市县乡三级应急综合平台建设
		应急队伍建设
	新型网络安全保障	网络社会综合防控体系建设
		网络空间净化
		网络犯罪打击遏制
		网上群众服务能力建设
	政治引领	政治督查、巡视巡查、执法监督、纪律作风督查巡查制度机制建设
		学习制度、理论宣传制度等完善
	法治保障	地方性治理法规完善
		法治建设责任人机制
		行政执法公示、执法全过程记录、重大执法制度决定审核机制
		执法司法公信力评价机制
		人大执法检查机制
	德治教化	社会主义核心价值观宣传机制
		主流媒体、网络新媒体宣传
		见义勇为英雄模范评选表彰
		红白理事会、道德评议会等机制假设
		村规民约、市民公约建设
		守信联合激励失信联合惩戒机制
	自治强基	社区治理权责清单
		民主法治示范村建设
		企事业单位民主管理制度建设
	智治支撑	社会治理多网融合建设
		市域跨部门大数据平台建设
		智能安全风险防控体系建设

资料来源：课题组编制。

五、构建我国市域社会治理现代化体制机制的路径举措

推进市域社会治理现代化建设，要牢牢把握国家治理体系和治理能力现代化的内在要求，紧紧抓住实践中存在的主要矛盾和突出问题，以防范市域重大风险为着力点，以增强市民获得感、幸福感、安全感为落脚点，以理顺条块关系、夯实基层治理基础、实现政社调节与居民自治良性互动为关键点，构建市域社会治理现代化新格局。

（一）健全市域社会治理政府职责体系

1.理顺纵横条块关系

理顺纵横条块关系是实现各项治理事务制度化、规范化和程序化，推进市域社会治理现代化的重要路径。要进一步理清纵向政府职责体系，治理职责下移与资源配置下沉同步推进，提升基层部门承接能力。理顺横向各职能部门间的职责范围，建立跨部门横向协同联动机制，克服各部门本位主义，可以探索在市县（区）政法委员会基础上加挂市域社会治理委员会牌子，加强市域社会治理统筹领导。

2.健全权责清单及统筹实施机制

市域社会治理是“五位一体”总体布局中社会建设的重要内容，市域社会治理是党和政府的重要职责。习近平总书记多次作出重要指示，要努力探索社会治理新路子，并对经济治理、城市治理、社会治理作出重要论述，表明社会治理与城市治理有边界，不能相互混淆。

针对实践中市域社会治理与经济治理和城市治理事项交叉等问题，十分有必要进一步规范市域社会治理边界，以权责清单形式确定市域社会治理任务事项。党的十九届四中、五中全会提出了推进市域社会治理现代化的要求，要深化市域行政体制改革，为市域社会治理提供体制机制保障。

3.推动社会治理重心下移及减负放权赋能改革

推动治理重心下移和向基层减负放权赋能是市域社会治理改革的一条基本主线。要充分发挥市级层面统筹协调作用，充分运用市域在资源统筹上的优势，通过上下贯通，把更多的资源、服务、管理下沉到基层。要进一步厘清职能部门、驻街机构与街道社区的权责边界，制定社区社会治理自治清单、协助行政事项清单、负面清单，从体制机制上保障基层减负任务的落实。把推动“街社吹哨、部门报到、接诉即办”机制标准化，作为市域社会治理放权赋能改革举措，把基层党组织建设成为领导基层治理的坚强战斗堡垒。

（二）完善市域社会治理多元主体参与机制

1.加强党组织对市域社会治理的引领

强化城市、区县、街道（乡镇）、社区党组织的统筹功能，深入拓展区域化党建，健全区域资源共享机制，整合市域各类资源和社会力量，共同担负加强党的建设、创新社会治理、推动城市发展、服务辖区群众的责任。加强服务型党组织建设，扩大新兴领域党建有效覆盖，扎实推进商务楼宇、各类园区、商圈市场、网络媒体等的党建覆盖。

2.提升社会组织在多元共治中的能力

完善政府购买社会组织服务指导性目录，健全政府购买社会组织服务绩效管理机制，设置公益大赛扶持社会组织创投项目，创新公益基金参与社会组织服务模式，拓宽公益项目筹款渠道。落实社会组织税收优惠政策，建设社会组织培育发展基地，加强社会组织人才培育，促进社会组织自我造血和自主创新。此外，充分发挥工会、团委、妇联、科协、法学会等群团组织的各自阵地作用，广泛组织各方面群众参与社会治理。

3.构建“党建引领+能人带动+互动平台”自治模式

有效治理单元的培育是居民自治实现的基础，特别是与基层居民联系紧密的“微组织”。以党建为引领，发挥党员带头作用，是组建“微组织”的关键。挖掘群众中威望高、责任心强、有时间与意愿的居民，将其培育成为社区“能人”，参与社区共治，解决社区中存在的痛点难点问题。在社会治理的末端建立信息互动平台，将居民整合到互动平台之中，引导居民参与公共事务、开展协商活动、组织邻里互助。

4.创新发挥企业在市域社会治理中的协同功能

在法律法规和相关政策中，系统化明确企业参与市域社会治理的责任和义务，为其承担社会责任提供制度保障，使企业的责任意识能被有效激发，履责行动能被精准识别，治理绩效能够得到科学评价。通过具体的关联，让社会责任融入企业经营管理，形成商业运作与参与社会治理的良性循环，持续提升企业履行社会责任的“内生动力”。

（三）创新市域社会治理资源要素配置保障机制

1.深化市县财税体制改革

完善市域政府面向城乡社区治理资源统筹保障体制，深化市县财税体制改革，建立资源直达社区的配置机制，实现人、财、物、责、权对等下沉到城乡社区。出台市域社会治理基本公共服务标准，匹配相应的资金保障机制。为统筹东中西部不同地区市域社会治理协调平衡发展，建议把一部分社会治理兜底事项列为国家基本公共服务，探索建立中央财政直达市机制。

2.完善队伍建设与人才培养机制

加强网格化管理服务体系建设，将网格员职业增加到国家职业资格目录中，逐步推进网格员管理职责规范化、岗位设定标准化，落实网格员薪资待遇，畅通网格员成长渠道。加强基层社会治理人才专业化和工作队伍人员素质提升，着力提高在基层发现问题、解决问题的能力。盘活用好各类存量人才资源，充分拓展社会各界人才参与市域社会治理的渠道和机制。

3.加强市域社会治理配套法治保障

加大对市级政府管理法治赋能，在市级立法权限内，制定地方各级组织参与市域社会治理的地方性法规，比如志愿服务条例、慈善事业促进条例、医疗纠纷预防和处置条例等。深化基层组织和部门、行业依法治理，支持各类社会主体自我约束、自我管理，发挥市民公约、乡规民约、行业规章、团体章程等社会规范在社会治理中的积极作用。加快对涉及完善社会治理的法律法规抓紧制定，及时修订与新形势下社会发展不相适宜的条款。研究制定社会治理的根本大法，在宪法中增加社会治理有关方面的表述，为制定上位法提供依据和支撑。

（四）增强“三性”为导向的公共服务能力

1.提高市域社会治理基本公共服务精准性

建立系统完善、层次分明、科学适用的国家社会治理标准体系，明确市域社会治理中的公共服务职能、事项和标准等。协调推进社会治理标准与国家基本公共服务标准兼容并蓄，在《国家基本公共服务标准（2021年版）》基础上，探索新增社会治理板块，对以公共服务能力建设为重点的社会治理服务事项、权责、标准等加以明确。推进全科网格建设、全科网格员配置，将基本公共服务职能嵌入、融合到日常网格工作当中。健全以社区网格为基础的需求表达机制，健全以协商为基础的沟通机制，就社区公共服务的需求表达、意愿整合、方案拟定和效果评价等问题充分沟通和协商，促进公共服务精准化在市域落地。

2.提高市域社会治理基本公共服务可及性

建立健全以社区为重点的管理和服务机制。推动基本公共服务与社会治理深度融合，大力支持基层公共服务设施条件的改善，统筹推进基层公共服务平台的发展，加强服务方式的信息化、服务内容的精细化、服务对象的精准化，推动就业社保、养老托育、扶残助残、医疗卫生、治安执法、纠纷调处、心理援助等便民服务场景有机集成和精准对接。

3.提高市域社会治理基本公共服务均等性

促进基本公共服务资源向基层延伸、向农村覆盖、向边远地区和生活困难群众倾斜，加强兜底性民生建设，注重公共服务的公平性、普惠性、可得性、便捷性。健全以流入地为主的流动人口基本公共服务供给制度，逐步实现基本公共服务由户籍人口向常住人口扩展。通过促进社会权利平等，有效预防和化解市域社会矛盾。

（五）完善市域社会治理数字化治理体系

1.健全数据共享开放机制

推进各部门要素数据化、数据标准化，整合社会治理数据资源，自上而下按“条”建设的各类信息化项目，如公安、应急、能源、司法、交通、消防等公共服务部门数据融入市级社会治理中心，实现“块”上信息数据的共享应用。推进数字化基础平台建设，做好升级改造、系统对接、主题数据建设等工作，落实网格事务基础数据共享、部门业务协同处置，实现线上线下、网络网格相融合。充分利用大数据平台，形成市域社会治理强大数字化合力。

2.建立便捷化基层治理信息平台

在社会治理的末端建立信息平台，将居民整合到社会治理信息平台之中，通过信息平台引导居民密切日常交往、参与公共事务、开展协商活动、组织邻里互助。如杭州市三墩镇通过微信公众号“三墩发布”上的“随手拍”模块，居民群众随时随地将执法类、建议类、服务类、诉求类等内容上报，平台对居民上报信息进行回复和处置。曲靖市菱角乡运用“菱角网格管理小程序”，群众将关心的问题通过图片、文字的形式上传到小程序上，网格员核实后发布工作任务，小程序后台督导办公室对任务进行分配、全程监督，最终由相关部门处理员完成任务。

3.加强数据安全保护与监管

发挥市域立法权优势，建立一套完整的、系统的对社会治理数字化的监管制度，确保信息的提供者同时也是信息的监督者。落实《中华人民共和国数据安全法》《关键信息基础设施安全保护条例》，严格规范数据处理活动，切实加强数据安全保护，规范数据信息储存、使用行为。各环节大数据技术主体都应该做好自身系统的安全保障工作，加强安全建设及安全督查工作。建立较为规范有效的数据信息使用、搜集以及储存等行为体系，让人民群众在市域社会治理数字化发展中获得更多幸福感、安全感。

专题篇

专题报告一

市域社会治理的理论基础、发展历程与未来目标研究

内容提要：市域社会治理是国家治理在市域范围的具体实施，是国家治理的重要基石。市域社会治理是以设区的城市或拥有立法权的地级行政区为基本治理单位，以党的集中统一领导、政府负主责与公众广泛参与为主要特征的多元共治主体，以政治、法治、德治、自治和智治等“五治”融合为手段，以防范化解政治安全、社会治安、矛盾化解、公共安全和网络安全等“五类”市域重大风险为着力点，以增强市民获得感、幸福感、安全感为落脚点，充分发挥市级层面在行政层级关系中的承上启下特殊位置的作用，实现全地域、全要素、全周期的社会治理。

党的十九届四中全会明确提出，“加快推进市域社会治理现代化”。这是“市域社会治理”这一概念首次出现在党的纲领性文件中。党的十九届五中全会进一步提出“加强和创新市域社会治理”，“十四五”规划纲要将“社会治理特别是基层治理水平明显提高，防范

化解重大风险体制机制不断健全”作为我国经济社会发展主要目标。这些重要论述为推进市域社会治理现代化指明了方向。目前，关于市域社会治理现代化的研究，已经逐渐成为公共治理和社会治理的关注热点，但对市域社会治理的研究，仍有许多薄弱环节，探索市域社会治理现代化有着更大的紧迫性和重要性。本专题将对市域社会治理的基本内涵与外延、理论基础以及市域社会治理现代化的重大意义、体制机制演化历程、面临的新形势新要求与未来目标等内容展开研究。

一、市域社会治理的内涵与外延

基于我国国情政情社情，科学解析管制、管理与治理，社会治理、城市治理和国家治理，市域社会治理及其现代化的内在含义，分辨和厘清各自之间的联系与差异，对于达成市域社会治理现代化的基本内涵的共识，具有重要的认识基础意义。

（一）“管制”“管理”与“治理”

管制，英文为“regulation”，也有翻译为“规制”或者“监管”。在经济学领域，管制是政府干预市场的活动总称，通常把政府管制分为经济管制和社会管制两类。经济管制影响价格、市场准入、单个行业的服务，如政府定价、指导价。社会管制试图矫正影响到许多行业的外部经济性，如空气或水源污染。而在刑法领域，管制是一种量刑种类，是对罪犯不予关押，但限制其一定自由，依法实行社区矫正。在公共管制理论中，管制的主体是政府，管制对象是不完全竞争、外部性、信息失灵和偏好不合理等市场缺陷，手段是通过行政权力干预市场配置机制并改变供需决策的一般规则或特殊行为，目标是要实现效率和公平。

管理，英文名是“manage”，是在特定环境下，对组织所拥有的资源进行有效地计划、组织、领导和控制，以便达成既定的组织目标的过程。泰勒在《科学管理原理》中指出，管理就是确切地指导你要别人干什么，并使他用最好的方法去干。西蒙在《管理决策新科学》中对“管理”给出进一步的解释，认为管理就是制定决策。将管理运用到公共行政和公共事务领域，政府成为管理者，通过政府行政组织实现公共事务的管理，可分为政府管理、行政管理、公共政策等方向。

20世纪90年代以来，“治理”一词拓展到社会科学领域并广为使用。治理理论的代表人物罗茨归纳了六种形态，即“作为最小国家的治理、作为公司管理的治理、作为新公共管理的治理、作为善治的治理、作为社会控制体系的治理和作为自组织网络的治理”。联合国全球治理委员会对治理的概念进行界定，认为“治理”是指“各种公共的或私人的个人和机构管理其共同事务的诸多方法的综合，是使相互冲突的或不同利益得以调和，并采取联合行动的持续过程”。国内学者俞可平认为，“‘治理’一词的基本含义是指在一个既定的范围内运用权威维持秩序，满足公众的需要。治理的目的是指在各种不同的制度关系中运用权力去引导、控制和规范公民的各种活动，以最大限度地增进公共利益”。

在公共行政领域，“管制”“管理”与“治理”都是对市场失灵的校正和补充，都是由法律授权、具有相对独立性的主体，依据一定的法规对客体所实施的特殊行政管理与监督行为。但“管制”“管理”都存在着主体与客体的界分，即管制者与被管制者、管理者与被管理者。“治理”往往强调社会多元主体的共同管理。在这种模式下，政府依然是社会公共管理功能和责任的承担者，但不同行为主体间形成了一种有机合作关系，关心公共利益，承担公共责任。

（二）“经济治理”“社会治理”与“城市治理”

“经济治理”是当今世界的重要议题，可以将经济治理理解为国家治理在经济领域的表现，是经济行为与治理关系的联结。斯蒂格里茨借助公共品与外部性的概念，将经济理论引入全球治理[1]。与全球治理所涉及的领域有别，全球经济治理更强调国际管理机构来约束成员的经济行为[2]。以国家为基点，建构一种超越纯粹经济增长的视角，将经济治理界定为政府、社会组织、公民个人等主体通过一定形式的组织和制度安排，共同处理公共经济事务的过程，体现为经济治理行为和治理效果。

从运行意义上讲，“社会治理”实际是指“治理社会”。或者换言之，所谓“社会治理”，就是特定的治理主体对于社会实施的管理（王浦劬，2014）。社会治理是多元社会主体共同参与的，旨在规范和维持社会秩序、预防和化解社会矛盾、维护社会稳定、保障国家和社会安全、促进社会公平正义、协调社会关系、增进社会和谐、激发社会活力、推动社会进步的活动。党的十八大报告指出，我国的社会治理是在“党委领导、政府负责、社会协同、公众参与、法治保障”的总体格局下运行的中国特色社会主义社会管理。

---

[1] 约瑟夫·E.斯蒂格利茨. 全球化及其不满[M]. 北京:机械工业出版社, 2010.

[2] Hirst,Paul,Grahame Thempson. Globalization in Question[M]. Blackwell Publishers, 1999.

城市治理是治理的一种应用和延伸，是通过多个利益主体的对话、协调、合作以达到最大程度动员资源、实现利益关系双赢的利益调节机制和过程。这种调节机制发生在城市地域空间范畴内，涉及城市经济、社会、生态等方面的内容，是对城市运转过程中的土地、劳动力、信息、技术等生产要素的整合，是城市范围内政府、私营部门、非营利组织等多元主体，共同解决城市公共问题、提供城市公共服务、增进城市公共利益的过程。

在西方，“国家治理”意味着政府分权和社会自治。改革开放以来，我国国家治理的总体战略是党的领导、人民当家作主和依法治国有机结合。党的十八届三中全会提出：“全面深化改革的总目标是完善和发展中国特色社会主义制度，推进国家治理体系和治理能力现代化。”国家治理体系就是规范社会权力运行和维护公共秩序的一系列制度和程序。习近平总书记在论述国家治理体系时指出，“国家治理体系是在党领导下管理国家的制度体系，包括经济、政治、文化、社会、生态文明和党的建设等各领域体制机制、法律法规安排，也就是一整套紧密相连、相互协调的国家制度”[1]。

我国的经济治理、社会治理和城市治理本质上是一致的，是中国共产党领导人民进行的治国理政，根本出发点是人民的根本利益。国家治理与经济治理、城市治理、社会治理之间的关系，是包含与被包含的关系。经济治理、城市治理、社会治理是国家治理的分支领域和子范畴。城市治理是国家治理在城市地域空间范畴内的体现，经济治理和社会治理是并列关系，是国民经济和社会发展的具体体现。城市

[1] 习近平. 切实把思想统一到党的十八届三中全会精神上来[EB/OL].人民网.http://theory.people.com.cn/n/2014/0102/c49169-24000494.html.

治理中也有经济治理、社会治理，但城市治理与经济治理、城市治理与社会治理都不能简单地划等号。经济治理在城市的表现，可理解为城市经济治理。相应地，社会治理在城市的表现，即城市社会治理。参见图1所示。

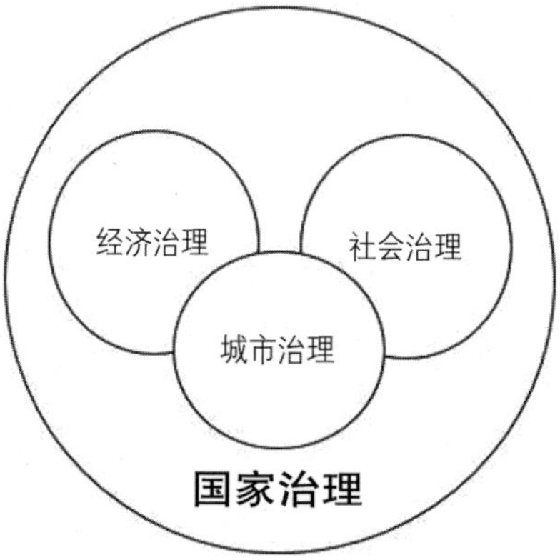

图1　经济治理、社会治理、城市治理与国家治理关系示意图

（三）“市域”“市域社会治理”与“市域社会治理现代化”

“市域”作为地域的一种空间表现，是自然要素与人文因素作用形成的综合体。按照我国行政体制，“市域”处在“省域”“县域”之间，反映“市”这一行政区划单位的时空特点、经济社会文化特征。由于历史沿革等原因，在不同场合我们还经常看到“直辖市”“副省级城市”“计划单列市”“省会城市”“较大的市”“设区的市”“县级市”等带有地域空间性质的用语。我国现有23个省、5个民族自治区、4个直辖市、2个特别行政区、293个地级市、965个市辖区、387个县级市。市域的空间范围与“副省级城市”“计划单列市”“省会城市”“地级市”等行政区划重叠，分为“设区的市”和

“不设区的市”，包括县、乡镇、村和街道、社区在内的行政管理区域，也可以说是“大基层”。

从字面表述上看，理解市域社会治理的内涵，不能脱离“市域”和“社会治理”这两个概念的本质。当前学术界对“市域社会治理”主要有两种解释：一是认为市域社会治理，“是以城市区域为依托，政府、企业、社会组织、居民等多元主体基于特定的制度安排，针对公共事务管理和公共服务提供等，通过共同参与的方式进行合作、协商，实现在城市区域内的公共利益与私人利益相调和的动态过程[1]”。二是认为市域社会治理，是指以地级的行政区域为范围，依靠党委政府、社会组织、企事业单位、个人等主体，创新社会治理机制，对辖区内的人民、事务、组织等进行管理和服务的总和或过程[2]。

体系，是相互关联的事物组成的整体。市域社会治理体系是治理主体主导下的制度体系，是一整套紧密相连、相互协调的制度，涉及市域社会治理的主体、内容、目标、机制、方式、要素保障等不同维度。不同时期，市域社会治理体系构成各方面的内容差异性比较大。就当前而言，我国市域社会治理主体是党组织发挥统领作用，包括基层政府、社会组织、居民等，呈现治理主体多元化特征。市域社会治理包括防范化解政治安全、社会治安、社会矛盾、公共安全和网络安全等“五类风险”，聚焦于防范化解影响社会和谐稳定的内容。市域社会治理根本目标在于防范化解市域重大风险，增强市民获得感、幸福感、安全感。市域社会治理机制，在纵向上体现为自上而下的层级关系，在横向上体现为各方参与市域社会治理的方式，表现为参与机

[1] 杨安. 大数据与市域社会治理现代化——厦门实践与探索[J]. 经济, 2018(10).
[2] 戴大新,魏建慧. 市域社会治理现代化路径研究——以绍兴市为例[J]. 江南论坛, 2019(5).

制、协商机制、合作机制、分配机制、预防协调机制、监督机制等。市域社会治理方式是治理主体在市域社会治理过程中的具体抓手，目前表现为政治、法治、德治、自治和智治等“五治”融合。此外，市域社会治理过程中还涉及具体的保障要素，比如市域社会治理人才队伍建设、治理设施装备保障、财政经费投入、信息技术及其应用。从理论和实践结合来看，本文认为市域社会治理是以设区的城市或拥有立法权的地级行政区为基本治理单位，以党的集中统一领导、政府负主责与公众广泛参与为主要特征的多元共治主体，以政治、法治、德治、自治和智治等“五治”融合为手段，以防范化解政治安全、社会治安、矛盾化解、公共安全和网络安全等五类市域重大风险为着力点，以增强市民获得感、幸福感、安全感为落脚点，充分发挥市级层面在行政层级关系中的承上启下特殊位置的作用，实现全地域、全要素、全周期的社会治理。

市域社会治理现代化是社会治理现代化在市域层面的具体体现，包括市域社会治理理念、体制、方式、能力在内的全方位、多层次、高标准的社会治理现代化。市域社会治理理念现代化要紧紧围绕坚持和完善中国特色社会主义制度、推进国家治理体系和治理能力现代化的总目标，牢牢把握坚持和完善共建共治共享的社会治理制度的总要求。市域社会治理体制现代化，主要是完善党委领导体制、政府负责体制、民主协商体制、社会协同体制、公众参与体制、纵向指挥体制，形成权责明晰、上下贯通、层层推进的纵向治理架构，把体制优势更好转化为市域社会治理效能。市域社会治理工作布局现代化，主要是着力维护国家政治安全、防范化解社会矛盾风险、完善社会治安防控体系、保障公共安全，营造安全稳定的市域社会政治环境。市域社会治理方式现代化，主要是充分发挥政治、法治、德治、自治、智治等“五治”作用，以政治强引领、以法治强保障、以德治强教化、以自治强活力、以智治强支撑，增强市域社会治理系统性、整体性、协同性。市域社会治理能力现代化，主要是提升统筹谋划、改革创新、政策把握、科技应用、群众工作、舆论引导能力，防范化解市域重大风险，增强市民获得感、幸福感、安全感。

二、构建市域社会治理现代化的重大意义

（一）贯彻习近平总书记关于社会治理思想重要论述的重要举措

习近平总书记围绕社会主义社会建设和社会治理发表的一系列重要论述，立意高远，内涵丰富，思想深刻，是我们深刻认识民生建设和社会治理的行动指南。习近平总书记指出，“创新社会治理，要以最广大人民根本利益为根本坐标，从人民群众最关心最直接最现实的利益问题入手……要调整和完善不适应的管理体制机制，推动管理重心下移，把经常性具体服务和管理职责落下去，把人财物和权责利对称下沉到基层，把为群众服务的资源和力量尽量交给与老百姓最贴近的基层组织去做，增强基层组织在群众中的影响力和号召力”[1]。强调“一个现代化的社会，应该既充满活力又拥有良好秩序，呈现出活力和秩序有机统一”，提出“社会治理是一门科学”，实现了从“社

[1] 中共中央文献研究室. 习近平关于社会主义社会建设论述摘编[M]. 北京:中央文献出版社, 2018.

会管理”到“社会治理”的新飞跃，构建了一个完整的科学理论体系。加快推进市域社会治理现代化，始终坚持以习近平新时代中国特色社会主义思想为指导，将习近平新时代中国特色社会主义思想的精神实质和丰富内涵贯彻落实到市域社会治理的各项工作之中，坚持和完善共建共治共享的社会治理制度的总要求，把准市域社会治理的时代脉搏，倾听市域社会治理的时代呼声，创新市域社会治理的时代路径，探索具有中国特色、市域特点、时代特征的社会治理新模式。

（二）推进国家治理能力现代化的内在要求

实现全面深化改革的总目标，实质上就是要推动中国特色社会主义制度更加成熟、更加定型，为党和国家事业发展、为人民幸福安康、为社会和谐稳定、为国家长治久安提供一整套更完备、更科学、更规范、更管用的制度体系。市域社会治理在国家治理中具有承上启下的枢纽作用。市域层面具有较为完备的社会治理体系，具有解决社会治理中重大矛盾问题的资源和能力，是将风险隐患化解在萌芽、解决在基层的最直接、最有效力的治理层级，处于推进基层治理现代化的前线位置。

（三）破解现代治理难题的现实需要

当前，社会问题日趋复杂，传统的社会管理模式、手段和制度越来越难以应对，更难以从根本上解决层出不穷的新问题。比如，中央和地方财权事权等权责划分有待明晰，尚未形成以市域为主体的资源配置机制；社会治理“条块”分治严重，条块间协同演进不充分；治理资金投入机制不健全，人才保障力度不足等；数字化智能化不足，无法实现精细治理、精准治理；公众参与社会治理常态化机制尚未建立，多元主体参与治理的程度还没有形成。因此，要积极推进市域社会治理现代化，创新市域社会治理体制、完善市域社会治理体系、增强市域社会治理能力，才能更加有力、更加有效地解决各种社会矛盾和问题。

（四）持续提升人民群众获得感幸福感安全感的关键举措

推进市域社会治理现代化是深入践行以人民为中心的发展思想的具体行动。市域社会治理现代化，表面上是要解决治理的问题，根本上是要解决如何让人民群众更好发展、更幸福生活，说到底是“为了谁”“依靠谁”的问题。新时代社会主要矛盾发生了深刻的变化，人民群众对美好生活的追求日益强烈，在民主、法治、公平、正义、安全、环境等方面的需求日益增长，要求我国必须实现高质量的发展。高质量的发展必然要求高质量的社会治理，作为承上启下、统领基层治理单元的市域，其治理的范围适中，能够为辖区内居民提供便捷有效的管理和服务，对满足人民群众日益多样化、个性化的需要具有不可替代的作用。

三、我国社会治理体制机制的演化历程

新中国成立以来，我国社会治理现代化建设取得了历史性进展和重大成就。我国社会治理体制机制变革大体经历了如下四个阶段。

（一）1949—1978年：高度集中的社会管理模式

新中国成立至改革开放前，中国建立了以“严格计划管理”为主

要特色、“政社合一”的社会管理模式。这种体制的核心构成包括单位制、街居制、人民公社和户籍管理。在城市，实行“单位制为主、街居制为辅”的管理体制，通过单位制承担社会管理职能，从业人员得以逐步组织起来；在单位外，以“街居组织”为基础，社会闲散人员和救济、优抚对象得到管理。在农村，通过生产合作社把农民组织起来。在城乡之间，通过户籍制度严格控制和组织引导人口流动。这与当时亟待彻底结束旧中国四分五裂、一盘散沙的状态，迅速地把人民群众组织起来的社会环境总体上相适应。但也出现权力过分集中，国家管得过多、统得过死，政企不分，政社不分，社会缺乏活力等问题[1]。

（二）1978—2011年：放松社会领域管控，释放社会活力

党的十一届三中全会决定实行改革开放的重大决策，适应经济社会发展需要，中国社会领域的治理逐步放松管控、释放社会活力，从计划管理调整为社会管理。2004年，党的十六届四中全会正式提出“社会建设”和“社会管理”。这一时期，我国建立了社会管理工作领导体系，构建了社会管理组织网络，制定了社会管理基本法律法规，初步形成了党委领导、政府负责、社会协同、公众参与的社会管理格局[2]，初步建立起与社会主义市场经济体制相适应的社会管理基本框架。但也应看到，一度放松了社会管理，某些社会领域不适当地过度市场化，社会矛盾增多。

---

[1] 魏礼群. 坚定不移推进社会治理现代化[J]. 社会治理, 2019(9).

[2] 张来明.中国社会治理体制历史沿革与发展展望[J]. 社会治理, 2018(9).

（三）2012—2017年：全面深化社会治理变革

党的十八大把推进社会管理和改善民生作为中国特色社会主义建设的重要内容，提出了加快形成社会管理体制、基本公共服务体系、现代社会组织体制和社会管理机制的社会体制改革目标，明确要建立党委领导、政府负责、社会协同、公众参与、法治保障的社会管理体制。党的十八届三中全会将"创新社会治理体制"作为推进国家治理体系和治理能力现代化的重要组成部分，提出了改进社会治理方式、激发社会组织活力、创新有效预防和化解社会矛盾体制、健全公共安全体系的重点改革任务。至此，社会治理逐渐从理论、体制走向丰富的创新实践。

（四）2018年至今：探索构建市域社会治理体制机制

2018年6月，"市域社会治理现代化"的概念首次被正式提出，初步形成以树立"五个导向"（目标、政治、民本、问题、效果）、优化四大体系（政治、自治、法治、德治）、提升七大能力（统筹谋划、群众工作、政法改革、创新驱动、破解难题、依法打击、舆论导控能力）为核心内容的总体框架和方法路径。党的十九届四中全会提出"加快推进市域社会治理现代化"，党的十九届五中全会进一步提出"加强和创新市域社会治理，推进市域社会治理现代化"。目前，全国各地正在开展市域社会治理现代化试点，着力完善党委领导体制、政府负责体制、民主协商体制、社会协同体制、公众参与体制、纵向指挥体制，把体制优势更好转化为市域社会治理效能。

四、市域社会治理现代化未来趋势与目标

（一）全域市域社会治理理念更加牢固

市域社会治理坚持以人民为中心的发展思想，抓住人民最关心最直接最现实的利益问题，努力满足人民群众日益增长的、不同层次的社会需求，注重保障和改善民生，以防范化解市域重大风险为着力点，以增强市民获得感、幸福感、安全感为落脚点。

（二）全民市域社会治理主体更加多元

进一步优化市域社会治理主体格局，完善市域社会治理体系，从单纯重视党委、政府作用向党委、政府与社会多元主体共同治理转变，既发挥党委、政府的领导和主导作用，又要鼓励和支持社会各方面包括各类社会组织、企事业单位和公民个人参与市域社会治理，更加重视社会组织和市场力量参与市域社会治理，充分发挥多元主体各自应有的功能和作用，形成市域社会治理的整体合力。

（三）全数市域社会治理方式更加智能

创新以数据资源为基础的市域社会治理模式，打破部门壁垒、区域壁垒和行业壁垒，通过数据共享实现治理区域、治理领域、治理机制的互联互通，最大程度实现了全要素、全过程、全领域的动态精

准治理，让数字化、智慧化、精细化贯穿市域社会治理的全过程。要深化“雪亮工程”建设，健全社会治安综合防控体系，提升社会治安立体化、智能化防控水平；要推动应用场景丰富，融合互联网数据资源，打造网信智治平台，提升网络治理能力和水平。

（四）全程市域社会治理体系更加全面

全程市域社会治理体系体现在全面、系统、有效的供给、服务和保障等方面。推进市域社会治理现代化要健全公共服务体系，既要推进教育、文化、卫生、体育等社会事业发展与体制创新，也要推进就业、住房、社会保障、收入分配等民生事业发展与改革；要健全社会矛盾预防化解机制，正确处理人民内部矛盾；要健全公共安全体系，建设平安中国；要健全社会治安防控体系，依法打击违法犯罪活动，维护社会稳定；要完善社会信用体系，提高全社会诚信水平；要完善社会心理服务体系，培育自尊自信、理性平和、积极向上的社会心态；要规范、引导社会组织发展，完善社区治理体系。

（五）全盘市域社会治理制度更加完善

推进市域社会治理现代化，最根本在于制度的改革和创新。要加强市域社会治理领域的基础制度供给和制度设计，加快探索具有中国特色、时代特征的市域社会治理新模式。要加强组织领导，构建高质量的市域社会治理权责体系。重点坚持和完善党对市域社会治理工作的领导制度、国家政治安全捍卫制度、人民内部矛盾化解制度、社会治安防控制度、公共安全监管制度、网络安全管理制度、社会力量参与制度、社会基础管理制度、基层组织建设制度、智能化建设制度、人才队伍建设制度、激励督促机制。

五、结论与建议

（一）主要结论

基于我国国情政情社情，通过辨析相关概念，本文认为市域社会治理是以设区的城市或拥有立法权的地级行政区为基本治理单位，以防范化解政治安全、社会治安、矛盾化解、公共安全等方面的市域重大风险为着力点，以增强市民获得感、幸福感、安全感为落脚点，充分发挥市级层面在行政层级关系中的承上启下特殊位置的作用，实现全地域、全要素、全周期的社会治理。

市域社会治理是国家治理的重要基石。加快推进市域社会治理现代化具有重要的理论和现实意义，表现在：加快推进市域社会治理现代化是贯彻社会治理思想的重要举措，是统筹推进“五位一体”总体布局的必然要求，是推进国家治理能力现代化的内在要求，是破解现代治理难题的现实需要，也是持续提升人民群众获得感幸福感安全感的关键举措。

基于我国经济社会发展历程，通过对时间轴线的划分，本文认为我国社会治理体制机制变革大体经历了四个阶段，分别是：（1）1949—1978年，这一时期的社会治理主要特征是形成高度集中的社会管理模式；（2）1978—2011年，这一时期的社会治理主要特征是放松社会领域管控，释放社会活力；（3）2012—2017年，这一时期我国以习近平新时代中国特色社会主义思想为指引，全面深化社会治理变革，着力推进社会治理体系和社会治理能力现代化，推动社会充满活力又和谐有序运行；（4）2018年至今，这一时期继续全面深化社会治理变革，提出市域社会治理概念，探索构建市域社会治理体制机制。

市域作为社会治理的重点，市域社会治理还面临着一些新形势新挑战和新要求，突出表现在：社会结构深刻调整、社会价值观念深度变化、社会矛盾和社会风险呈现交织叠加、社会治理还不能完全适应新形势等方面。正确认识市域社会治理现代化，要从党中央提出的"推进国家治理体系和治理能力现代化"入手，探索具有中国特色、时代特征的市域社会治理新模式。市域社会治理现代化的目标包括：全域市域社会治理理念更加牢固、全民市域社会治理主体更加多元、全数市域社会治理方式更加智能、全程市域社会治理体系更加全面、全盘市域社会治理制度更加完善。

（二）有关建议

在理论研究方面，明确市域社会治理的内涵。坚持以习近平新时代中国特色社会主义思想为指导，以推进国家治理体系和治理能力现代化为总体框架，丰富研究市域在国家治理层级架构中的作用，优化市域社会治理的空间尺度，明确市域社会治理的范畴，加强对市域社会治理现代化的趋势研判，深化对市域社会治理现代化总体目标、阶段性目标研究。

在顶层设计方面，在党委领导下，进一步优化市域社会治理权责体系，完成市域社会治理在中央层面、省级层面、市级层面的体系构建，明确各级政府的部门实施主体。

在试点验收方面，加快建立健全市域社会治理现代化试点评估指标体系，及时总结推广试点创新实践和成功做法，进一步完善体制机制，加强分类指导、强化部门配合，加强舆论宣传，激发社会力量支持参与试点工作的热情和积极性。

参考文献

陈一新. 推进新时代市域社会治理现代化[N].法制日报, 2018-7-18(1).

陈一新. 加快推进社会治理现代化[N].人民日报, 2019-5-21(13).

戴大新,魏建慧. 市域社会治理现代化路径研究——以绍兴市为例[J].江南论坛, 2019(5).

龚维斌. 加强和创新基层社会治理[N].光明日报, 2020-9-18.

王绍光. 治理研究:正本清源[J]. 开放时代,2018(2).

魏礼群. 坚定不移推进社会治理现代化[J].社会治理, 2019(9).

魏礼群. 社会治理:40年回顾与展望[M]. 北京:中国言实出版社, 2018.

习近平. 切实把思想统一到党的十八届三中全会精神上来[EB/OL].人民网.http://theory.people.com.cn/n/2014/0102/c49169-24000494.html.

杨安.大数据与市域社会治理现代化——厦门实践与探索[J].经济, 2018(10).

俞可平. 论国家治理现代化[M]. 北京:社会科学文献出版社,2014.

俞可平等. 中国的治理变迁（1978—2018）[M].北京:社会科学文献出版社, 2018.

约瑟夫E.斯蒂格利茨. 全球化及其不满[M]. 北京:机械工业出版社, 2010.

中共中央文献研究室. 习近平关于社会主义社会建设论述摘编[M].北京:中央文献出版社, 2018.

张来明.中国社会治理体制历史沿革与发展展望[J].社会治理, 2018(9).

Hirst,Paul,and Grahame Thempson,Globalization in Question[M]. Blackwell Publishers, 1999.

执笔人：张文明

专题报告二

市域社会治理的功能特征研究

——兼论与省域、县域社会治理的关系

内容提要：市域作为国家治理和社会治理的新窗口，在治理层级、地位、作用上，市域是撬动国家治理体系现代化的强支点；在应对重大矛盾风险上，市域是化解矛盾风险的主阵地；在资源统筹、法治手段上，市域是社会治理现代化的集成体。当前，市域社会治理逐渐形成了纵向到底、横向到边治理体制，“五治”融合治理方式，“风险防控”与“公共管理服务”相结合治理领域的治理架构，具有重塑基层治理体系、驱动“决策”与“执行”统一、弥合条块治理碎片化、数字赋能激发居民参与积极性的功能特征。推进市域社会治理现代化必须坚持治理体制、治理方式和治理领域“三维一体”，以理顺条块关系，夯实基层治理基础，激发社会治理内在活力为实施的关键，在试点实践中探索具有中国特色、时代特征的市域社会治理新模式。

党的十九届四中全会明确提出加快推进市域社会治理现代化，党的十九届五中全会进一步提出“加强和创新市域社会治理，推进市

域社会治理现代化”。党的二十大报告进一步指出，完善社会治理体系，加快推进市域社会治理现代化，提高市域社会治理能力。作为观察和思考国家治理的全新视角，需要厘清市域社会治理与省域、县域社会治理的关系，分析其在国家治理体系中的地位和作用。

一、市域社会治理的提出：开启社会治理新征程

新时期，我国推进社会治理现代化要统筹中华民族伟大复兴战略全局和世界百年未有之大变局，深刻认识我国社会主要矛盾变化带来的新特征、新要求，深刻认识错综复杂的国际环境带来的新矛盾、新挑战。

（一）我国社会治理的创新实践

社会治理是人们应对社会生活共同问题时调动资源、组织力量、协调利益的一种制度方式，是国家治理的重要方面。当前，我国社会治理体制的逐渐形成和完善，是多线程改革的产物，涉及“五位一体”总体布局、“四个全面”战略布局下政府运行机制优化过程，以及党委、政府、社会力量多元合作治理结构历史进程多个方面，相关特点总结如下。

1.推进党建引领下的多元共治

党的十六届四中全会明确提出“建立健全党委领导、政府负责、社会协同、公众参与的社会管理格局”。党的十八届三中全会，正式提出了“创新社会治理体制”，体现了党的执政理念的根本性变化。习近平总书记指出：“治理和管理一字之差，体现的是系统治理、依

法治理、源头治理、综合施策。”党的十九届四中全会进一步明确“加强和创新社会治理，完善党委领导、政府负责、民主协商、社会协同、公众参与、法治保障、科技支撑的社会治理体系”。党的二十大进一步提出“健全共建共治共享的社会治理制度，提升社会治理效能”。这表明，我国社会治理已由传统的单中心治理向党建引领的多元治理结构转变。

2.加强政府职能的转变

政府职能转变包括两个方面，一方面是强化各级政府尤其是基层政府在公共服务、公共管理、公共安全领域的全面履责，转变过去重经济绩效轻社会治理。党的十八大以来，国家不断推动政府职能转变，强调基层政府在创新社会治理中的作用，各地加快推进政府职能转变，创新社会治理模式。另一方面是改变过去大包大揽的社会管理方式，从“划桨人”向“掌舵人”方向转变，建设服务型和法治型政府。

3.发挥社会组织和公众的积极性

党的十八大以来，中央对社会组织改革发展作出一系列重大决策部署，明确提出要加快形成政社分开、权责明确、依法自治的现代社会组织体制，明确提出“重点培育和优先发展行业协会商会类、科技类、公益慈善类、城乡社区服务类社会组织”，并不断完善政府向社会组织购买服务制度，加大购买服务力度。同时，积极引导社会公众参与，畅通基层群众参与社会治理的各种渠道。

4.加强城乡社区治理

城乡社区作为社会治理的基本单元，肩负着巩固党在基层的领导，落实社会主义民主法治、预防化解社会矛盾，践行社会主义核心价值观，激发基层社会活力，提升人民群众获得感、幸福感、安全感的重任。党的十八届三中全会以来，国家推动社区协商的制度化、规范化和程序化发展，建立健全社区准入正负清单，全面推行“社区工作准入制”。2017年6月，中共中央、国务院颁布实施《关于加强和完善城乡社区治理的意见》，从健全完善城乡社区治理体系、提升社区治理水平、补齐社区治理短板等方面，对当前城乡社区治理提出了重要改革方向。

5.强调法治保障作用

党的十八届三中全会以来，我国坚持依法治理，加强法治保障，运用法治思维和法治方式化解社会矛盾。党的十九届四中全会进一步明确提出坚持和完善社会主义法治体系，不断完善社会治理法治规范、推进严格执法、坚持公正司法、推动全民守法。在法治框架下，多方治理主体之间的关系更加清晰、治理体制机制得到进一步保障。

（二）新时期对社会治理提出新要求与新任务

1.政府治理与社会调节机制需要加强衔接

从五大治理主体来看，除党委、政府外，群团组织、社会组织、人民群众都包含在社会层面。政府与社会力量是维系社会秩序的重要依托，但这两种力量的权力来源并不相同，政府权力来自科层体系的强制权威，而社会权力量则来自社会契约与协商认同过程。破解政府与社会协同的难题，需要找到一个突破口。市域既是国家社会治理大政方针的执行者和落实者，又是基层社会治理的指导者和推动者，从市域层面上加强和推动社会治理，有助于实现政府行政治理与社会自我调节系统间的相互衔接与融合。

2.条块协调联动机制需要进一步完善

“条”是指政府职能内容的分化和权威关系自上而下运作动员的职能部门，“块”是指以属地分级管理模式为运行基础的地方各级政府。在社会治理中，由于条块分割，无法同时充分调动两者的积极性，而出现相互推诿、互不配合的情况。如何打破“条弱块强”或者是“条强块弱”钟摆式探索，真正实现条块协调联动，既要求政治势能层级够高，又要求落实基层力度够足，市域作为具有承上启下的枢纽作用、以城带乡的引擎作用、以点带面的示范作用，具备了打通条块协同壁垒、实现协调联动的可能性。

3.重大社会风险需要在更大范围内统筹解决

社会治理包含社会治理体制和具体社会事务治理两层内涵，在具体社会事务治理领域，社会治理与基层治理大体重合，被统称为基层社会治理[1]。随着我国社会结构深刻变化，人民群众利益诉求日趋多样，城市与农村两个社会系统相互嵌合，人口和资本等要素在城乡间频繁流动，社会治理面临着一些新问题、新挑战，传统“郡县制，天下安”的资源统筹能力已无法满足[2]，一些“重大社会风险和县域为主社会治理层级解决以及统筹重大社会问题有限资源之间的矛盾”[3]逐步凸显。而且，治理对象“低组织化”、治理主体“碎片化”、治理过程“悬浮化”、治理效果“内卷化”[4]，需要在市域层面推动基层社会治理创新。

[1] 郁建兴.辨析国家治理、地方治理、基层治理与社会治理[N].光明日报, 2019-08-30.

[2] 贺雪峰.央地关系视野下的县级治理[J].治理现代化研究, 2021(2):68-74.

[3] 许晓东, 张乐.加强和创新基层社会治理[N].人民日报, 2019-12-17.

[4] 杨磊、许晓东.市域社会治理的问题导向、结构功能与路径选择[J].改革, 2020(6):19-29.

（三）市域社会治理是推进国家治理和社会治理的新窗口

1.战略强支点：在国家治理体系中具有特殊定位

在治理层级上，市域处于国家治理的中观层面，对上承担贯彻落实国家大政方针的重要责任，对下指导基层一线工作，可以起到“一子落而满盘活”的效果。在治理地位上，市域相比县域而言，政治、经济、社会等资源集中，人流、物流、资金流、信息流汇聚；相比省域而言，对基层辐射力、影响力较大而且较为直接。在治理作用上，与县域相比，市域社会治理涉及对象多、问题更具体，可使用的资源更加丰富；与省域相比，市域更加接近基层，对党中央决策部署、国家大政方针的落实更容易拿出微观层面的操作方案和具体解决办法，治理更快速高效。

2.化解主阵地：对重大矛盾风险化解具有特殊作用

在化解成效上，市域是观察矛盾风险走向的晴雨表，一些最突出的矛盾和问题汇聚在市域，具有最大政策边际效应。在化解效率上，市域具有最优的治理半径，资源整合能力强，可以有效地防止矛盾风险向上传导、向外溢出。在化解影响上，市域直面人民群众，感受最直接、最灵敏，能够较好满足人民群众需求；而且，市域作为防止风险外溢扩散上行的重要关口，能够防止单个风险、局部风险的扩大，可以将影响降到最小范围。

3.集成综合体：对推进社会治理现代化具有特殊优势

在行政位阶上，市域作为“前线指挥部”，可以直面基层的各类问题，快速研判、协调联络、广泛调集、紧急处置，最大效能发挥基层“前沿战斗堡垒”作用。在资源统筹上，设区的市具有解决问题的物质基础和资源手段，往往能够统筹各种资源力量，及时有效解决各类突出问题。在法治手段上，设区的市具有地方立法权，可制定地方性法规规章，对于破难题、开新局具有重要的意义。

上述内容参见表1所示。

表1　市域相比省域、县域在社会治理中的优势

维度	优势
治理层级	市域处于国家治理的中观层面，对上承担贯彻落实国家大政方针的重要责任，对下指导基层一线工作。与县域相比，市域社会治理涉及对象多、问题更具体；与省域相比，市域更加接近基层，治理更快速高效。
资源统筹	设区的市具有解决问题的物质基础和资源手段，往往能够统筹各种资源力量，及时有效解决各类突出问题。设区的市具有地方立法权，可制定地方性法规规章，对于破难题、开新局具有重要的意义。
风险化解	市域是观察矛盾风险走向的晴雨表，是风险排查、预防、化解最直接，治理最有效的层级；市域具有最优的治理半径，具备较为完备的治理体系，化解效率最高；市域直面人民群众，感受最直接、最灵敏，能够较好满足人民群众需求；而且，市域作为防止风险外溢扩散上行的重要关口，能够防止单个风险、局部风险的扩大，可以将影响降到最小范围。

资料来源：课题组整理。

二、市域社会治理的功能特征

自“市域社会治理”概念提出以来，引起了政界、学术界的广泛关注，结构体系不断完善，功能特征更加突出。

（一）市域社会治理的结构体系

1.纵向到底、横向到边的社会治理体制

市域社会治理将“市”整合到社会治理结构之中，逐步形成了党中央集中统一领导，市级重统筹协调，县（市、区）级重组织实施，乡镇（街道）重强基固本，权责明晰、层层推进、上下贯通的纵向治理架构。在横向层面，市域社会治理形成了党委领导、政府负责、群团组织助推、社会组织协同、人民群众参与的治理体制，增强市域社会治理的聚合力，把分散的资源集合起来。由此，以市域为单元的社会治理体制建立了纵向连接通畅、横向联结多元、纵横合作的新模式。

2.“五治”融合的治理方式

“政治”强引领，以党的政治建设为统领推进社会治理，坚定政治方向、强化政治领导、夯实政治根基、涵养政治生态，将政治引领贯穿于市域社会治理全过程和各方面。“法治”强保障，运用法治思维和法治方式解决市域社会治理难题，完善法律规范、用好立法权、增强执法效能、提高司法水平、推动全民守法，将市域社会治理纳入法治轨道。“德治”强教化，发挥道德教化推进社会治理的内在动力，挖掘德治资源、完善德治体系、强化德治约束、激发德治能量，推动成为市域社会治理现代化的强大力量。“自治”强基础，坚持和完善基层群众自治制度，建强自治组织、创新自治活动、激发自治活力。“智治”强支撑，发挥智治支撑作用，推进智防风险、智慧决策、智助司法、智利服务，为市域社会治理智慧化赋能。

3.“风险防控”与“公共管理服务”相结合的治理领域

市域社会治理的领域范围不断聚焦。2020年10月，在全国市域社会治理现代化试点工作第一次交流会上，明确市域社会治理要着眼于“社会”领域，重点防范政治安全、社会治安、重大矛盾纠纷、公共安全、网络安全等五大风险。根据党的十九届四中全会精神，公共服务主要归属民生保障领域，但也是政府治理体系的重要内容，要纳入社会治理领域。但是这并不代表教育、医疗、养老、就业、住房等内容全部纳入，导致工作“无所不包”，进而产生“小马拉大车”现象。因此，市域社会治理也要着眼于“治理”范畴，对于公共服务内容，要从对人的服务管理这一角度出发，做实做细公共管理服务各项工作。

（二）市域社会治理的功能特征

1.重塑基层治理体系

基层社会组织以网格等微治理单位为主体，将大数据、人工智能等新技术基础设施作为支撑，形成了新型治理体系。例如，深圳市整合综治中心职能，明确综治中心对内整合其他平台；推动智治标准建设，建立房屋、人口两大基础标准，打造基层治理“百平台”“千应用”；将基础网格划分为全科网格，健全完善事项清单，实现“以块为主，条块结合”。榆林市依托市级共享交换平台，通过整合各类信息资源，建立共建共治共享的大数据应用平台；同时推进网格化管理，通过统一划分网格、配强网格人员、明确网格员职责、推行全科网格，实现上下互通、多网融合。昆明市通过推进市县乡三级综治中心规范化建设、网格化服务管理标准化建设，实行同级综治中心和网格化服务管理中心一体化运行，运用“大数据+网格化+跟踪随访”方式，实施市、县、乡、村四级闭环分类处置机制，实现上下贯通、融合联动。

2.形成从决策到执行承接点

在市域范围内建立贯通上下的社会治理指挥体系，打通了中央、省级到基层的治理通道，垂直化、扁平化推进社会治理，解决基层难题。例如，杭州市探索形成“六和塔”工作体系，在纵向上明确“市级抓统筹主导、区县抓组织实施、乡村街社抓落实执行”，在横向上实施“党建领和、政府主和、社会协和、智慧促和、法治守和、文化育和”等六和工程，在镇街建立综治工作、市场监管、综合执法、便民服务“基层治理四平台”。深圳市强调坚持党委统揽，增强社会治理领导力；强化政府负责，增强社会治理执行力；全员共同发力，增强社会治理聚合力；落实保障措施，增强社会治理保障力，形成了四力凝结的市域社会治理格局。榆林市探索形成“4+X”的治理模式，即党建引领、标准化建设、智慧化支撑、网格化管理等四项内容和X项特色化服务。

3.弥合条块治理碎片化

市域社会治理的提出，使得市域成为以市级行政单位为圆点的区域融合发展单位，也是以市级党委为核心的更高层次且强有力的资源统筹单位，具有垂直化和扁平化两种导向，具备了条块关系协同的体制环境。通过获得党政领导的重视和支持，不仅赋予了“块”的资源和权限，将基层社会治理由虚导向实；也让职能部门“条”借用党政领导对“块”释放的信号，进而调动“块”对专项治理任务的配合与资源倾斜，实现条块协同。例如，深圳市突出高位推动，成立由市委书记任组长的平安深圳建设领导小组，下设市域社会治理试点工作专项协调组，全市11个区落实一把手责任，形成市、区、街道、社区四级党委领导体制。曲靖市将市域社会治理工作纳入各级党委书记考核内容，成为领导班子和干部评优评先、晋升提拔的参考，调动了地方政府和各部门、相关干部的关注。

4.数字赋能激发居民参与积极性

在社会治理的末端建立信息平台，将居民整合到社会治理信息平台之中，通过信息平台引导居民密切日常交往、参与公共事务、开展协商活动、组织邻里互助。例如，杭州市三墩镇通过微信公众号“三墩发布”上的“随手拍”模块，以及“志愿服务3.0”“你是我眼”等数字受理端口，构建市民便捷参与基层治理的闭环渠道，打造“人人都是参与者”场景。深圳市宝安区探索组建由楼栋长、门店长、物管员、保安员为主体的“十万义警”队伍，通过构建五级管理体系，依托义警智慧管控平台，发动群防群治力量协同开展“三防一禁”。

三、推进我国市域社会治理现代化的路径与建议

推进市域社会治理现代化必须坚持治理体制、治理方式和治理领域“三维一体”，以理顺条块关系，夯实基层治理基础，激发社会治理内在活力作为实施的关键，在试点实践中探索具有中国特色、时代特征的市域社会治理新模式。

（一）理顺条块关系，实现“条条块块”协同互动

条块关系是我国行政管理体制中最基本的结构关系，条块分割是社会治理体制一直面临的核心问题。虽然学界的研究与政界的机构改革一直在探索，但重塑的变革基本是在“条弱块强”与“块弱条强”之间徘徊。理顺条块关系是市域社会治理关键任务之一，也是实施效果评判的重要标准。

1.借助政治势能，加强党政领导重视

条块协同互动，需要党政领导的介入，通过获得党政领导的重视和支持，不仅赋予了“块”的资源和权限，将基层社会治理由虚导向实；也让职能部门“条”借用党政领导对“块”释放的信号，进而调动“块”对专项治理任务的配合与资源倾斜，实现条块协同。推进市域社会治理要把市委一把手牵头作为重要方式，成立由市委书记任组长的领导小组，各县（市、区）落实一把手责任。

2.通过技术嵌入，加强政府服务与社会治理平台对接

市域社会治理涉及政法、司法、公安、组织、民政、卫生健康、工业和信息化、团委、妇联等多个部门，包括综合执法、疾病防控、应急管理、矛盾化解、治安整治等多项职能，通过技术嵌入，将政府服务中心与社会治理平台对接，解决部门间目标分离和信息失灵的问题。要通过整合各类信息资源，建立共建共治共享的大数据应用平台，解决基层治理“碎片化”问题，实现部门间的协同共治。

3.依托政绩考核，加强基层政府与职能部门合作

政绩考核就是基层政府通过参与职能部门“条”的考核、评比，提升其在上级政府的关注度，这就需要职能部门为其背书，特别是具有“一票否决权”的治理议题，职能部门就成为其政绩考核、塑造良好政绩形象的关键通道。借鉴杭州“六合指数”经验，对全市190个乡镇（街道）分类进行赋分排名，并通过重点事件风险评估的“五色预警图”，以市民普遍关心的火警、交通亡人、电诈、偷盗等八类社会治理重点事件为中心，对杭州各地区的这八类风险进行分级预警，并对排名靠后的地区进行专项整治。通过政绩考核排名的方式施压，增强了各主体工作动力，提升“块”配合“条”的治理效能。

4.形成舆论压力，加强公众对议题的关注与参与

民意压力有助于推动社会治理的条块结合，增进基层政府、相关部门、市民之间的互动。因此，通过社会治理绩效的公开化、可视化，让公众参与其中，发挥社会问责力量，从而增强社会治理的公共性。类似于杭州“六合指数”的平安指数，满足了公众对治安信息、公共安全的信息需求，所在地排名先后吸引了公众的注意，当所在地

排名较低或指数落后时，公众通过社交媒体表达的不满与诉求，对当地政府和相关部门形成舆论压力，促进条块协同。

（二）夯实基层治理基础，基础建设与制度完善“双管齐下”

市域社会治理相比基层社会治理而言，治理层级得到提高，但重心仍在基层，基层基础的夯实是实现市域社会治理现代化的重要前提。基层治理基础既包括基层基础建设问题，也包括基层有责无权的制度激励问题，需要“双管齐下”打出夯实基层治理基础的“组合拳”。

1.加强基层基础建设，补齐历史欠账

推进市县两级综治中心、乡镇（街道）党群服务和社会治理中心的建设，从运行模式、人员组成、设施要求等方面标准化、规范化推进，配备必要的终端设备；同时要依托现有条件，整合阵地资源因地制宜。推进网格化管理服务体系建设，科学划分网格，进行“多网融合”，做到基础网格无缝衔接、全域覆盖；规范网格运行，整合建成职责明晰、一网通办的全科网格体系；配强网格人员，明确网格员职责，落实网格员薪资待遇，畅通网格员成长渠道。推进基层基础信息化智能化建设，建强数据中心，完善立体化、信息化治安防控体系，创新智能应用场景，推进社会治理智能化应用推广。

2.推动信息资源共享，提高线上线下融合能力

推进各部门要素数据化、数据标准化，整合社会治理数据资源，自上而下按“条”建设的各类信息化项目，如公安、应急、能源、司法、交通、消防等部门数据融入到市级社会治理中心中，实现“块”上的信息数据的共享应用。调研发现，杭州市以统一地址库为牵引，统筹推进社会治理各类要素归集关联，打通信息堡垒，构建覆盖全

域、统筹利用、统一接入、灵活服务的数据资源共享体系，具有一定的参考价值。推进数字化基础平台建设，做好升级改造、系统对接、主题数据建设等工作，落实网格事务基础数据共享、部门业务协同处置，实现线上线下、网络网格相融合。

3.整合治理资源，减负放权赋能相结合

厘清职能部门、驻街机构与街道社区的权责边界，制定社会治理事项权责清单，完善交办街道社区事项准入机制，理顺社会治理职责交叉事项，筑牢基层减负“防火墙”。充实街道社区组织机构与人员，优化职能配置，推动执法资源、调解资源、服务资源等治理资源下沉到社区，将城管、查违、安监、网格巡查等街道管理的执法人员编组落到社区、网格。赋予街道社区对职能部门（驻街机构）的工作考核权、负责人任免征得同意权、事项督办权等权力，建立以结果为导向的监督、检查和考核体系，推动部门参与基层治理由虚转实。

（三）激发社会治理内在活力，增强居民群众参与的积极性

激发社会治理内在活力不仅是推进市域社会治理现代化的关键任务，也是推进市域社会治理现代化的重要目标，还是实施效果重要的评判标准。要充分发挥社会组织、群团组织的协同助推作用，真正激发居民群众参与的活力，构建共建共治共享社会治理共同体。

1.孵化培育+挖掘能人+项目支撑，调动社会组织参与积极性

围绕心理健康、矫治安帮、法律援助、纠纷调处等社会治理重点领域，孵化培育社会心理服务类、公益事业类、专业调处类等社会组织，通过资源链接、评估发展状况、公益支持等方式，解决社会组织“生存”问题。挖掘群众威望高、责任心较强、有时间与意愿的居

民，培育成为社区“能人”，参与社区共治，解决社区中存在的痛点难点问题。完善政府购买服务指导性目录，确定向社会组织购买服务的重点项目，引导社会组织从矛盾纠纷等居民需求的痛点上触发项目化推进，加强社工人才队伍建设。此外，充分发挥工会、团委、妇联、科协、法学会等群团组织发挥各自阵地作用，广泛组织各方面群众参与社会治理。

2.党建引领+微组织+信息平台，激发居民参与活力

有效治理单元的培育是居民自治实现的基础，特别是与基层群众联系紧密的“微组织”，如小区、自然村、网格、楼栋等自治载体都属于“微组织”范畴。一方面，以党建为引领，发挥党员带头作用，是组建“微组织”的关键。如榆林市榆阳区将街道、社区两级党组织下沉到“三无”小区，成立小区居民党小组，在居民党小组的指导下，组建“微治理”自管小组，为小区居民反映问题、提出建议、协商议事建立平台和渠道。另一方面，在社会治理的末端建立信息平台，将居民整合到社会治理信息平台之中，通过信息平台引导居民密切日常交往、参与公共事务、开展协商活动、组织邻里互助。通过“党建引领+微组织+信息平台”，城乡治理元素被重新组织和动员起来，激发居民参与活力。

参考文献

李培林. 中国社会巨变和治理[M]. 北京:中国社会科学出版社, 2014.

龙宁丽. 政府改革与公共治理[M]. 北京:中央编译局出版社, 2015.

丁元竹. 社会治理现代化的探索[M]. 北京:国家行政学院出版社, 2016.

俞可平等. 中国的治理变迁(1978—2018)[M]. 北京:社会科学文献出版社, 2018.

魏礼群. 社会治理:新思想, 新实践, 新境界[M]. 北京:中国言实出版社, 2018.

国务院发展研究中心公共管理研究所. 社会治理的理论与实践探索[M]. 北京:中国发展出版社, 2018.

谢建社. 新时代中国社会变迁与社会治理若干问题研究[M]. 北京:中国社会科学出版社, 2018.

吴忠泽, 陈金罗. 社团管理工作[M]. 北京:中国社会出版社, 1996.

陆春萍. 西北地区社会组织发展现状及其管理研究[M]. 北京:中国社会科学出版社, 2013.

王名. 中国民间组织30年——走向公民社会[M]. 北京:社会科学文献出版社, 2008.

何增科. 中国社会管理体制改革路线图[M]. 北京:国家行政学院出版社, 2009.

张良. 我国社会组织转型发展的地方经验:上海的实证研究[M]. 北京:中国人事出版社, 2014.

郭道久. “强国家–强社会”:我国社会组织发展的政治分析[M]. 天津人民出

版社, 2017.

康晓强. 社会建构的逻辑:中国社会组织发展论纲[M]. 北京:中国政法大学出版社, 2017.

黄晓勇. 中国社会组织报告(2018)[M]. 北京:社会科学文献出版社, 2018.

[德]菲雯迪.滕尼斯. 共同体与社会——纯粹社会学的基本概念[M]. 林荣远, 译. 北京:商务印书馆, 1999.

[美]R.E.帕克等. 城市社会学——芝加哥学派城市研究论文集[M]. 宋俊玲等, 译. 北京:华夏出版社，1987年版。

[法]埃米尔・涂尔干.社会分工论. 生活・读书・新知[M]. 渠东, 译. 北京:三联书店, 2000.

[挪威]弗雷德里克・巴斯. 族群与边界——文化差异下的社会组织[M]. 李丽琴, 译. 马成俊, 校. 北京:商务印书馆, 2014.

[德]马克斯・韦伯. 经济与社会(上下卷)[M]. 林荣远, 译. 北京:商务印书馆, 1997年版。

[美]莫洛・F.纪廉等. 新经济社会学[M]. 姚伟, 译. 北京:科学文献出版社, 2006.

费孝通. 乡土中国[M]. 北京:生活、读书、新知. 三联书店, 1985.

吴文藻. 吴文藻人类学社会学研究文集[M]. 北京:民族出版社, 1990.

项飚. 跨越边界的社区——北京浙江村的生活史[M]. 北京:生活、读书、新知三联书店, 2000.

[英]杰瑞・斯托克.作为理论的治理:五个论点[J]. 华夏风, 编译.国际社会科学, 1988(3).

康宇. 中国城市社区治理发展历程及现实困境[J]. 贵州社会科学, 2007(2).

张康之. 论社会治理从民主到合作的转型[J]. 学习论坛,2016(1).

童星. 论社会治理现代化[J]. 贵州民族大学学报, 2014(5).

郭晓冬, 黄建军. 当代服务型政府社会治理模式的实践转向[J]. 湖北社会科学, 2013(2).

贾玉娇. 创新社会治理体制:目标、条件及关键议题[J]. 社会科学战线,2014(8).

陈成文, 赵杏梓, 张丽芬. 论社会治理与社会工作的发展空间[J]. 山东社会科学, 2015(1).

张艳国,刘小钧. 十八大以来我国社区治理的新常态[J]. 社会主义研究, 2015(5).

郁建兴. 辨析国家治理、地方治理、基层治理与社会治理[N]. 光明日报,2019−08−30.

贺雪峰. 央地关系视野下的县级治理[N]. 治理现代化研究, 2021(2).

许晓东,张乐.加强和创新基层社会治理[N]. 人民日报,2019−12−17.

杨磊,许晓东.市域社会治理的问题导向、结构功能与路径选择[J]. 改革, 2020(6).

执笔人：王皓田

专题报告三

完善市域社会治理多元主体参与机制研究

内容提要：与传统社会管理相比，社会治理的突出特征在于多元参与、共建共治共享。完善市域社会治理多元参与机制，是完善市域社会治理体制机制面临的核心问题。目前，我国市域社会治理多元参与机制存在一些突出短板和不足，包括党和政府的领导负责地位有待加强、基层社区的平台地位有待巩固、社会组织的协同功能发挥不充分、企业参与路径不通畅等。应明确党和政府、社区、社会组织、企业等主体在市域社会治理中的职能定位与分工，补好体制机制短板，加快推进实现高效的多元协同治理。

社会治理是国家治理的重要方面。市域是社会治理的重要层级。从治理客体角度看，市域是重大风险矛盾的产生地、集聚地，从市域着手便能锁定社会治理的主要目标对象。从治理主体角度看，市域具备较为完备的社会治理体系，具有解决重大矛盾问题的资源能力和统筹能力。因此，推动市域社会治理体系和治理能力现代化，是推进社会治理乃至国家治理现代化的战略支点和抓手。“十四五”时期，加快完善市域社会治理体系，着重完善市域社会治理多元参与机制，提高市域社会治理水平，对于全面建设社会主义现代化国家开好局、起好步具有重要意义。

一、完善市域社会治理多元参与机制的理论基础

（一）学术界关于治理与社会治理的主要理论

西方并无“社会管理”的概念，也鲜有“社会体制改革”和“社会治理创新”的提法[1]。但无论是从我国加强和创新社会治理的理论来源看，还是从相关论题的关联性看，西方的一些代表性理论都可以为我们的研究提供许多启发。

1.治理与善治理论

1989年，世界银行在一份报告中描述当时非洲的情形时，首次使用了“治理危机”（crisis governance）一词[2]。此后“治理”被广泛应用于政治与经济发展研究中，治理理论逐渐成为国际学术界持续关注的前沿理论之一。

一般认为，治理问题最初引起重视，是由于国际组织和跨国公司改善受援国或投资国社会政治环境的努力。但是，治理问题日益受到世界各国普遍的重视，更深刻的原因在于政府体制和市场体制的局限性和在若干领域中的失效[3]。治理问题专家鲍勃·杰索普（Bob

[1] 童星. 中国社会治理[M]. 北京:中国人民大学出版社, 2018:18.

[2] 大卫·威廉姆斯, 汤姆·杰克逊. 治理, 世界银行与自由主义理论//俞可平. 治理与善治[M]. 北京:社会科学文献出版社, 2000:148–178.

[3] 俞可平. 国家治理评估——中国与世界[M]. 北京:中央编译出版社, 2009:3.

Jessop）认为，全球化加深导致了社会复杂性极度加剧、相互依存关系日益紧密，这些新情况及问题“再也不能简单地借助自上而下的国家计划或凭借市场中介的无为而治方式寻求解决了”[1]。

治理概念的流行也导致其内涵存在一定的模糊性。英国学者罗茨（R. Rhodes）列举了六种关于治理的不同定义：作为最小国家的管理活动的治理；作为公司管理的治理；作为新公共管理的治理；作为善治的治理；作为社会-控制体系的治理；作为自组织网络的治理[2]。治理理论的主要创始人之一、美国政治学家罗西瑙（James N. Rosenau）强调，治理是由共同的目标所支持的，这个目标未必出自合法的以及正式规定的职责，而且它也不一定需要依靠强制力量克服挑战而使别人服从。治理既包括政府机制，也包括非正式、非政府的机制。[3]联合国全球治理委员会在1995年的一份报告中给出的定义为：治理是各种公共的或私人的个人和机构管理其共同事务的诸多方式的总和[4]。一般认为，“多一些治理，少一些统治”是21世纪世界主要国家政治变革的重要特征[5]。

2.服务型政府理论

服务型政府的理论基础是新公共服务理论，它建立在对新公共管理理论的批判基础上。奥斯本（David Osborne）和盖布勒（Ted Gaebler）提出了新公共管理理论，认为政府是起催化作用的。社区

[1] 鲍勃·杰索普. 治理的兴起及其失败的风险：以经济发展为例的论述[J]. 国际社会科学(中文版), 1999(1).
[2] 罗伯特·罗茨. 新的治理//俞可平. 治理与善治[M].北京:社会科学文献出版社, 2000:86-106.
[3] 詹姆斯·N·罗西瑙. 没有政府的治理[M]. 北京:张胜军、刘小林等, 译. 江西人民出版社, 2001:5.
[4] The UN Commission on Global Governance, Our Global Neighborhood, Oxford University Press, 1995, p.2.
[5] 俞可平. 推进国家治理体系和治理能力现代化[J]. 前线, 2014(1).

所拥有的政府，是具有竞争性、使命感和讲究效果的政府，是有责任心、有前瞻性，分权的、以市场为导向的政府。美国学者盖伊·彼得斯（Guy Peters）在《政府未来的治理模式》一书中主张利用市场力量吸纳私人部门参与公共管理，以“顾客”为导向，实现政府管理的三“E”目标：经济（economy）、效率（efficiency）、效益（effectiveness）。

新公共服务理论的代表人物登哈特夫妇（Robert B. Denhardt，Janet V. Denhardt）认为，新公共管理是建立在诸如个人利益最大化之类的经济学观念之上的，而新公共服务则是建立在公共利益的观念之上的，是建立在公共行政人员为公民服务并确实全心全意为他们服务之上的。登哈特夫妇的《新公共服务：服务而不是掌舵》一书指出，服务是政府公共管理的本质，政府的本质不是去驾驭社会、去“掌舵”，而是实现公共利益、服务公民。

总之，服务型政府的理论内涵有以下几个方面：服务而非掌舵；公共利益是目标而非副产品；民主地行动；服务于公民而不是顾客；责任并不是单一的；重视人而不是只关注效率；超越企业家身份，重视公民权和公共服务。

（二）市域社会治理的基本理论框架

党和国家提出了关于国家治理及社会治理的理论体系，其中的“治理”概念并不等于西方理论中的种种治理概念。习近平总书记明确指出，推进国家治理体系现代化，就是要“为党和国家事业发展、为人民幸福安康、为社会和谐稳定、为国家长治久安提供一套更完备、更稳定、更管用的制度体系”，推进治理能力现代化，就是要增强“制度执行能力”[1]。当然，推进国家治理及社会治理现代化，有必要合理吸收西方治理理论中的多元参与、公开透明、培育发展社会组织等思想。

所谓社会治理，是指在一定的法制规范前提下，由党组织、政府、群众自治组织、社会组织、企事业单位以及公民等多元主体共同参与、整合资源、民主协商、互利合作，规范和管理各类社会公共事务，激发社会活力、维护社会和谐稳定、满足群众美好生活需要的过程。与传统社会管理相比，社会治理更强调政府与社会双向互动，更强调多元参与、共建共治共享，更强调合作协商，更强调法治的理念，更重视公开和透明的治理方式。同时，在中国基本国情下，社会治理必须坚持党委领导、政府负责。

市域层级在国家治理体系中发挥着承上启下的枢纽作用。市域社会治理强调以市域为依托和支点来加强和创新社会治理，其特点在于，在市域空间范围内统筹谋划社会治理，通过优化市域社会治理组织体系，整体、系统、协同完善市域社会治理各项体制机制，提升市域社会治理核心能力，在市域范围内形成共建共治共享的社会治理格局。

基于相关理论和以上概念界定，本研究将市域社会治理的理论框架设定为如下方面。

一是市域社会治理目标，即市域社会的良序善治。国家治理的理想状态是善治（good governance）。善治是公共利益最大化的过程，其本质特征是国家与社会处于最佳状态[2]。党的十九大提出“以良法促

[1] 参见《习近平在省部级主要领导干部学习贯彻十八届三中全会精神全面深化改革专题研讨班开班式上发表重要讲话》，人民网，2014年2月18日。
[2] 俞可平. 论国家治理现代化[M]. 北京:社会科学文献出版社，2014:3.

进发展、保障善治”，这表明善治已经成为中国国家治理及社会治理的目标状态。市域社会治理的基本目标就是要实现市域社会的良序善治，并为整个国家的善治提供坚实支撑。

二是市域社会治理体系，即由市域社会治理的参与主体及其职能划分、运行机制、保障要素等构成的有机体系。在参与主体方面，主要包括党组织、政府、居民、基层群众性自治组织、社会组织和企事业单位等。在运行机制方面，主要包括多元主体参与协同机制、社会风险预警应对机制、社会矛盾预防化解机制、基本民生保障机制、民意表达和反馈机制等。在保障要素方面，包括人才、资金、场地和设施及土地、信息等要素。

三是市域社会治理能力，即发挥市域社会治理各项体制机制的作用，管理市域各类社会公共事务的能力。市域社会治理体系与社会治理能力是一个有机整体，两者相辅相成。市域社会治理能力主要包括依法办事能力、矛盾治理能力、社会力量参与能力、服务供给能力、文化引领能力等。

四是市域社会治理路径，即市域社会治理体系和治理能力现代化。要把中国共产党的领导作为市域社会治理的根本保障，把以人民为中心作为市域社会治理的本质特征，把自治、法治、德治、智治作为市域社会治理的基本方式，把共建共治共享作为市域社会治理的基本格局，加强市域社会治理创新，提升市域社会治理社会化、法治化、智能化、专业化水平。

二、我国社会治理体制改革进展

（一）我国社会管理体制演变历程

改革开放以来，随着市场化经济改革不断推进，我国社会管理体制随之改革和演变，逐步从单位制（人民公社制）转变为城乡社区制。

在计划经济体制下，国家在城市实行单位制为主的社会管理体制，绝大部分城市居民都被纳入党政机关、事业单位、公有制企业等单位组织中，国家将单位作为配置稀缺资源的基本渠道，并将众多社会管理任务交给单位负责[1]。在农村，国家依托人民公社制度进行社会管理，人民公社不仅具有组织集体生产的经济功能，还具有人口管理和通过农民合作提供公共物品的社会功能，甚至具有政治和军事动员的功能。

1978年以来，在城市，单位制逐步解体，传统的机关和企事业单位不断弱化自身的社会管理职能，私营企业、外资企业等新兴组织都采取了“非单位”的管理体制。为解决城市居民由“单位人”变为“社会人”后的管理问题，自90年代中后期起，在民政部门推动下，城市社区建设开始兴起，社区组织、社区服务体系建设逐步推进。目前，社区已成为城市社会服务和管理的基本平台。

---

[1] 路风. 单位:一种特殊的社会组织形式[J]. 中国社会科学, 1989(1).

在农村，20世纪80年代，人民公社制度被乡（镇）/村体制所代替，1986年《村民委员会组织法（试行）》通过，农村社会管理从此走上了“村民自治”的道路[1]。近年来，农村社会治理的组织体系不断健全，政府与村民自治组织、各种社会组织在农村建设中的互动合作日益加强。

（二）近年社会治理体制改革举措及成就

党的十八届三中全会以来，我国改革全面发力、多点突破、纵深推进，社会治理体制改革是其中的重要部分。党和国家将社会治理定位为“国家治理的重要方面”，加强和创新社会治理的改革力度明显加大。其主要举措包括如下方面。

一是全面加强党对社会治理的领导及顶层设计推动。党的十八届三中全会以来的历次党的重要会议及重大文件均将社会治理议题包括在内，对完善社会治理体系进行顶层设计和部署。经中央批准，2019年底，由中央政法委牵头的全国市域社会治理现代化试点工作全面启动。另外，大力加强服务型党组织建设，使党的建设覆盖到各类企事业单位、各种社会组织、各地城乡基层，强化党组织在社会治理中的领导核心作用。

二是着力加强和创新城乡社区治理。以社区减负增效为抓手，理顺基层政府与社区的关系。2015年7月，民政部、中央组织部印发《关于进一步开展社区减负工作的通知》，目前各地普遍出台了社区减负的具体措施。以强化社区服务为中心保障和改善社区民生，从硬件建设看，社区服务机构和设施加快完善；从软件建设看，与居民利益密

[1] 卢汉龙等. 新中国社会管理体制研究[M]. 上海:上海人民出版社, 2009:204.

切相关的劳动就业、社会保障、医疗卫生、教育、文化体育、公共安全、矛盾调解等服务逐步完善。

三是大力促进社会组织参与社会治理。社会组织是社会治理的重要主体和载体。党的十八届三中全会以来，全国各地普遍开展了社会组织直接登记改革，放松了对城乡社区服务类、公益慈善类、行业协会商会类等社会组织登记的管制，由此推动了社会组织的发展，也促进了更多社会组织深入参与社会治理。同时，各地从政府购买服务、资金、场地、人才等方面大力支持社会组织发展。

四是不断健全公共安全体系和国家安全体制。“平安建设”被提到一个新的历史高度。围绕深入推进“平安建设”，推出应急管理、食品药品安全、安全生产、防灾减灾、社会治安防控和网络安全等方面的体制机制改革举措[1]。例如，成立了专门的应急管理部门。在国家安全方面，落实总体国家安全观，建立集中统一、高效权威的国家安全体系，2013年11月设立国家安全委员会，2015年初出台《国家安全战略纲要》，2015年7月出台新的《中华人民共和国国家安全法》。

五是稳步推进社会治理法治化建设。以推进全面依法治国为契机，不断推进社会治理法治化与制度化。行政执法体制改革深入推进。新一轮司法体制改革全面展开，司法职权配置不断优化，执法司法规范化建设进一步加强。2020年5月通过的《中华人民共和国民法典》是新中国立法史上的第一部法典化法律，它既是“社会生活的百科全书”，也是公民权利保障的宣言书，将成为我国社会治理实现多元共治的重要推进器。2020年12月，中共中央印发《法治社会建设实施纲要（2020—2025年）》，对法治社会建设进行了规划部署。

[1] 魏礼群. 党的十八大以来社会治理的新进展[OL/EB]. 央视网, 2017-8-10.

六是持续加强社会治理信息化建设。国家层面印发《国家信息化发展战略规划纲要》，出台《“十三五”国家信息化规划》，为推进国家和社会治理信息化提供指导和动力。各地在智慧城市、智慧治理建设过程中大力加强社会治理信息化建设，将大数据、云计算、人工智能等新兴信息技术应用到社会治理中。新冠疫情防控中，各地大量应用信息技术开展疫情监测分析、病毒溯源、患者追踪、社区管理、远程专家会商疫情、远程会诊救治患者等工作。

从近年改革成效看，我国社会治理水平明显提升。党在社会治理及基层社会的领导地位得以巩固和加强。人民群众的民生需求得到进一步满足，获得感、幸福感明显增强。社会参与活力得到更大激发，民主治理、依法治理逐渐深入人心。社会和谐稳定得以维护，大量社会矛盾和问题被有效预防化解，人民群众安全感日益稳固。

三、我国市域社会治理多元参与机制存在的短板和不足

（一）党和政府在市域社会治理中的领导负责地位有待加强

一是党组织对市域社会治理的政治领导存在不足。在市域社会治理中，一些基层党组织软弱涣散，统筹协调能力弱，党建理念和方式陈旧，领导作用发挥不充分，不适应基层治理和发展需要。在社会组织党建方面，由于社会组织小型分散、人员流动性大等特点，导致党员组织关系管理不规范、党组织设置不稳定、零散党员组织生活质量低、非建制党组织管理难度大等问题。

二是政府内部的横向和纵向协同治理不到位。从横向协同看，诸多专业部门都建立本系统的信息平台并层层往基层延伸，各部门平台相互分割、各自为政、资源浪费的问题严重，协同治理不到位。综治、民政、城管等多条线推行网格，各种网格划分标准不一、网格力量分散、平台软件多，降低了治理效率。从纵向协同看，层级之间协调不畅，治理任务被层层转移到基层，基层政府在社会治理方面权责不对等。从条块协同看，在基层治理问题日益复杂化的背景下，街道社区"看得见、管不着"与政府职能部门"管得着、看不见"的矛盾凸显。在网格化管理中，许多诉求和问题上报到街道或区级指挥中心后，因为事权问题无法及时处置，而指挥中心又无法联动相关业务部门，导致事件流转不畅通、群众不满意。

三是政府对市域社会治理的要素保障不到位。政府对市域社会治理的财政支持总体不够，尤其是一些经济落后地区，财政本身困难，对社会治理的支持十分有限。费随事转的经费投入机制并未有效建立。基层治理人才队伍建设面临瓶颈制约，一方面繁重的基层治理任务对基层工作者综合素质、专业能力的要求越来越高；另一方面基层工作者的薪酬待遇、职业发展、晋升空间等受限，基层工作岗位对高素质人才的吸引力不足，两者之间形成明显矛盾。

（二）基层社区在市域社会治理中的平台地位有待巩固

一是基层政府治理与社区自治的职责分工有待规范化。尽管各级政府围绕社区减负增效做了大量工作，许多地方都建立起社区工作事项清单、社区工作事项准入制度等机制，但社区减负工作远未到位，社区行政事务多、会议台账多、不合理证明多等问题仍较突出，进而导致社区服务群众不深入、自治活力不足，在应急管理中服务和动员群众的能力有限。而且，社区成为形式主义、官僚主义的终端受害者，在疫情防控中，各种重复报表、各种检查等，让社区工作者浪费了许多完成实际工作的宝贵时间。

社区仍然存在行政化、负担重问题的根源在于，目前各地围绕社区减负增效的改革创新缺乏规范化、法制化、稳定化，国家层面对各地具体探索缺乏统一规范，在法律层面对社区依法自治事项、依法协助政府事项、政府可购买服务事项等缺乏明确细致的规定。区县政府职能部门、街道办事处（乡镇政府）在社区治理方面的权责清单也有待制定和规范。

二是城市业主组织的治理功能亟须加强法律保障。随着城市房地产快速发展，商品房小区大量出现，业主委员会日益成为城市基层治理的重要主体。然而在我国，业主委员会目前仍然缺乏法人主体资格，也缺乏专门法律法规加以规范。现实中，大多数商品房小区面临业主委员会缺位，业主委员会成立难、运作难、换届难、监管难等成为普遍问题，影响业主权益的有效维护[1]。

三是社区参与的激励、约束和规范机制建设薄弱。在新冠疫情防控中，大量党员干部下沉社区，社会各界给予社区防控积极支持，但在平时，驻社区机关、企事业单位、各类社会组织等参与社区治理的积极性并未充分调动，缺乏制度化渠道和常态化机制，这导致疫情应急中许多下沉干部不熟悉社区情况、社会组织协助社区防控的专业能力未充分发挥。

---

[1] 陈鹏. 党的十八大以来的社区治理改革创新//龚维斌. 中国社会体制改革报告(2018)[M]. 北京:社会科学文献出版社, 2018:59–73.

同时，社区治理中居民参与度较低、“政府一边干、居民一边看”的问题依然突出。近年来，各地兴起各种社区协商议事组织，为居民参与社区治理提供了良好渠道，但这类组织的法律地位有待明确，议事范围、主体、程序、结果执行与监督等有待规范。

四是社区参与社会治理的能力不足。社区是社会治理的基本单元，是人民生活的共同家园，是联系整个国家与民众的关键纽带。现实表明，受制于资金、人才、基础设施、制度建设等方面因素，基层社区服务社区居民、预防化解社会矛盾和风险的能力明显不足。

疫情防控充分暴露出社区治理能力短板。社区普遍缺少公共卫生风险应急管理预案，更缺乏实操演练。大部分社区缺乏医用口罩、防护服、护目镜等应急物资储备。社区医护人员严重不足，无法有效承担疫情筛查、分诊任务。即便平时，各地的社区医护人员也无法满足社区公共卫生工作需要。社区公共卫生服务的硬件配置同样滞后，笔者实地调研北京市东城区发现，以北新桥街道为例，社区卫生服务机构标准化建设达标率仅20%。

（三）社会组织参与市域社会治理的协同功能发挥不充分

一是社会组织立法薄弱。2018年8月，民政部发布了《社会组织登记管理条例（草案征求意见稿）》，试图将社会组织三大管理条例合一，但目前该条例仍未正式出台，改革进度缓慢。而且，即使合一后的条例正式出台，其立法层级仍然较低，与社会组织的地位和作用不相符。顶层设计的滞后严重影响各个地方促进社会组织健康有序发展。

二是社会组织发展环境有待改善。从扶持部门看，目前政府对社会组织的培育扶持主要集中在民政、政法、群团组织等部门，其他部门参与较少，对社会组织的扶持缺乏更广泛、更系统的合力。比如，党的十九大报告提出“构建政府为主导、企业为主体、社会组织和公众共同参与的环境治理体系”，这要求发挥社会组织在环境治理中的作用，需要生态环保部门加大对相关领域社会组织的扶持力度。从资金支持看，目前社会组织的资金来源渠道仍然偏少，大量社会组织并没有享受到相应的税收优惠减免政策。

三是社会组织参与合作治理的领域和方式受限。政府职能转变不到位、不彻底，与社会组织之间的职责与边界划分不明确。政府购买社会组织服务的内容并不宽泛，各地的购买项目也存在差异，但总体以社会服务类居多，其他领域涉及很少。社会组织参与重大突发事件应对的合作机制不健全，政府在重大突发事件应对中不善于调动社会力量，没有探索出与社会组织权责互担的行动模式。

四是社会组织参与社会治理的能力不足。在专业化服务方面，社会组织人才结构相对单一，与社会组织类型以及日益多元化的人才需求仍不匹配，如行业协会商会管理运营人才、社区社会组织领军人才、慈善组织募款人才等严重缺乏。人才短缺严重制约了社会组织提供专业化服务的能力。

在重大突发事件应急管理方面，社会组织可分为两类：一类是组织宗旨中具有救灾职能的社会组织，例如慈善总会、红十字会、救援队等；另一类为本身不具有救灾职能而主动参与的社会组织。在疫情防控中，第一类组织由于规范性应急机制的缺失或不足，表现出应对不力；第二类组织由于缺少应急管理的经验与能力，显得手忙脚乱。

（四）企业参与市域社会治理的渠道不畅通

一是有关企业社会责任的法律法规碎片化。目前企业社会责任呈现在《劳动法》《消费者权益保护法》《产品质量法》《环境保护法》《公益事业捐赠法》以及其他一些公司行为规范法律法规中，但是这些法律法规并没有明确企业社会责任的界定、范围与履行方式，造成企业社会责任缺乏系统的法律约束。

二是企业参与社会治理的具体路径不明确。虽然部分省份对企业社会责任出台了一定的政策，制定了统一的评价指标及活动，但是对于企业参与社会治理缺乏系统性的制度规范，对于企业参与社会治理的必要性、特点与优势、支撑性作用没有给予充分的重视，对于企业参与市域社会治理的具体领域、路径、方式及其权责利也缺乏必要的政策安排和保障。

四、完善市域社会治理多元参与机制的思路和原则

（一）总体思路

深入学习贯彻习近平总书记关于社会治理、国家治理的重要思想，坚持“五位一体”总体布局、“四个全面”战略布局，牢固树立新发展理念，紧紧围绕最大限度增加社会和谐因素、增强社会活力，更好防范和化解影响我国现代化进程的各种风险，充分发挥市域层级

在国家治理体系中的枢纽作用，加快推进市域社会治理体系和治理能力现代化，完善党委领导、政府负责、民主协商、社会协同、公众参与、法治保障、科技支撑，具有中国特色、时代特征、地方特点的市域社会治理体系，提高系统治理、依法治理、综合治理、源头治理能力，助力我国顺利开启全面建设社会主义现代化新征程。

（二）基本原则

第一，坚持党委领导、政府主导。着力把党的领导、人民当家作主、依法治国有机统一落实到市域社会治理具体实践之中。充分发挥政府在市域社会治理中的主导作用，加快政府简政放权和职能转变，建设服务型法治政府。

第二，坚持以人为本、服务为先。围绕促进人的全面发展，坚持把市域社会治理与民生保障相结合，进一步完善基本公共服务体系，加快推进城乡基本公共服务一体化和均等化。

第三，坚持问题导向、改革创新。始终把全面深化改革、解决突出问题作为市域社会治理的基本方法。坚持问题导向和需求导向，更加注重解决广大人民群众普遍关心的突出问题，顺应广大人民群众过上更加美好生活的新期待。

第四，坚持依法治理、公平正义。坚持法治国家、法治政府、法治社会一体建设，增强全社会尊法学法守法用法意识，依法调整社会关系、管理社会事务、规范社会行为、破解社会难题。

第五，坚持多元共治、共建共享。引导和支持社会力量参与市域社会治理和社会服务，动员和引导公众有序参与市域社会事务和社会治理，实现政府治理和社会调节、居民自治良性互动，形成全民共建共享的治理格局。

五、完善市域社会治理多元参与机制的主要举措

（一）加强和改进党和政府的市域社会治理职能

1.进一步加强市域社会治理领域党的建设

一是提升党组织引领市域社会治理的能力和水平。强化城市、区县、街道（乡镇）、社区党组织的统筹功能，深入拓展区域化党建，健全区域资源共享机制，整合市域各类资源和社会力量，共同担负加强党的建设、创新社会治理、推动城市发展、服务辖区群众的责任。加强服务型党组织建设，扩大新兴领域党建有效覆盖，扎实推进商务楼宇、各类园区、商圈市场、网络媒体等的党建覆盖。

二是进一步推动新时代社会组织党的建设。把坚持党的领导与社会组织依法自治有机统一起来，从基础工作、制度建设、示范创建、打造品牌、激发活力、作用发挥等方面不断提升社会组织党建工作水平。深入开展社会组织“党建强、服务强”双强争先工作。

2.完善政府内部的协同治理机制

一是以信息化技术为依托完善横向统筹、纵向贯通机制。在横向上，对市域社会治理事项进行科学、仔细分类，明确每类事项的归口对应部门及其权力、责任，推进各有关部门信息平台统筹规划，信息资源互联互通、共享共用，加强部门力量和资源整合，创新开展联合执法。在纵向上，建立“基层吹哨、部门报到”和“上级吹哨、落实

高效”的双向架构，网格员发现问题并通过信息化平台上报，党委政府各项工作通过网上交办、落实、反馈。平台对上报事件进行分析研判、智能派单、分流转办、实时监控，确保问题快速发现、上报、处置和反馈。运用考核督办、综合监管等手段，调动职能部门积极性，提高社会治理质效。参见专栏1中的内容。

专栏1　开封市社会治理“一中心四平台”

2018年8月以来，开封市紧紧围绕推进市域社会治理现代化，抓住加强党委领导地位、突出政府主导责任这一关键，在学习借鉴宁波、北京、成都等地先进理念的基础上，深化政府治理体制机制改革，引入信息化手段，依托社会治理“一中心四平台”建设运行，让治理信息快速上传下达，使基层的问题加快“浮”上来，党委政府的任务顺畅“沉”下去，让各界力量强化联动共治，明显提升了社会治理智慧化、科学化、高效化、精细化水平。

所谓“一中心四平台”，即以信息技术为支撑，建立“一中心”，即自上而下的市、县、乡、村等4级社会治理综合指挥中心。其中，开封市综合指挥中心是全市社会治理工作的大脑和中枢，主要职能是对全市社会治理工作进行调度、指挥、分析研判，并辅助市委市政府决策；搭建“四平台”，即综合治理平台、执法监管平台、便民服务平台和综合监督平台。目前，开封市已经建成1个市级指挥中心、10个县区指挥中心、118个乡镇（街道）指挥室和2049个村级研判室，4582个网格实现全市全域全覆盖。通过“一中心四平台”智慧化治理机制，开封市构建起横向到边、纵向到底、无缝覆盖的社会治理“一张网”。

“一中心四平台”具备“城市大脑”基本功能，通过多网合一、系统融合、数据共享，技防、人防、智防相结合，让社会治理工作一网统管、一网通办、一屏展示、一站调度。目前，市指挥中心已经接入三维地理信息系统（GIS）、雪亮工程、蓝天卫士、应急、防汛、气象等19个城市运行管理核心系统，汇聚了人、房、企等1400多万条城市基础数据，为智慧化社会治理奠定了能力基础。

二是权力和资源下沉，解决市域基层治理的条块协同问题。以街道（乡镇）管理体制改革为着力点，强化街道（乡镇）党组织领导核心作用，推动县区职能部门行政执法活动向基层延伸，推动职能部门力量在街道（乡镇）聚合，让资源下沉，赋予街道（乡镇）对上级派驻单位的评价权、建议权和指挥权，从体制机制上为街道（乡镇）党组织领导基层治理、统筹各方、协同条块创造条件，使基层有权管事、有人干事、有钱做事，着力解决群众实际问题。

3.加强政府对市域社会治理的要素保障

一是加强市域社会治理资金保障。将市域社会治理组织活动和公共服务运行经费、社会治理相关工作者基本报酬、基层社区服务实施和信息化建设经费等纳入财政预算。通过资金补助、购买服务、公益创投等方式支持市域社会治理工作。推进医疗、养老、教育、文化等方面资金资源进一步下沉基层，统筹使用各级各部门投入基层的符合条件的相关资金。

二是加强市域社会治理人才保障。着力畅通社会治理特别是基层社会治理工作人才来源渠道，提高薪酬待遇、拓宽发展空间，形成结构合理、来源广泛、素质优良的专业化、职业化社会治理工作人才队伍。加大从优秀基层社会治理工作者中定向公开招聘基层事业编制人员、公务员的力度。

（二）进一步巩固城乡社区在市域社会治理中的平台地位

1.以社区工作“四张清单”规范基层政府治理与社区自治的关系

在法律层面明确社区依法自治事项、依法协助政府事项、政府可购买服务事项、禁止准入事项等“四张清单”，推进基层政府治理与社区自治的关系规范化、法制化、稳定化。突出街道（乡镇）统筹社区发展、组织公共服务、实施综合管理、优化营商环境、维护社区平安等职能，取消其招商引资职能。抓紧制定区县政府职能部门、街道（乡镇）在社区治理方面的权责清单。强化社区党的建设、教育引导群众、发展群众自治、统筹社会服务、协助公共服务等职能。

2.完善居委会和业委会立法，健全居民自治组织

按照便于管理、便于群众自治、便于功能发挥的原则，合理确定城乡社区管辖范围和规模。修订相关法律内容，原则上城市按2000至4000户、城镇按700至2000户、农村按300至1500户常住居民的规模设置1个社区。

加强相关立法，明确业主大会和业主委员会的法律地位，健全业主委员会的运作程序，对召开业主大会的条件，业主委员会的责任、权利和义务，对业主委员会的监督等作出具体规定。推进业主委员会治理标准化、规范化建设。加强和改进社区党组织和居民委员会对业

主委员会的指导和监督。

3.健全居民、党员干部等社区参与激励约束机制

以积分制等方式，建立健全居民社区参与激励约束机制。评分指标可以覆盖社区公益志愿服务、慈善救助、家风民风、尊老爱幼、邻里互助、建言献策、矛盾化解、社区管理等方面。将居民参与社区治理、维护公共利益情况纳入社会信用体系。建立健全机关干部下沉社区的常态化机制，将下沉情况作为干部绩效考核、提拔晋升的重要指标。参见专栏2中的内容。

专栏2　新加坡社会治理中的公民参与

新加坡参与社会治理的主体主要包括官方社团、非政府组织和个人三个层次。近年来，随着社会快速发展变革，新兴的志愿服务机构、慈善社团等非政府组织大量涌现，个人参与社会治理的意识也进一步高涨，政府对此高度重视并注重引导。一方面，在建立完善法制框架基础上，对非政府组织实行自律性管理，鼓励其参与社会治理，通过资金援助、人才培训等提升其专业能力，由其承接政府部分社会服务功能。另一方面，对民众参与治理热情予以积极回应。

一是设立“国会议员接见日”（meet-the-people sessions），由国会议员亲自前往所在选区接见选民，了解选民诉求，亲自写信并签字，寄交相关政府部门，请求在政策和法律框架内协助解决。选民一次都不用跑，就把问题解决在了基层，不仅减轻了相关政府部门的工作负担，也规避了选民与相关政府部门产生矛盾的可能性。

二是设立市镇理事会（town council），由大选中获胜的国会议员担任主席，组屋区群众充分参与，负责组屋区硬件设施运行与维护。以老旧组屋加装电梯为例，市镇理事会首先征集民意，若有较多居民提出诉求，就组织开展投票。如果该幢楼80%的居民投赞成票，市镇理事会就组织实施后续工程。每户居民需要自行承担一部分费用，但针对经济条件较为困难的群众，市镇理事会帮助其向政府申请补助或申请分期付款。

此外，新加坡借助新技术手段，设立了众多公众平台，如REACH Singapore、eCitizen Ideal、Our Singapore Fund、Our Singapore Conversation等，促进公民表达民意、参与社会治理。

4.以网格融合升级打造新一代网格化管理体系

将现代科技应用作为核心引擎，以综治中心为平台，统一建设网格化服务管理中心。全面促进网格、职责、队伍、平台、工作流程、数据资源融合，推动服务管理资源由分散碎片向系统整体转变。构筑专职网格员职责清单制、网格化服务管理事项准入制、网格员服务购买制等网格运作闭环系统，推动网格化服务管理由粗放向精细转变。

（三）大力增强社会组织在市域社会治理中的协同功能

1.争取在适当时机出台的专门《社会组织法》

加强社会组织专门立法的理论研究。通过该法对社会组织登记、事中事后监管、内部治理、培育扶持等作出系统规定，并相对于社会组织现行管理条例提高立法层级，促进社会组织规范、健康发展。在政策规划层面出台全国性的社会组织发展专项规划，明确社会组织发展目标、思路和培育扶持政策。

2.加强对社会组织的事中事后监管

明确社会组织监管的部门职能分工，民政部门依法履行登记、年度检查、日常监管、执法查处等职能，指导社会组织信息公开和社会评估；行业主管部门负责制定社会组织在本行业的活动规范，通过转移职能、购买服务、资金扶持、发布信息等方式引导社会组织健康发展；其他相关部门在职责范围内对社会组织实施监管。推进完善社会组织内部治理结构，健全社会组织会员大会、理事会、监事会及选举、议事、财务等各项制度，加强社会组织诚信自律建设。

3.加强社会组织培育扶持

一是出台政府向社会力量购买服务专门法律法规。对政府购买服务的主体、内容、程序、资金管理等作出统一的指导性规定。健全政府向社会组织购买服务机制及监督评估、绩效管理体系。将政府向社会组织购买服务资金纳入各级财政预算。落实社会组织税收优惠政策，简化税收减免程序，扩大税收优惠的种类和范围。

二是优化社会组织培育扶持方式和手段。升级打造社会组织培育发展基地，扩大培育基地对社会组织的辐射范围；积极创建社会组织创新创业基地，加强社会组织自我造血和自主创新能力建设。

三是着力完善社会组织人才发展战略。立足长远，将社会组织人才战略作为下一阶段社会组织发展的一项基础工程。重点针对行业协会、商会管理运营人才、社会组织领军人才、慈善组织募捐人才等稀缺人才，由民政、人力资源社会保障部门会同其他有关部门制定出台关于社会组织人才工作的办法。

4.提升社会组织参与市域社会治理的深度和水平

一是推进社会组织在重大突发事件应对中发挥更大作用。构建政社协同的现代化重大突发事件治理体系，将社会组织纳入市域重大突发事件应急体系，明确在应急状态下动员和协调社会组织参与。通过政府购买、直接补助等方式，实现对社会组织的有效激励。根据社会组织不同行业、不同功能、不同层级，建立完善社会组织应急响应和行动的枢纽型平台体系。

二是推进社会组织在开展市域社会服务上出新出彩。支持社会组织助力深化养老服务改革，支持社会组织创新养老服务供给。引导社会组织关爱保护困境儿童，深化开展社会组织对于困境儿童的结对帮扶活动。

三是推进社会组织在参与区域协同中出新出彩。充分发挥行业协会商会作用，促进经济、金融、科技和社会的跨界整合创新。以保障和改善民生、生态建设和环境保护等为重点，构建社会组织参与城市群治理的机制和平台，提高城市群治理能力和水平。

（四）创新发挥企业在市域社会治理中的协同功能

1.完善企业参与市域社会治理的法律法规

在法律法规和相关政策中系统化明确企业参与市域社会治理的责任和义务，为其承担社会责任提供制度保障，使企业的责任意识能被有效激发，履责行动能被精准识别，治理绩效能够得到科学评价。

2.健全企业参与市域社会治理的路径与机制

企业可以将自身业务合理分解，寻找能够与社会责任相结合的经营思路，比如大数据、人工智能技术对社会安全、风险防控、社区治理、市场监管的意义等。通过具体的关联，让社会责任融入企业经营管理，形成商业运作和参与社会治理的良性循环持续，提升企业履行社会责任的“内生动力”。

3.设立国家级社会建设专项资金，鼓励企业积极参与市域社会治理

建立国家层面的社会企业认定标准，对符合条件的企业在法律允许的范围内给予资金、人才、税收、金融等政策照顾，从而调动企业参与社会治理的积极性。参见专栏3中的内容。

专栏3　成都市大力发展社会企业

近年来，四川省成都市大力促进社会企业这一新型社会治理主体的发展。所谓社会企业，是指旨在解决社会问题、增进公众福利，而非追求自身利润最大化的企业。投资者拥有企业所有权，企业采用商业模式进行运作并获取资源，投资者在收回投资之后也不再参与分红，盈余再投资于企业或社区发展。

2018年以来，成都市已经评审认定两批近40家社会企业。从行业分布情况来看，认定的社会企业覆盖了社区服务、生态环保、教育、文化、养老、助残、农村发展及医疗健康等八大领域，其中，社区服务领域分布最为集中。

经认证的社会企业，通过“成都信用网”对外公布，并可享受政府出台的相关政策支持和后续服务。比如，可使用“社会企业”字样作为企业名称中的经营特点，向登记机关

申请名称变更登记。可放宽登记条件，允许企业住所和经营场所分离登记，实行“一址多照”“一照多址”，可放宽社会企业经营范围登记。社会企业认证后，最大的价值是获得了身份认证、价值认同、品牌提升及社会影响力的关注，更能吸引其他外部资源加入，有助于企业可持续性发展。

获得认证后，并不意味着企业就可以一劳永逸地享受这个称号。社会企业资格自评审通过之日起有效期为两年，有效期届满前三个月，企业应当提交复审申请，因故被取消社会企业资格的，三年内不再受理该企业的认定申请。

3.着力发挥企业推进市域社会治理信息化的作用

鼓励和支持企业以“智慧城市”建设为目标，以群众需求为导向，以5G、城市物联网、人工智能、大数据等技术产品为支撑，推进前沿技术在公民身份认证、政府数据开放共享、城市管理、食品药物质量追溯等社会治理痛点问题中的深度应用，开展应用示范项目，疏通数字化治理的堵点和断点，助力提升社会治理信息化水平。参见专栏4中的内容。

专栏4　杭州依托“城市大脑”和区块链技术加强智慧治理

杭州充分发挥数字经济先发优势和政法智能化建设实践优势，建立“城市大脑·平安建设（社会治理）数字化系统”，通过整合各部门和社会主体数字资源，打造市域治理智能化中枢工作平台。与此同时，杭州还在积极探索借助区块链技术，进一步提升智慧治理能力。

以下城区为例，在城市大脑“下城平台”试点中，下城区选择了城管道路信息及贡献管理、酒店消毒监管、内部最多跑一次等多个应用数据上链。依托下城区先进完善的城市大脑“下城平台”，各开发单位利用区块链服务网络（BSN）低难度、低成本的优势，在一周时间内实现了接口对接、数据上链等工作，顺利实现区块链在社会治理中应用的突破。

城市大脑也在不断向基层治理领域延伸。在党建、警务、信访、消防、城管、市场监管等20个领域，先后建立起30多个智慧平台和100多个智能化项目，推动“盆景”变为“风景”。拱墅区小河街道积极开展城市大脑基层治理云共治试点，对公共安全等十余类场景实现自动感知、智能研判、多元共治，事件发现效率达到人工的56倍，路面巡查力量减少45.0%。萧山区闻堰街道的相墅花园小区，是全省首个“智安小区”，建立了以智慧消防、智能门禁、车辆和人脸识别等8个系统和N个拓展项目为主体的智慧安全平台系统。上线以来，小区总警情和治安警情均大幅下降。

目前，全市已建成“智安小区”300余个，预计到2021年建成2500个，实现城市“智安小区”全覆盖。

参考文献

俞可平. 论国家治理现代化[M]. 北京:社会科学文献出版社, 2014.

俞可平. 中国的治理变迁(1978–2018)[M]. 北京:社会科学文献出版社, 2018.

马晓河. 防止中国城镇化提前进入停滞期[EB/OL]. 中国发展网, 2019–4–3.

国家发展改革委宏观经济研究院经济体制与管理研究所. 人民满意型政府的伟大实践:中国政府改革40年回顾与展望[M]. 北京:人民出版社, 2018.

王绍光. 治理研究:正本清源[J]. 开放时代, 2018(2).

魏礼群. 社会治理:40年回顾与展望[M]. 北京:中国言实出版社, 2018.

胡鞍钢等. 中国国家治理现代化[M]. 北京:中国人民大学出版社, 2014.

周雪光. 中国国家治理的制度逻辑[M]. 北京:三联书店, 2017.

李培林. 中国社会巨变和治理[M]. 北京:中国社会科学出版社, 2014.

李强. 当代中国社会分层[M]. 北京:三联书店, 2019.

王忠, 王晓华. 城市治理之大数据应用[M]. 北京:海洋出版社, 2017.

金太军, 赵军锋. 风险社会的治理之道:重大突发公共事件的政府协调治理[M]. 北京:北京大学出版社,2018.

聂日明, 朱恒鹏. 让基层成为疫情防治主体[J].中国改革, 2020(2、3).

杨安, 刘逸帆. 市域社会治理现代化研究:意义、原则、逻辑、框架和路径[J]. 社会治理, 2020(5).

万鹏飞等. 2019首都发展报告：社会治理研究[M]. 北京:科学出版社, 2019.

陈少兵. 深圳社会治理与发展报告(2019)[M]. 北京:社会科学文献出版社, 2019.

高国忠, 倪倩. 上海浦东社会治理发展报告(2019)[M]. 北京:社会科学文献出版社, 2019.

车俊. 通过浙江看中国的社会治理[M]. 北京:外文出版社, 2019.

张跃国, 尹涛. 广州社会发展报告(2019)[M]. 北京:社会科学文献出版社, 2019.

黄晓勇. 中国社会组织报告(2019)[M]. 北京:社会科学文献出版社, 2019.

国务院发展研究中心公共管理研究所. 社会治理的理论与实践探索[M]. 北京:中国发展出版社, 2018.

杨立华. 建设强政府与强社会组成的强国家——国家治理现代化的必然目标[J]. 国家行政学院学报, 2018(6).

(英)鲍勃·杰索普. 治理的兴起及其失败的风险:以经济发展为例的论述[J]. 国际社会科学(中文版), 1999(1).

(美)埃莉诺·奥斯特罗姆. 公共事物的治理之道:集体行动制度的演进[M]. 上海:上海译文出版社, 2012.

(美)詹姆斯·德菲利皮斯. 全球资本下的社区治理[M]. 上海:格致出版社, 2017.

(美)戴维·奥斯本, (美)彼得·普拉斯特里克. 再造政府[M]. 北京:中国人民大学出版社, 2010.

(美)珍妮特·V·登哈特, (美)罗伯特·b·登哈特. 新公共服务:服务,而不是掌舵[M]. 北京:中国人民大学出版社, 2016.

The UN Commission on Global Governance, Our Global Neighborhood[M]. Oxford University Press, 1995.

执笔人：胡杰成

专题报告四

以公共服务能力建设为重点
健全市域社会治理的体制机制研究

内容提要：市域是城市居民生活的特定场域和公共服务供给的基本单元，提升市域公共服务能力是创新市域社会治理、推进市域社会治理现代化的内在要求和重要途径。在向第二个百年奋斗目标迈进的征程中，必须适应我国社会主要矛盾的变化，更好满足人民日益增长的美好生活需要，建立健全以精准为要义的政策体系、以党建为引领的整合机制、以合作为纽带的协同机制、以均等可及为目标的公共服务体系、以协商为基础的沟通机制、以赋能为目标的资源保障机制、以科技为保障的支撑机制。

“保障和改善民生是一项长期工作，没有终点站，只有连续不断的新起点。”改革开放40多年来，特别是党的十八大以来，在习近平新时代中国特色社会主义思想的指引下，我国不断加大财政投入、深化体制改革、创新供给机制、健全服务体系，公共服务的供给能力和均等化水平大幅提升，基本民生保障覆盖面持续扩大。与此同时，随着经济社会的迅速发展和生活水平的逐步提高，人们对公共服务的需求也日益增加，期望和要求也越来越高，呈现出个性化、差异化、多样化的演变特征。但客观来看，市域公共服务供给仍然相对滞后，面临着供给主体单一化、供给过程分散化、价值导向行政化等现实困境，对市域社会治理现代化造成一定制约。

本报告分为五个部分。第一部分对市域社会治理与公共服务能力建设的概念和理论进行梳理和耦合。第二部分综合盘点市域社会治理面临的公共服务新需求和新趋势。第三部分客观分析市域社会治理中基本公共服务供给存在的体制机制短板弱项。并在此基础上，在第四部分和第五部分中系统提出以公共服务能力建设为重点来健全市域社会治理体制机制的基本原则和路径举措。

一、概念界定与理论梳理

（一）市域社会治理

我国在不断探索和推进社会治理现代化过程中，有一个比较清晰的发展脉络和推进过程，即从社会治安综合管理到社会管理，从社会管理到社会治理。党的十四大通过《中国共产党章程》，第一次把“加强社会治安综合治理，保持社会长期稳定”作为党的一项重要工作任务写入党章总纲。党的十六届三中全会通过《中共中央关于完善社会主义市场经济体制若干问题的决定》，提出要“合理划分中央和地方经济社会事务的管理责权……明确中央和地方对经济调节、市场监管、社会管理、公共服务方面的管理责权”，将社会管理正式纳入政府工作内容。党的十八届三中全会通过《中共中央关于全面深化改革的若干重大问题的决定》，首次变社会管理为社会治理，提出要“加快形成科学有效的社会治理体制”。党的十八届四中全会强调要“提高社会治理法治化水平”。党的十八届五中全会提出“推进社会治理精细化”。党的十九大进一步提出要“加强和创新社会治理”，明确“打造共建共治共享的社会治理格局”，提出到2035年“现代社会治理格局基本形成”的发展目标和工作要求。党的十九届四中全会强调“坚持和完善共建共治共享的社会治理制度”，明确提出“加快推进市域社会治理现代化”，标志着市域社会治理进入新阶段。党的十九届五中全会再次明确“加强和创新市域社会治理，推进市域社会治理现代化”。党的二十大报告强调“加快推进市域社会治理现代化，提高市域社会治理能力”，这是我们党立足新时代、新发展阶段实际，着眼于实现第二个百年奋斗目标作出的重大战略部署，是加强和创新社会治理、推进国家治理体系和治理能力现代化的重大战略举措。

市域社会治理是国家治理在市域范围内的具体实施，它以设区的市（包括直辖市、副省级市和地级市）为基本治理单元，覆盖市管辖的全部地域范围[1]，在国家治理体系中具有承上启下的枢纽作用[2]。市域社会治理是以实现城乡居民共同的美好生活为目标，在市域范围内统筹多元主体，在兼顾城市与乡村特点的基础上，完善公共服务，化解社会矛盾，促进社会和谐稳定的治理过程。创新和加强市域社会治理，必须紧紧围绕市域社会治理现代化的总目标，不断推进市域社

---

[1] 许晓东.市域社会治理对加强和创新基层治理意义重大[J]. 国家治理, 2020, (290).

[2] 姚莉.新论:优化市域社会治理体系[N]. 人民日报, 2019-12-13(05).

会治理体系和治理能力现代化，不断增强人民群众获得感、幸福感、安全感，深入推进国家治理体系和治理能力现代化，为全面建设社会主义现代化国家、全面推进中华民族伟大复兴作出更大贡献。

市域社会治理的内涵主要包括以下四个方面：一是以党建为引领。中国共产党领导是中国特色社会主义最本质的特征，是中国特色社会主义制度的最大优势。城市人口结构多元、利益主体多样，只有坚持党的领导，才能统筹兼顾不同部门、不同行业、不同群体之间的利益关系，才能公平公正整合各方资源、务实高效处理社会事务。二是以美好生活为目标。坚持以人民为中心的发展思想，不断保障和改善民生、增进人民福祉，是我国国家制度和国家治理体系的显著优势，也是做好市域社会治理的出发点和落脚点。中国特色社会主义进入新时代，我国社会主要矛盾已经转化为人民日益增长的美好生活需要和不平衡不充分的发展之间的矛盾。推进市域社会治理现代化，需要从满足人民美好生活需要出发，集中力量解决好广大人民最关切的公共安全、权益保障、公平正义等问题，不断增强人民群众的获得感、幸福感、安全感[1]。三是以公共服务为依托。公共服务总量供给不足、服务供给不均等问题，可能引发收入分配结构不合理、贫富分化严重、社会不公平感等社会“负能量”，进而诱发潜在社会风险。换言之，公共服务的合理有效供给不仅是向社会成员提供基本生存与发展需求的民生建设，还是促进城乡公民社会权利平等实现的法治建设。以公共服务能力建设为核心推进市域社会治理现代化，才有可能从源头上化解市域社会矛盾，促进社会和谐稳定。四是以多元共治为

[1] 北京市习近平新时代中国特色社会主义思想研究中心.治理之道:加快推进市域社会治理现代化[N].人民日报,2020-7-21(09).

手段。随着城乡社会生活的日益复杂，传统的单中心管控模式显然无法有效应对城乡社会矛盾的多变化和社会风险的不确定性[1]。变“单兵作战”为“兵团协作”，充分利用不同组织和群体的角色优势，在党组织的领导下，构建政府、市场、社会、居民协作网络，实现“组织联动、资源联用、服务联做”，构建人人有责、人人尽责、人人享有的社会治理共同体，才能及时解决社会问题，凝聚社会共识。

（二）公共服务能力建设

公共服务是指政府为了保证国民基本生存和发展权利的实现，而提供的相应物质基础设施或公共政策制度安排。公共服务能力是指公共服务主体为生产和提供优质的公共服务产品以满足公共服务需求的水平。公共服务能力的强弱决定了政府在整个公共服务过程当中能否办好所有的公共服务事项。综合来看，我国公共服务政策主要经历了四个阶段的变化。

第一个阶段，从新中国成立到1978年。这个阶段的公共服务供给特征与计划经济体制相适应，政府是唯一供给主体，公共服务均等化水平较高，但公共服务供给能力较弱，供求缺口较大。

第二个阶段，从1978年实行改革开放到1992年确立实行社会主义市场经济体制。这个时段虽然商品经济逐渐蓬勃发展，但经济生活仍然呈现双轨制特征，政府仍然是公共服务供给的唯一责任者。

第三个阶段，从1992年到2004年，这个阶段的显著特征是市场经济体制改革快速推进，公共服务供给理念和供给方式受到很大冲击，部分人主张将公共服务交由市场经济组织提供，政府不应再作为主要

[1] 姜晓萍，董家鸣.市域社会治理现代化的理论认知与实现途径，社会政策研究[J]2019，(4).

供给主体。第四个阶段，从2004年至今。一些学者和政府主管部门开始反思教育产业化和医疗卫生体制改革市场化的严重后果，重新强调公共服务领域的政府责任，认为政府是公共服务和政策制度的安排者，公共服务可以实行多元主体供给。

根据我国目前发展阶段的特征，政府将公共服务的供给重点确定为“基本公共服务”。基本公共服务具有保障的基础性、广泛性、迫切性和可行性等特征，是由政府主导、保障全体公民生存和发展基本需要、与经济社会发展水平相适应的公共服务。国家基本公共服务制度紧扣以人为本，围绕从出生到死亡各个阶段和不同领域，以涵盖教育、劳动就业创业、社会保险、医疗卫生、社会服务、住房保障、文化体育等领域的基本公共服务清单为核心，以促进城乡、区域、人群基本公共服务均等化为主线，以各领域重点任务、保障措施为依托，以统筹协调、财力保障、人才建设、多元供给、监督评估等五大实施机制为支撑，是政府保障全民基本生存发展需求的制度性安排。

增进民生福祉是发展的根本目的。党的十九大对保障和改善民生作出了全面部署，将“幼有所育、学有所教、劳有所得、病有所医、老有所养、住有所居、弱有所扶”作为改善民生与公共服务的主要目标和基本方向。党的十九届三中全会将“坚持以人民为中心”作为深化党和国家机构改革的基本原则。党的十九届四中全会提出：“创新公共服务提供方式，鼓励支持社会力量兴办公益事业，满足人民多层次多样化需求，使改革发展成果更多更公平惠及全体人民。”党的十九届五中全会强调：“尽力而为、量力而行，健全基本公共服务体系，完善共建共治共享的社会治理制度，扎实推动共同富裕，不断增强人民群众获得感、幸福感、安全感。”党的二十大报告明确提出“健全基本公共服务体系，提高公共服务水平，增强均衡性和可及性”。由此可以看出，国家治理的重心正在从重视经济增长或国内生产总值增长向重视公共服务，特别是以保障和改善民生为重点的社会治理与服务的方向转变。

（三）市域社会治理与公共服务能力建设的耦合

党的十八大报告将健全基本公共服务体系作为社会建设和社会体制改革的四大重要目标之一，强调“必须从维护最广大人民根本利益的高度，加快健全基本公共服务体系，加强和创新社会管理，推动社会主义和谐社会建设”，提出要围绕构建中国特色社会主义社会管理体系，加快形成社会管理体制、基本公共服务体系、现代社会组织体制和社会管理机制。党的十八届三中全会提出“推进社会领域制度创新，推进基本公共服务均等化，加快形成科学有效的社会治理体制，确保社会既充满活力又和谐有序”，明确全面深化改革的总目标是“完善和发展中国特色社会主义制度，推进国家治理体系和治理能力现代化”，首次把推进国家治理体系和治理能力现代化纳入全面深化改革的总目标，并且明确指出推进基本公共服务均等化是实现治理能力现代化的重要路径。党的十九届五中全会通过的《中共中央关于制定国民经济和社会发展第十四个五年规划和二〇三五年远景目标的建议》明确提出要“改善人民生活品质，提高社会建设水平，健全基本公共服务体系，完善共建共治共享的社会治理制度，扎实推动共同富裕”。这是新时代新发展阶段我国社会治理的科学指引，是党中央总揽全局作出的重要部署。

一方面，公共服务能力建设是推进市域社会治理现代化的内在要求。随着我国工业化、信息化、城镇化、农业现代化的快速推进，人口流动增加，家庭传统功能弱化，市域公共服务领域面临阶层分化加剧、利益冲突频发、劳动力供给减少等多重挤压。与此同时，伴随民生需求的深刻转变，人民群众对基本公共服务的供给质量和服务水平提出了更高要求。但目前我国基本公共服务城乡、地区、人群不均等问题仍未得到根本性解决，民生保障仍存在短板，容易引发诱发社会风险、影响社会和谐稳定，以公共服务建设为重点健全市域社会治理体制机制是推进市域社会治理现代化、全力打造共建共治共享社会治理格局的必然要求和应有之义。

另一方面，公共服务能力建设是推进市域社会治理现代化的重要路径。有学者研究发现，社会权利不平等是诱发社会矛盾冲突的重要因素之一[1]。提升公共服务质量和水平，可以改变部分人垄断性享有社会权利的状况，使社会中的每一个个体都能基于公民资格而普遍享有基本社会权利，从而减少由制度化排斥所造成的权利贫困和机会不均，进而有效预防与化解社会矛盾冲突[2]。

综上所述，公共服务的高质量发展与社会治理的成熟完善相辅相成。优质的公共服务体现社会治理的水平，社会治理的效果充分体现在高质量的公共服务之中[3]。健全基本公共服务体系，增强兜底线、保基本的能力，是推进市域社会治理现代化的重要基础，是推动发展成果更多更公平惠及全体人民、实现共同富裕的有力支撑。新时代征程上，完善社会治理，必须适应经济社会现代化的新需求和新趋势，

---

[1] 吴忠民. 从基本生存诉求到基本权利诉求——转型期社会矛盾基本根源的演化逻辑[J]. 当代世界与社会主义, 2015 (2) .

[2] 丁忠毅. 基本公共服务均等化促进社会合意性转型的机理分析[J]. 理论与改革, 2014(3).

[3] 孙莹. 新发展阶段推进公共服务高质量发展的路径探究[J].党政干部学刊, 2021(1).

以基本公共服务能力建设为重点健全市域社会治理体制机制，加快推进市域社会治理现代化，提高市域社会治理能力。

二、市域社会治理面临的公共服务新需求和新趋势

（一）人口结构变迁

1.家庭结构持续变化

随着经济发展和城乡居民生活水平的提高，我国家庭人口长寿化、家庭规模小型化、家庭类型多样化等现代家庭结构进一步发展并逐步形成，家庭传统保障功能日益削弱，对公共服务的需求日益迫切[1]。国家统计局发布第七次全国人口普查公报显示，2000—2020年，我国人均家庭平均人口数从2000年的3.44人减少至2010年的3.1人，又减少至2020年的2.6人。家庭规模的进一步减少也预示着空巢率的上涨和家庭养老功能的进一步弱化。如图1所示。

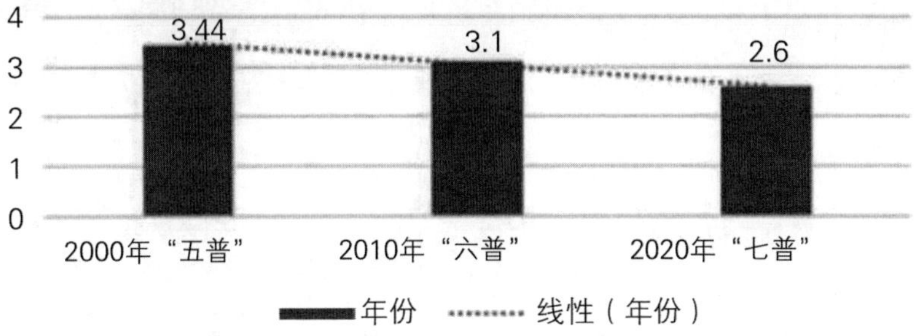

图1　家庭平均人口数变化

数据来源：国家统计局。

[1] 刘志昌. 以基本公共服务能力建设为重点 完善社会治理[J].经济研究参考, 2014(57).

2.人口老龄化程度加深

按照联合国老龄化社会标准，我国于2010年即已进入老龄化社会。“七普”数据显示，我国老龄化现象加重，2020年65岁及以上人口占比13.5%，较2010年上升4.6个百分点。

结合经济发展水平来看，我国当前人均GDP为10504美元，日韩等国达到相似老龄化比例时的人均GDP远高于我国目前水平，我国正面临未富先老的现象。

此外，老年人口抚养比上升，家庭小型化将进一步加重传统的老年人居家照料压力。

值得注意的是，我国农村老龄化更为突出。伴随城镇化进程加快，大量劳动年龄人口向城市迁移，使中国农村地区老龄化率明显高于城市地区。此外，由于教育、就医等公共服务供给与户籍挂钩，加大了农村老人、儿童随迁进城的壁垒，加重了农村老人养老、医疗、育幼的负担。如图2所示。

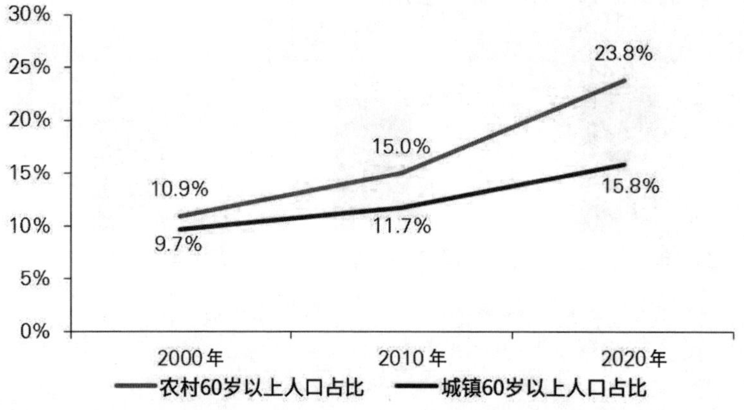

图2　城乡60岁以上人口占比

数据来源：国家统计局。

3.计划生育政策变迁

我国人口增长率持续放缓，人口老龄化进程加速，提高人口生育率迫在眉睫。从单独二孩政策到全面放开二孩政策，再到如今的三孩政策，我国生育政策持续优化。但从此前全面二孩政策的执行情况看，尽管政策推行带来了人口出生率的提升和人口结构的改善，但同预期政策目标还有一定差距。究其原因，是育龄家庭的生育意愿不强。2021年，中国青年报社社会调查中心问卷调查结果显示，83.7%的二孩家庭受访者表示遇到过带两个孩子出行只有一个孩子享受优惠的情况，89.9%的二孩家庭受访者表示公共服务不到位，给自己带来了困扰；94.6%的受访者期待完善针对三孩的公共政策[1]。可见，增加育龄生育意愿的核心在于缓解家庭压力，迫切要求不断提升生育、养育、托育和教育等公共服务质量和水平。

（二）民生需求深刻转变

近年来，我国社会领域公共服务投入不断加大，设施条件不断改善，但相对于群众多层次多样化需求，仍然存在供给不足、质量不高、发展不均衡等问题，服务质量和水平与群众期待还有不小差距。如果解决不好，有可能诱发社会矛盾和风险。

1.就业形势较为严峻

由于产业结构升级、区域经济格局调整、教育培训体制改革滞后等因素叠加，导致现阶段市域内就业压力越来越大。

一是高校毕业生就业面临挑战。近年来，高校毕业生人数持续增

[1] 两孩出行仅一孩免票？89.9%二孩家庭受访者感到公共服务不到位[N]. 中国青年报, 2016-6-16.

加，2021届高校毕业生人数达909万人，2022届达1076万人，2023届更是达到1158万人，预计2024届可能进一步增加至1187万人。高校毕业生就业面临就业总量压力、结构性矛盾、“慢就业”现象加剧、就业市场不够规范等多重风险挑战。

二是隐性失业显性化。一方面，在深化国有企业改革，煤炭、钢铁行业化解过剩产能等一系列改革推动下，部分地区、企业下岗人员增多；另一方面，受传统劳动密集型产业转型升级、部分低端产业转移外迁等因素影响，制造业中低端就业岗位大量消失。下岗人员的职业技能难以满足企业转型升级后的招聘需要，而市域又无法为下岗人员提供足够多的中低端岗位，致使去产能职工隐性失业情况严重，就业质量下降。总体来看，当前和今后一个时期，我国就业总量压力依然存在，结构性就业矛盾更为凸显，社会求职招聘创业等需求更加多元，对完善就业公共服务体系提出更高要求。

2.住房领域不平衡不充分矛盾突出

一是新市民、青年人等群体住房难。随着新型城镇化的推进，越来越多的人流向中心区域、大城市、核心城市等，但是相比于更早实现定居的居民来说，近几年新涌入的新市民在居住问题上面临突出矛盾，对市域社会治理发起挑战。例如：新市民的收入与高房价差距较大，购房支付能力有限；而租赁市场也存在租金上涨、供需结构失衡等问题，黑中介、虚假信息、合同霸王条款等乱象频发，租购同权政策落实尚不到位。除住房权益得不到充分保障外，新市民还面临着平等教育、医疗、养老等多方面痛点。

二是老旧小区改造任务重。从2015年中央城市工作会议提出“加快城镇棚户区和危房改造，加快老旧小区改造”，到2017年住房和城乡建设部在厦门、广州等15个城市启动了城镇老旧小区改造试点，老旧小区改造逐步在全国铺开，取得良好成效。住房和城乡建设部数据显示，近5年，全国改造16.7万个老旧小区，惠及2900多万户8000多万居民。2023年，全国新开工改造城镇老旧小区5.3万个、涉及居民865万户。总体来看，在新一轮老旧小区改造体量大幅增加的情况下，我国老旧小区改造仍然面临群众工作协调难度大、长效管理养护难、差异化需求难以满足等问题，影响了改造效果。在未来老旧小区改造中，需在改造内容上做到因地制宜，以更好满足居民多样化需求。

3.社区基础设施和服务存在短板

社区是城市居民生活和市域社会治理的基本单元，社区基础设施建设质量和服务水平直接关系人民群众的获得感、幸福感、安全感。尽管近年来我国城镇居民的居住条件得到了很大改善，但在一定程度上仍存在规模不合理、设施不完善、停车位缺口大、公共活动空间不足、社区服务种类单一、物业管理覆盖面不高、管理机制不健全等短板，与人民日益增长的美好生活需要还有较大差距。

（三）流动人口服务缺口大

国家统计局《2022年农民工监测调查报告》显示，2022年全国农民工总量29562万人。随着家庭化移居模式成为人口流动的主体模式，流动人口家庭的经济、政治、文化和心理等各种社会需求都需要纳入社会流动人口治理的范畴。但在城市公共资源有限和城乡二元分割体制的条件下，城市政府的公共产品和服务只能维系差异化供给的状态，即城市公共资源分配主要投向城市户籍居民而不是非户籍居民的社会流动人口，“户口本”和“居住证”上的基本公共服务范围和标准存在巨大落差，积分入户、随迁子女入学、承租公租房等方面距离进城农民工需求还有较大差距，容易滋生社会不满情绪[1]。因此，创新社会流动人口治理，亟待从身份管理走向需求供给。如图3所示。

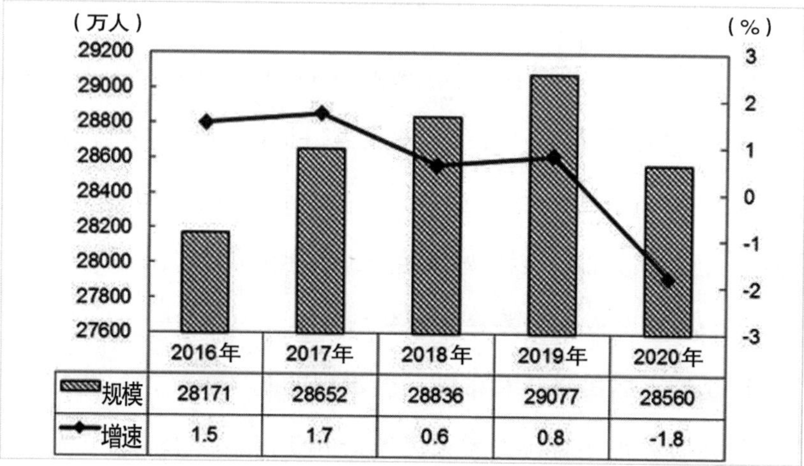

图3　2016—2020年的农民工总量变化

来源：国家统计局。

（四）利益冲突加剧

1.贫富差距进一步扩大

自国家统计局2003年正式公布基尼系数以来，我国基尼系数长期处于0.4国际警戒水平以上。2019年底，我国基尼系数为0.465（如图4所示），仍远高于中等发达国家水平，处于世界上收入分配差距最大的组别。2020年，全国居民人均可支配收入中位数27540元，为平均数的85.6%，较2019年同期下降0.7个百分点，收入差距呈进一步扩大态势。具体来看，我国收入差距主要体现在三个方面。

一是城乡收入绝对差距呈扩大态势。我国城乡居民收入比在

[1] 陈捷. 新型城镇化背景下城市社会流动人口治理的创新路径[J]. 贵阳市委党校学报, 2016(6).

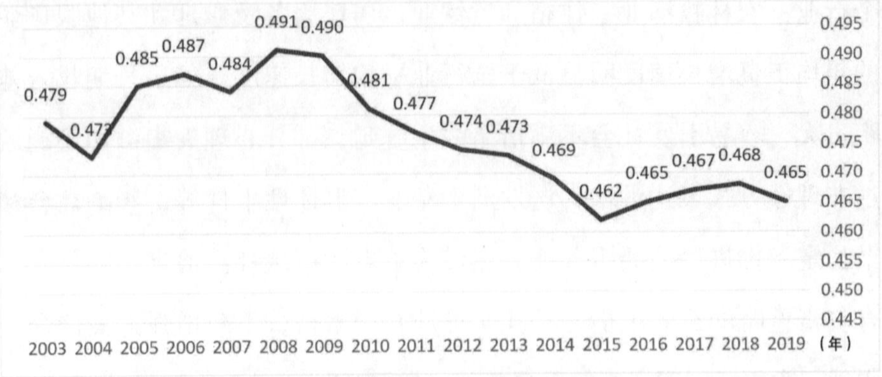

图4 2003—2019年我国基尼系数变化图

数据来源：国家统计局。

2009年达到峰值后持续下降，2020年比值为2.56，与2009年相比下降23.1%，但城乡收入差距的绝对额仍在不断增加，自2008年突破1万元后，2020年已扩大到2.7万元。从收入来源看，我国居民财产性收入占比偏低，且近年来城乡居民财产性收入比重差呈扩大趋势。2020年农村居民人均财产净收入为419元，仅占人均可支配收入的2.4%，而城市则为10.6%，两者比重差进一步上升至8.2%。

二是区域间收入差距仍然较大。尽管近年来我国中西部地区人均收入水平持续提高，但与东部地区相比仍有明显差距。2020年，31个省份（不含港澳台）人均可支配收入中，排名前8位的均为东部省份，人均可支配收入均在3.2万元以上，超过全国平均水平；而同期，甘肃、西藏、贵州的人均可支配收入仅略高于2万元，区域间收入水平不均衡情况仍然严峻。

三是行业收入差距进一步拉大。从城镇非私营单位就业人员年平均工资看，2015—2019年各行业之间最高最低收入之比分别为3.59、3.64、3.65、4.05、4.10，行业间差距不断拉大。年平均工资最低的三个行业：农林牧渔业、住宿和餐饮业、居民服务及修理和其他服务业的年均工资增长速度明显低于全行业平均增长速度。如果长期收入差距过大，容易引发社会不满情绪滋生蔓延，部分心理失衡群体可能通过非理性方式表达诉求，诱发刑事犯罪、群体性事件等，影响社会和谐稳定。推进以公共服务能力建设为重点的市域社会治理现代化是弥合贫富差距的有效举措，是扎实推动共同富裕，不断增强人民群众获得感、幸福感、安全感的重要基础。如图5所示。

图5　2000—2020年我国城乡居民人均收入变化

数据来源：国家统计局。

2.灵活就业人员面临社保困境

随着新经济业态不断丰富发展，非传统类型就业人群不断增加。人力资源和社会保障部数据显示，2021年我国灵活就业人员已经高达2亿人，占到了我国城镇就业人员的一半左右。国家信息中心发布的《中国共享经济发展报告（2021）》显示，2020年共享经济参与者人数约为8.3亿人，其中，服务提供者约为8400万人，同比增长约7.7%；平台企业员工数约631万人，同比增长约1.3%。蓬勃发展的数字经济创造大量新增就业岗位的同时，也凸显出新业态下灵活就业者劳动权益和社会保障缺乏的困境。

零工经济从业者与工作提供方较少签订正式劳动合同，而我国劳动法以及社会保险法中关于社保制度的规定均只适用于劳动者与企业之间的正式雇佣关系，相关法律并没有对零工所享有的权益作出明确规定，传统的高度依赖企业组织的社会保险运转模式与新兴的平台类劳动关系不相适应。此外，平台企业具备大数据与算法优势，在用工规则制定上处于支配位置，通常采用全景式监管、订单奖励诱导、落后淘汰等多种数字化精细控制手段来加强从业者间竞争，以实现效率和业绩最大化；而零工从业者在劳资关系中处于弱势地位，为谋求工作机会不得不进行“逐低竞价”，从事劳动强度大、工作时间长、危险性高的劳动岗位，此外还面临工资克扣、工伤事故等威胁。由于劳动关系模糊、缺乏社会保障，零工群体劳动者权利维护困难，容易诱发劳资纠纷和社会矛盾。

整体来看，改革开放尤其是党的十八大以来，我国政府不断完善公共服务职能，加大公共服务投入，提高公共服务水平，尤其是在公共服务体系建设方面取得了长足进展，基本公共服务保基本、兜底线基础更加坚实，促进共同富裕、实现人的全面发展作用更加凸显。但从总体发展及微观供给上来看，发展不平衡不充分问题依然突出，还存在不少薄弱环节和发展短板亟待破解。具体如下。

一是基本公共服务优质资源供给不足，服务质量和水平有待提升。如上所述，随着我国居民收入持续增加，群众对美好生活的需要不断升级，但教育、医疗、养老、托育、就业等诸多领域公共服务供给还停留在兜底线和保基本为主，优质资源总体不足。

二是基本公共服务供给与需求间存在错配，均等化水平较低。总体上看，我国基本公共服务资源配置和布局结构不尽合理，城乡之间、区域之间、不同群体之间的民生保障水平差距较大，基本公共服务均等化水平较低，不能保证人民在享有生存和发展权利上的相对平等。从城乡看，广大农村公共服务水平偏低、可及性较差，且随着城镇化进程加快，大量劳动力从农村流向城市，农村人口锐减，部分乡镇卫生院、健身场地及器械、敬老院等公共服务基础设施处于闲置状态，农村留守人员特别是未成年人教育以及社会保障问题日益凸显；在城市，由于大量外来人口流入，叠加全面两孩政策、三孩政策带来的人口小高峰，城市内部尤其是中心城区的义务教育、医疗卫生等多种资源相对紧缺。从区域看，由于资源禀赋、历史条件和经济发展水平的差异，基本公共服务供给总量、供给效率、服务水平等呈现出由东向西递减的格局。从群体看，外来务工人员、城乡低收入家庭等群体的基本权益和发展机会尚未得到有效保障。由于资源难以整合、缺乏动态治理、忽视供给优先次序、需求反馈渠道不畅通等问题，政府公共服务供给的针对性和有效性仍然有待提升，“供给真空”和“供给过剩”并存。

三是基本公共服务管理方式相对粗放，精准化水平较低。进入21世纪以来，我国基本公共服务建设处于全面推进，遍地开花的状态。这种粗放型供给模式在一定阶段迅速填补了严重匮乏的公共服务设施和项目。只要有投入，无论投入哪个领域，都能给百姓生活带来很大的改善。但在新时代下，公共服务发展已经超越了只要投入就能让居民满意的粗放型阶段，单纯依靠供给规模扩大带来的效应已开始递减，必须努力提升公共服务供给的质量。然而，我国目前公共服务管理仍然以基层行政区划为基本单位，尚未建立起以网格化、数字化、智能化为主导的统筹层次较高的管理模式，科学化、系统化的标准体系和实施效果评估反馈机制有待健全完善，尚不具备动态适配需求的响应和资源优化配置能力，公共服务“笼统供给”“效率较低”的问题较为普遍，农村公共服务设施“有建无管”问题较为突出，不利于解决公共服务供给城乡间、区域间、群体间的不统一、不平衡、不充分之间的矛盾。

三、市域社会治理公共服务能力建设中存在的短板弱项

新时代背景下，市域居民服务需求呈现个性化、差异化和多元化特征，以公共服务能力建设为重点健全市域社会治理体制机制，是完善共建共治共享社会治理制度的重要基础，是促进实现共同富裕的重要前提。但客观来看，目前我国市域社会治理公共服务能力建设还存在不少短板弱项，亟待破解制度障碍和瓶颈约束。

（一）理念滞后，政府服务意识不强

在建设“服务型”政府进程中，部分政府仍以传统“管理”思维开展社会治理，过多依靠行政手段进行社会治理，服务意识不强、服务观念不新、服务手段单一，影响社会治理成效。第一，从治理本质认识上看，未能将“民本”“民生”放在社会治理的核心位置，仍将

经济建设作为主要任务，对民生建设缺乏足够重视[1]。第二，从治理理念看，缺乏必要的服务意识，有时惯于从管控、维稳的理念来处理社会问题，未能将“良法善治”融入治理的各个环节，忽略了社会治理中提供公共服务这一重要内容，造成了市域社会治理职能缺位或错位等问题。第三，从治理方式看，忽视群众的知情权、参与权，信息公开不透明，对群众民生需求重视程度不够。此外，部分政府缺乏智慧化治理思维，仍未结合大数据优势创新社会治理方法，影响了社会治理效能。

（二）体系单一，缺乏健全完善的市域社会治理体系

公共服务事项作为一项复杂的系统工程，需要统筹规划和整体运作。各级政府之间、同级政府各相关职能部门之间，需对市域社会治理公共服务进行统筹性发展规划，形成整体运作格局。但客观来看，我国地方政府普遍缺少健全、完善的市域社会治理体系。在宏观治理方面，缺少整体布局规划，对社会治理的内涵外延界定较为模糊，缺乏职责明确、内容完善的需求表达、反馈和评价机制，影响了基本公共服务质量和水平及市域社会治理成效。在微观治理方面，政府与社会组织、民众协同治理机制较为缺乏，多元协同的社会治理格局尚未健全。多数社会组织缺乏独立运行空间，对政府的依赖程度较高，难以对政府治理行为进行有效监督，权责不清、多头监管、监管不力和监管真空问题较为突出，从而影响市域社会治理中公共服务决策、组织、执行和监督各环节的效率。

---

[1] 陈宇鹏. 新公共服务范式下的地方政府社会治理路径研究[J]. 湖北开放职业学院报, 2021, 34(8).

（三）活力不足，社会力量参与治理能力不足

单纯由政府提供的公共服务，往往模式单一、效率偏低，难以满足新时代的差异化需求。当前，社会资本参与公共服务领域的意愿较强，但仍面临较大的体制机制约束。营利性和非营利性分类管理模式有待完善。部分地方政府在激励、引导社会组织发展时，存在“介入失当”现象。此外，社会组织的治理能力普遍较低，缺乏市场化的运营意识和完善的内部治理结构、专职人员，对进一步提升服务质量和效能造成掣肘。

（四）资源匮乏，保障机制不完善

财权事权有待匹配。“巧妇难为无米之炊”，发展民生事业，财政资金是保障，服务型政府要充分履行职能就必然需要充裕的财政能力作为后盾。我国现行的是五级政府行政体制，相应的财政体系也是中央、省、市、县（区）、乡等五级，学前教育、义务教育、基本医疗等贴近基层、贴近百姓的社会公共服务领域，统筹责任很多都落在县（区）政府。由于不同地方政府的财力和意愿存在差异，造成制度分设、城乡分离、区域分割等问题仍然存在。乡镇财政则更为薄弱，较多乡镇入不敷出，有的乡镇甚至成了名副其实的“空壳”财政，体制内的财力不足以安排公共服务供给，基层政府一般只能维持工资发放和基本的行政运转。特别是在以农业为主的乡镇，由于财政收入来源有限且财政支出远远高于财政收入，基本上无力承担公共产品的供给和公共服务的提供。

此外，人才队伍建设面临瓶颈。专业队伍的缺乏和专业服务人才的不足是市域社会治理公共服务领域普遍存在的问题。例如：民办机构在职称评定和行业声誉等方面与公办机构存在明显差距，人才“招不来、用不上、留不住”现象屡见不鲜。基层社区工作岗位由于工作时间长、劳动强度大、社会认同低、工资待遇差、职业保障少等原因，对于专业人才缺乏有效吸引力。

四、以公共服务能力建设为重点
健全市域社会治理体制机制的基本原则

新时代新征程上，要准确把握经济社会发展基本态势，清醒认识面临的新形势、新问题和新任务，进一步明确以公共服务能力建设为重点健全市域社会治理体制机制的基本原则。

（一）以人为本，促进公平

坚持以人民为中心的发展思想，是习近平新时代中国特色社会主义思想的重要内容，具有丰富而深刻的思想内涵，是保障和发展民生的时代引领和行动指南，是以公共服务能力建设为重点健全市域社会治理体制机制的根本遵循。要以增进人民福祉、满足人民群众日益增长的美好生活需要为目标，牢牢抓住人民群众最关心最直接最现实的利益问题，不断满足多样化民生需求，充分发挥社会公共服务对保障和改善民生，推进市域社会治理现代化的重要支撑作用，努力增进全体人民在共建共享发展中的获得感、幸福感、安全感，让改革发展成

果更多更公平惠及全体人民。

（二）党建引领，协同共治

中国共产党的领导是中国特色社会主义最本质的特征，是中国特色社会主义制度的最大优势。转变政府职能推进市域社会治理现代化，关键在于健全总揽全局、协调各方的党的领导制度体系，把党的领导落实到治理各方面、各环节，努力将党的工作优势转化为社会治理的工作动能。与此同时，在坚持党的全面领导下，还应努力消解原有的链条式治理结构，拓展更立体的社会治理空间、吸引更广泛的社会治理力量、发展更全面的社会事业、完善更系统的社会福利、建设更自主的社会组织，建立健全党建统领、政府主导、居民自治和社会德治相结合的社会治理体系，既加速市域社会治理现代化过程，也为国家治理体系和治理能力现代化积累社会力量[1]。

（三）尽力而为，量力而行

公共服务的内容与所处的社会经济发展阶段紧密相关，公共服务的水平必须与基本国情和区域经济发展阶段相适应。既要立足老百姓的需求，把握好“需要”，也要立足我国发展的特定阶段，把握好“可能”。一方面，要鼓励并支持各地以更大的力度、更实的举措让群众得到看得见、摸得着的实惠。另一方面，要坚持从社会主义初级阶段的基本国情出发，把保障和改善民生建立在经济发展和财力可持续的基础之上，按照守住底线、突出重点、完善制度、引导预期的思路，不吊高胃口、不空头许诺。

[1] 姜晓萍, 董家鸣. 市域社会治理现代化的理论认知与实现途径[J]. 社会政策研究, 2019(4).

（四）科学谋划，精准施策

市域公共需求的多量性与多样性，决定了市域社会治理的复杂性与艰巨性。要科学谋划，构建市域社会治理的各项子系统，形成居民诉求表达←→居民利益保障←→居民权利实现←→居民需求满足的良性循环，以适应城乡不同群体在城乡不同场域中的生存需求、发展需求和幸福需求等。同时，要推行智慧治理，通过引进大数据和智慧系统，实时了解民情民意，精准把握社会治理诉求，实现公共服务精准供给，提高社会治理效能。

五、以公共服务能力建设为重点健全市域社会治理体制机制的路径举措

市域社会治理现代化是以建立健全社会治理体制机制为核心，由传统模式向现代化迈进的过程。这要求塑造多元协同的社会治理新格局，搭建顶层设计能够有效带动具体实施的治理结构，完善目标层、制度层、路径层、监测层的具体内容，形成多向度的中国特色市域社会治理战略系统。

（一）建立健全以精准为要义的政策体系

总体把握经济建设和社会发展的关系，厘清市域社会治理的内涵外延，完善整体规划结构布局。建立系统完善、层次分明、科学适

用的国家社会治理标准，明确市域社会治理中的公共服务职能、事项和标准等；在《国家基本公共服务标准（2021年版）》基础上，探索新增社会治理板块，对以公共服务能力建设为重点的社会治理服务事项、权责、标准等加以明确，比如网格员公共服务职责权限等。协调推进社会治理标准与国家基本公共服务标准兼容并蓄，并做好政策衔接和配套工作。推进全科网格建设、全科网格员配置，将基本公共服务职能嵌入、融合到日常网格工作当中。促进跨行业、跨地区、跨行政层级的资源整合共享，通过合理开发辖区内生态、集约利用公共资源、优化美化公共环境、完善基础设施、保障公共安全、有效精准提供公共服务，提升市域对人口及经济社会活动的吸纳力、包容力、影响力、辐射力和带动力，以保证市域社会治理现代化的可持续发展。建立健全民生发展水平监测评价和民生工作监督考核体系，加强重大决策、重大政策、重大项目的民生影响和社会风险评估。

（二）建立健全以党建为引领的整合机制

要充分发挥党建引领作用，尤其是社区基层党组织的纽带作用，链接不同行动主体和协调各方关系。一是加强组织整合，以社区纵向和横向链条上的党组织为结点，通过构建上下联动、左右贯通的党的基层组织体系，构筑多元行动网络，开创市域公共服务供给的新局面。二是加强利益整合，基层党组织是社区不同主体互动的黏合剂和缓冲带，可以在社区矛盾化解和冲突调解方面发挥重要作用，弥合市域中不同组织之间的裂缝，促进各方利益的均衡分配，维持社区的稳定和秩序。三是加强需求整合，市域党委、居民党支部、楼院党小组等基层党组织，不仅为社区居民提供了需求表达的渠道，同时也显示了多元化需求整合的政治和组织优势。四是加强认同整合，通过发挥社区基层党组织的战斗堡垒和社区党员干部的先锋模范作用，提升社区居民尤其是非户籍居民对基层党组织和社区共同体的认同感[1]。

（三）建立健全以合作为纽带的协同机制

多元主体间的合作与协同，是市域社会治理发展的客观要求和重要趋势。市域公共服务的供给无法由单一主体独立完成，而需要不同主体之间的合作。因此，要正确认识政府、企业、社会组织等不同主体在市域社会治理公共服务能力建设中的角色和职能，制定更灵活、更具体的办法促进合作生产，加强多元共治、合理分工、优势互补的协同机制建设。一是鼓励和支持社会组织通过特许经营、合同外包等方式，参与市域公共服务供给。二是引导和支持居民以自助和互助相结合的方式，建立健全公共服务合作供给网络，促进居民的资源整合与服务协同。三是建立城市基层政府、企业、社区党组织、居委会、业委会、社会组织及社区居民多主体联动协同的公共服务供给机制，打造共建共治共享的社区服务新格局。

（四）建立健全以均等可及为目标的公共服务体系

坚持以普惠性、保基本、均等化、可及性、可持续为方向，建立健全均等可及的基本公共服务体系，提高共建能力和共享水平，推动基本公共服务均等化取得明显进展。

---

[1] 徐增阳, 张磊. 公共服务精准化:城市社区治理机制创新[J]. 华中师范大学学报(人文社会科学版), 2019, 58(4).

1.健全国家基本公共服务制度体系

在健全幼有所育、学有所教、劳有所得、病有所医、老有所养、住有所居、弱有所扶等方面国家基本公共服务制度体系的同时，注重加强普惠性、基础性、兜底性民生建设，保障群众基本生活。一是推进标准体系建设。加强国家基本公共服务标准体系建设，增设社会治理板块，协调推进与国家社会治理标准体系的政策衔接和标准兼容。明确基本公共服务底线标准，完善部门相关标准规范，细化地区基本公共服务实施标准，推动基层服务机构标准化管理，研究制定基本公共服务标准动态调整管理办法。二是健全基本公共服务供需衔接机制。可尝试以社区网格为基础单位，健全基本公共服务需求表达和反馈机制。细致甄别、及时掌握民生诉求，定期开展基本公共服务需求分析和满意度调查，实施基本公共服务清单式管理。建立基本公共服务均等化评价指标体系，完善基本公共服务标准达标评价制度。根据经济发展阶段、财政保障能力以及民生发展规律和趋势，科学合理地调整基本公共服务范围和供给水平，提高基本公共服务精细化管理水平。加强基本公共服务需求侧管理，进一步强化民生预期引导力度。

2.加快补齐基本公共服务短板

促进基本公共服务资源向基层延伸、向农村覆盖、向边远地区和生活困难群众倾斜，持续推进城乡、区域、人群间基本公共服务均等化。一是持续推进城乡基本公共服务均等化。推动城乡服务内容和服务标准统一衔接，逐步建立健全全民覆盖、普惠共享、城乡一体的基本公共服务体系。加大农村基本公共服务支持力度，完善配套政策，强化政策协调，健全城市支援农村公共服务建设的长效机制。充分利用信息技术、流动服务等手段，促进资源共享，提升农村地区基本公共服务质量。二是推动基本公共服务常住人口全覆盖。健全以流入地为主的流动人口基本公共服务供给制度，逐步实现基本公共服务由户籍人口向常住人口扩展，加大对农业转移人口市民化的财政支持力度并建立动态调整机制，完善异地结算、钱随人走等相关制度安排，保障符合条件的外来人口与本地居民平等享有基本公共服务。三是大幅缩小区域基本公共服务差距。加大对贫困地区、革命老区、民族地区、边疆地区和集中连片特殊困难地区财政投入和公共资源配置力度，推动形成定向援助、对口支援等长效机制。

3.大幅提高基本公共服务可及性

一是建立健全以社区为重点的管理和服务机制。在明确服务标准规范的基础上，推动社会治理和服务重心下移、资源下沉，强化街道、乡镇和社区的基本公共服务职能，加大人财物方面的保障力度，持续改善基层各类公共服务设施条件，推动基层综合公共服务平台统筹发展、共建共享。要给予基层充足的自主权和适度的灵活性，推进审批权限和公共服务事项向基层延伸，构建网格化管理、精细化服务、信息化支撑、开放共享的基层管理服务平台，推动就业社保、养老托育、扶残助残、医疗卫生、家政服务、物流商超、治安执法、纠纷调处、心理援助等便民服务场景有机集成和精准对接。完善城市社区居委会职能，督促业委会和物业服务企业履行职责，改进社区物业服务管理。以社区治理为基础，提高城乡社区精准化服务管理能力，增强居民的幸福感，实现“微治理”。二是提高基本公共服务便利化水平。合理规划布局基本公共服务网点，因地制宜、科学设置城镇、乡村的不同基本公共服务半径。推动基本公共服务与社会治理深度融合，实现社区综合服务中心等基层公共服务供给站点与以社区网格员为主体搭建的社会治理网络有机结合，打通基本公共服务资源落地“最后一公里”，有效延伸至千家万户。

（五）建立健全以赋能为目标的资源保障机制

1.夯实政府保基本职责

补齐市域社会治理公共服务短板的关键在于财政体制改革的配套。要充分发挥中央财政的“保底”功能，提高中央财政在基本公共服务和社会保障方面的支出比例，扩大对欠发达地区公共服务方面的转移支付比例，保证欠发达地区最迫切的基本公共服务和社会保障需求能得到有效供给。要正确区分基本与非基本，基本公共服务侧重发挥兜底线、补短板的作用，尽力而为、量力而行，合理引导社会预期，强化政府基本公共服务规划、投入、监管职责。通过完善财政制度保障系统解决基本民生投入问题。按照权责一致的原则，理顺中央和地方民生保障权责关系，优化政府间事权和财权划分，形成稳定的各级政府事权、支出责任和财力相适应的制度，构建中央到地方的权责清晰、运行顺畅、充满活力的公共服务工作体系，建立长效机制。

2.强化社会公共服务人才保障

扩大专业技能人才、高端管理人才培养规模，引导公共服务人才向基层倾斜，向群众最需要的领域倾斜。力争实现从业人员队伍规模不断壮大，职业素质不断提升，人才流动更加便利。

（六）建立健全以科技为保障的支撑机制

要充分利用互联网、大数据和人工智能等现代科技手段，创新市域公共服务供给，实现服务供给与居民需求的精准匹配。

一是建设共享型的市域公共资源大数据库。推进信息管理平台尤其是基层平台建设，统一技术标准，形成覆盖市域的物联网集成网络，解决长期以来多部门间纵向分割、横向不通的信息化孤岛问题。

二是建设精细化的市域公共服务感知系统。充分利用大数据挖掘相关信息、细分民众需求、探测需求热点，准确定位民众的公共服务需求。建设网络状的市域公共安全行动协作团队，实现问题接收、协同处理、移动追踪、处理反馈、信息发布“一条龙”通道，形成精准化的市域公共服务供给链条。

三是加快推进城市智慧社区建设。加强城市社区信息化基础设施建设，依托社区数字化平台和线下社区服务机构，建设便民惠民智慧服务圈，提供线上线下融合的社区生活服务、社区治理及公共服务、智能小区等服务。

四是加强全民数字技能教育和培训，普及提升公民数字素养。加快信息无障碍建设，帮助老年人、残疾人等共享数字生活。

执笔人：刘凡熙

专题报告五

分类推进市域社会治理问题研究

内容提要： 习近平总书记就社会治理作出系列重要论述，着重指出加强和创新社会治理关键在体制创新，核心是人，社会治理的重心必须落到城乡社区，要深入调研治理体制问题，深化拓展网格化管理，尽可能把资源、服务、管理放到基层。

本报告从分类治理的角度，提出市域社会治理的实现路径。研究认为，分类推进市域社会治理，基本依据是行政层级职能、法治、服务对象及人民对美好生活的需要，提出社会治理权责清晰化、治理效率最优化、治理成本最适化、治理能力现代化及法治化等标准。要坚持以人民为中心的发展思想，从五级分级治理、城乡区域全域治理、全域立体化治理体系等方面分类推进全域社会治理；从市域社会治理领域全面、治理主体全面、全周期治理等方面推动市域社会全面治理；从健全市域社会治理全民覆盖体系、全民互动共建治理体制、全民共享机制等方面推进市域社会全民治理。为此，要加快建立健全市域社会治理权责清单，以需求和问题为导向推动社会治理重心下移，加大向基层放权赋能改革，加快推动人技物全面数字化治理新变革，以强基层为主线创新市域社会治理资源要素配置保障体制机制。

党的十九届四中、五中全会都对市域社会治理作出部署，市域社会治理现代化是撬动国家治理现代化的一个战略支点，是未来发展方向，也是构建新发展格局的重要方面。习近平总书记多次指出，加强和创新社会治理，关键在体制创新，核心是人，只有人与人和谐相处，社会才会安定有序。社会治理的重心必须落到城乡社区，社区服务和管理能力强了，社会治理的基础就实了。要深入调研治理体制问题，深化拓展网格化管理，尽可能把资源、服务、管理放到基层，使基层有职有权有物，更好为群众提供精准有效的服务和管理。[1]要注重改革举措的配套衔接，注重分类推进，加快形成科学有效的社会治理体制[2]。分类治理是市域社会治理的一个重要实现路径，要突出问题导向，要着重研究针对不同分类情景下市域社会治理所面临的问题及思路举措。

一、分类推进市域社会治理基本依据及分类标准

推进市域社会治理现代化，要坚持系统观念，深入研究市域社会治理基本内涵和实现路径。市域社会治理是一个大系统，市域层面具有较为完备的社会治理体系，具有解决社会治理中重大矛盾问题的资源和能力，涉及层面和任务庞大，不能眉毛胡子一把抓，要在系统观

[1] 习近平总书记参加上海代表团审议时的讲话[N]. 人民日报, 2014-3-6(01).
[2] 习近平主持召开中央全面深化改革领导小组第二次会议[N]. 人民日报, 2014-2-28(01).

念指导下进行科学分类、精准治理。

（一）市域社会分类治理基本依据

1.政府职能及行政层级是社会治理的基础性制度性分类依据

我国宪法规定，我国政府分为中央、省（自治区、直辖市）、县（市、市辖区）、乡（民族乡、镇）等四级。加强社会治理，是市域内各级政府的重要职能。1993年党的十四届三中全会提出加强政府的社会管理职能；2004年党的十六届四中全会提出加强社会建设和管理、推进社会管理体制创新；2013年党的十八届三中全会提出推进国家治理体系和治理能力现代化，并首次提出创新社会治理体制；2019年党的十九届四中全会提出坚持和完善共建共治共享的社会治理制度，强调完善党委领导、政府负责、民主协商、社会协同、公众参与、法治保障、科技支撑的社会治理体系，提出建设人人有责、人人尽责、人人享有的社会治理共同体。由此可见，我国社会治理理念和政府社会治理思路都在不断发展完善。近年来，在各地推进社会治理现代化实践中，为加强和实施精准治理，进一步明确细化社会治理任务清单和权责分工，普遍建立了市、区（县）、街镇（乡）、社区、网格等五级治理模式，为市域社会分级分类治理提供了组织基础，分类治理逐步成为普遍的制度安排。

2.法治是分类推进社会治理的合法性规范性支撑依据

“法律是治国之重器”，现代社会首先是一个法治社会，法治是社会治理的“软实力”。《宪法》第一百零七条规定，县级以上地方各级人民政府依照法律规定的权限，管理本行政区域内的经济、教育、科学、文化、卫生、体育、城乡建设事业和财政、民政、公安、民族事务、司法行政、计划生育等行政工作，发布决定和命令，任免、培训、考核和奖惩行政工作人员；乡、民族乡、镇的人民政府执行本级人民代表大会的决议和上级国家行政机关的决定和命令，管理本行政区域内的行政工作。现代化与法治化是一个相伴共生的共同体，要实现社会治理现代化，就要不断推进社会治理法治化。

3.从管人管物到管数等治理对象变化是适应新趋势的分类依据

社会治理重点治什么，不同发展阶段、不同时代有不同的侧重点，治理对象是分类治理必须考虑的重要依据。社会治理的载体在不断变化，治理的依托和重点也在不断变化，十分有必要基于社会治理对象进行分类治理。社会“管理”到社会“治理”概念的变化，本身就说明治理对象或治理重点在变化。社会治理在某种程度上讲，过去主要是对人的管控、管理及服务，特别是社会体制改革深入推进后，大量“单位人”向“社会人”身份转换，从熟人社会向陌生人社会变化，治理对象和治理环境都在变化。随着社会不断发展进步，特别是现代科技成果运用与迅猛发展，人们的生产生活特点发生了根本性变革，信息化、数字化、智能化显著改变了社会治理的内涵外延和实现方式。21世纪以来，我国社会发生的变化日新月异，高铁等快捷交通极大增加了人员流动性，智能手机普及极大改变了人们获取信息和社会交流方式，家庭汽车拥有量不断提升，对车、房等物的治理需要显著提升，物联网正在改变社会对物的管理治理方式。而随着大数据、区块链、人工智能等迅速兴起，人类正在进入全面数字化的时代，数据不仅成为今后最重要的要素资源，更成为社会治理新的重点和关键抓手。我国在新冠疫情防控中取得战略性成果，成功打赢疫情防控的人民战争，其中涌现出各种“健康码”“绿码”等对数的治理手段功不可没。因此，社会流动的量级正从人员流动性向物联网流动性再到数字的流动性跨越，正在走向以“事”管人、以“制”管物、以“智”管数的立体化治理格局，社会治理要顺应这样的新趋势。

4.人民对美好生活的需要是治理内容和治理重点动态调整的依据

人是社会治理的主体，也是社会治理的客体，人是社会治理最根本的要素。人的需求变化是有层次性、阶段性特征的，党的十九大报告作出重大判断，指出中国特色社会主义进入新时代，我国社会主要矛盾已经转化为人民日益增长的美好生活需要和不平衡不充分的发展之间的矛盾，这是当前和今后很长一段时期社会治理内容和治理重点调整的基础和依据。此前，2012年国务院发布国家基本公共服务体系“十二五”规划，确定了除基础设施、环境保护等之外的基本公共服务范围，体现“学有所教、劳有所得、病有所医、老有所养、住有所居”的要求，范围主要是公共教育、劳动就业服务、社会保障、基本社会服务、医疗卫生、人口计生、住房保障、公共文化等领域的基本公共服务。党的十九大进一步拓展为“幼有所育、学有所教、劳有所得、病有所医、老有所养、住有所居、弱有所扶”等7个方面。党的十九届五中全会后，国家建立健全基本公共服务标准体系（2021年版），进一步拓展为9个方面。仅从人民群众基本公共服务需求变化看，需求在不断提升和拓展。坚持以人民为中心的发展思想，推进市域社会治理现代化，要以人民美好生活需要为与时俱进的出发点和落脚点。

上述内容参见图1所示。

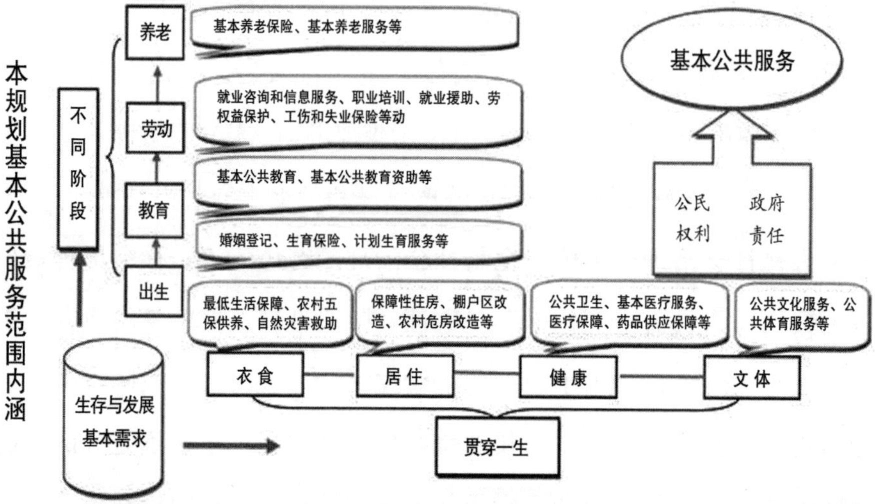

图1《国家基本公共服务体系“十二五”规划》确定的基本公共服务需求

（二）市域社会治理分类标准

基于上述基本依据，结合市域社会治理现代化目标要求，初步提出以下几条分类标准，为推进市域社会分类治理提供基本支撑和分类基础。

1.权责标准：社会治理权责清晰化

社会治理主要是一种政府职责，也为其他社会主体参与社会共建共治共享提供平台和渠道，各个主体的权责约定尤为重要。因此，对市域社会进行分类治理，首要前提是清晰划定社会治理各个层次主体的权责，做到权责规范化、法定化、制度化。实践中，建议在相关法律法规和政府职能界定中，以及出台实施市域社会治理的根本性文件中，以清单形式明确不同主体参与社会治理任务的权责，既便于社会治理项目实施，也便于督察检查。在推进市域社会治理现代化试点地区的方案中，也基本都以清单形式确定了各主体、各项任务的牵头单位及责任单位。

2.效率标准：社会治理效率最优化

社会治理项目的实施都有一定的时限要求，在既定的时间内要完成某些任务，就必须保证一定的效率。影响效率的因素很多，但从行政视角考察，管理半径因素是社会治理效能的主要分类依据。公共服务相关理论指出，公共服务都有一定的最优服务半径。之所以确定市域为社会治理现代化的一个战略支点，很大程度上也是考虑在市域范围内实施社会治理的效率最合适。党的十九届四中全会把“科技支撑”作为完善社会治理体系的重要内容，伴随着互联网、人工智能、大数据等技术飞速发展，科技在破解治理难题、提升治理水平上将发挥越来越重要的作用。信息化正在深刻影响政府组织架构的变革和完善，基于高度信息化和智能化传递方式，行政层级更加扁平化，过去由于物理空间制约行政效率的因素将得到极大改善，治理效率也将大幅度提升。在精细化管理方向下，社会治理效率是推进分类治理的重要考量。

3.投入标准：社会治理成本最适化

市域社会治理是政府履行的重要职能之一，也是公共财政保障的重要方面。在社会主义市场经济条件下履职尽责，政府投入要坚持尽力而为、量力而行原则，既要高度重视对市域社会治理增加投入，也要统筹兼顾，考虑各地经济社会发展条件特别是市域各级政府的事权财力匹配条件，不搞盲目攀比，不搞一味追求信息化智慧化“高大上”工程，做到治理成本适度。东部经济发达地区，在政府财力有条件基础上，允许市域社会治理投入多一点、现代化程度高一点，鼓励率先运用智能化先进设施；中西部地区重在学习借鉴发达地区的市域社会治理理念、治理制度建设和治理改革经验，不宜不顾条件照搬和过多依赖科技投入。因此，要将投入标准作为推进市域社会分类治理的一项依据加以考虑，综合考虑适宜投入、成本适度。

4.能力标准：社会治理能力现代化

社会治理能力是评判市域社会治理现代化的综合指标，不断满足新时代社会治理需要，提升治理能力是关键。从社会治理能力看，主要应包括人才能力、体系能力和科技能力等。人才能力反映在市域内从事社会治理的各类人员数量和质量上，目前在我国推进市域社会治理试点阶段，人员数量保障仍是最直接最有效的方式之一，人员数量保障尚有一定缺口，且人员保障的长效机制还不健全，缺少制度化、规范化的人员配置额度标准。与此同时，人员质量是治理能力更为重要的方面，目前在人员专业化上还与治理现代化有较大差距。体系建设是体现治理能力的另一重要方面，各层级体系是否健全、设施是否建设到位、功能是否有效发挥、运转机制是否顺畅等，都反映出体系能力水平和治理效率。科技能力是衡量治理现代化的重要标志，要大力提升以数字化、智能化为代表的新科技成果在市域社会治理中的广泛运用。

5.法治标准：社会治理法治化

在社会治理的各项方式中，法是管根本、管基础的方式，也是社会治理现代化的重要标志。在分级分类推进市域社会治理中，要将法治因素作为重要分类依据，把法治标准作为社会治理项目能否持久实施的重要标准，各种社会治理项目的提出和实施，都要增加法治评价标准，即是否于法有据、是否与现行的法律法规有抵触或违背的地方，以及是否有法制完善和创新的成分。要在实施社会治理项目中，逐步建立合法性审查环节要求，建立法治化评价标准，提高市域社会治理法治化水平。

二、市域社会分类治理要解决的主要问题

新时代推进市域社会治理，要坚持运用系统观念，坚持目标导向和问题导向相结合，全面、准确把握市域社会分类治理核心要义，找准问题症结，奔着问题去，冲着改革来，分析分类治理中的体制机制短板弱项，为提出体制机制针对性改革举措提供依据和支撑。

（一）五级主体权责分配机制待完善

厘清市域社会治理不同层级主体的权责关系，是体制机制改革创新的基础和前提。社会治理重心在基层。就社会治理重心问题，习近平总书记作出过精辟论述。习近平总书记指出，社会治理的重心必须落到城乡社区，社区服务和管理能力强了，社会治理的基础就实了。要深入调研治理体制问题，深化拓展网格化管理，尽可能把资源、服务、管理放到基层，使基层有职有权有物，更好为群众提供精准有效的服务和管理。[1]当前，各地在推进市域社会治理现代化进程中，基本建立起市、区（县）、街（镇）、村（居）、网格等五级体系。但在实践中，对“五级”权责和资源配置关系的把握不尽相同，一些地方把“市域社会治理”等同于“基层社会治理”，基层责任过大任务过重。一些地方对于为什么推进市域社会治理现代化理解不深，在谋划试点工作时未能把握市级主体、发挥市级优势、突出市域特点，导

[1] 习近平总书记参加上海代表团审议时的讲话[N]. 人民日报, 2014-3-6(01).

致工作目标不明、着力点不准、推进力度不大。

街镇（乡）及以下，特别是社区所承担的责任和拥有的权限不匹配。基层权责问题的核心在于，市域社会治理开展试点以来街镇及社区基层队伍和网格员搜集信息、发现问题的机制基本健全，但确定是谁（或部门）的责任、谁有权决定解决问题的机制存在问题，信息联通机制存在堵点。改革要从基层治理体制入手，要进一步清晰划分五级主体的权责界定，协调推进权责对等的资源配置，为市域社会治理现代化提供更加科学合理的行政体制保障。

（二）治理边界不够精准且呈现“无所不包”的倾向

自从党中央提出社会治理概念以来，社会管理向社会治理发生了根本性变化，社会各方面也都对社会治理更加重视。党的十九届四中、五中全会明确提出推进市域社会治理现代化，各地在中央政法委领导下，积极开展先行试点示范，取得了显著成效。但在认识和实践中，也还存在一些偏差或需要纠正的倾向，如有的把“社会治理”等同于“平安建设”；有的把“市域社会治理”拓展为“市域治理”，表现出对市域社会治理的内涵外延把握不够准确，将经济、文化、生态各方面建设内容都纳入进来，导致工作“无所不包”。事实上，市域社会治理与其他方面治理虽有交叉，但也有自身的范围。习近平总书记在上海浦东曾指出，要提高城市治理水平，推动治理手段、治理模式、治理理念创新，加快建设智慧城市，率先构建经济治理、社会治理、城市治理统筹推进和有机衔接的治理体系。[1]可见，社会治理与经济治理、城市治理是有边界的，不是包含与被包含的关系，也不

[1] 在浦东开发开放30周年庆祝大会上的讲话[N].新华社, 2020-11-12.

能相互取代。当前，加快推进市域社会治理现代化，最根本的就是着眼“社会”领域，着力把大矛盾大风险控制在市域、化解在市域，确保不外溢不扩散。在市域之内，要合理区分社会治理的边界。

（三）治理资源配置与治理重心存在不同程度错位

习近平总书记在湖北省考察新冠疫情防控工作时指出，要着力完善城乡基层治理体系。这次疫情防控凸显了城乡社区的重要作用，也暴露出基层社会治理的短板和不足。要夯实社会治理基层基础，推动社会治理重心下移，构建党组织领导的共建共治共享的城乡基层治理格局。[1]在各地推进市域社会治理进程中，基层的成效最突出，亮点最多，基层人员喊出的困难和发现的问题也最多，说明当前市域社会治理人力和物质资源短板弱项在基层。中央一再强调，社会治理的重心在基层，人员编制、物资装备、场地设施等都要向基层转移和倾斜，相应的治理权限也要向基层赋权赋能。在这些方面，基层发现问题、解决问题的能力与配置的资源还不适应，事多、权少、责重是普遍现象，这种错位将很大程度上制约市域社会治理能力和治理现代化水平提升。其中，最为缺乏的是不同层级的专业人才队伍。

（四）不同区域间治理能力短板弱项差距明显

我国发展不平衡不充分问题，在市域社会治理上也表现突出，不同区域间的治理短板弱项差距明显。课题组在东中西部不同的试点地区调研中发现，东部发达地区城市经济发展水平高，地方政府财力条件好，投入到社会治理中的人、财、物、技等资源保障能力明显较

[1] 在湖北省考察新冠肺炎疫情防控工作时的讲话[N]. 新华社, 2020-3-10.

强，实施“雪亮工程”、智能监控等现代化装备十分完备，极大提高了市域社会治理能力。

深圳市公安局宝安分局组建了以“两长两员”（楼栋长、门店长、物管员、企业保安员）为主体的“十万义警”队伍，发动群防群治力量开展“三防一禁”工作，建成73个“屯警点”、88个小型消防站驻守警力，和全区85个重点部位驻守力量联合起来开展勤务，极大加强了平安建设力量。

在西部地区，如云南曲靖市麒麟区鼓楼街道，因为地处城市核心闹市区，有一些集体资产，留有一定的积累和资金结余，故而也有能力拿出资金来加强社会治理体系和能力建设。相比而言，西部地区的城市普遍缺乏足够财力保障智能设备设施的投入，网格员等人员投入也比较有限。

不同地区间在社会治理上的差距是一个突出的现实问题，也是统筹全国社会治理必须着力解决的重要问题，十分有必要将市域社会治理纳入国家基本公共服务体系，推进标准化建设。

（五）社会治理现代化中对人、物、技关系处理不尽协调

市域社会治理现代化是不可逆转的方向，党和政府对社会治理现代化作出了明确部署。党的十九届五中全会在关于第二个百年奋斗目标“两步走”战略部署中，提出从2020年到2035年，在全面建成小康社会的基础上，再奋斗15年，基本实现社会主义现代化。到那时，现代社会治理格局基本形成，社会充满活力又和谐有序。市域社会治理现代化包含人的现代化、经济社会物质条件保障的现代化，以及数字化、智能化等科技支撑的现代化等，但在几个关系中，人是核心，要把以人民为中

心，把人的全面发展和人的现代化作为根本和核心。加强和创新社会治理，关键在体制创新，核心是人，只有人与人和谐相处，社会才会安定有序。在实践中，一些地方在推进市域社会治理中，有过于依赖物质和技术的倾向，把主要资金、资源和力量投入到物质保障上，技术运用追求高大上，一定程度忽视甚至弱化了对人的全面发展的投资、对基层治理干部队伍素质建设的投入。不仅要纠正这种认识和工作上的偏差，更要在市域社会治理体制机制完善上加大改革创新，以更加有效的制度安排来保障市域社会治理资源配置和人、物、技投入协调联动。

三、分类推进全域社会治理改革

2018年，时任中央政法委秘书长陈一新在中国延安干部学院正式提出“市域社会治理现代化”概念，明确“市域社会治理”就是以设区的城市为基本治理单位，充分发挥市级层面主导作用。[1]本报告研究的市域社会治理，认为以城市为中心，延伸到乡村，覆盖市域全部城乡区域，以构建市域社会立体化治理体系为目标，统筹推进全域社会治理改革，构建立体化市域社会治理新体系。

（一）市域社会五级分级治理

按照精细化治理要求，从层级上划分市域社会治理为五级单元，明确层级的主体责任与权限，配置相应的人员资源，以分级治理推动分类治理。

[1] 陈一新. 新时代市域社会治理理念体系能力现代化[N]. 人民日报, 2018-7-17.

1.市级主导

市域全域范围内，市一级是辖区内社会治理统筹、领导、负责顶层政策设计的行政主体，是市域社会治理的最终责任主体。市一级主要职责是贯彻党中央国务院精神和省委省政府决策部署，对市域内社会治理承担领导、谋划和统筹指挥等职能。实践中，地方主要以政法委牵头，领导组织实施市域社会治理试点任务。市一级要重点做好中央精神的贯彻落实，抓大事、出大策，保障市域社会治理重大任务按照中央确定的方向落地实施，及时开展督促检查，并为市域社会治理制定配套性地方性法律法规。

2.区县主抓

区、县一级是市域社会治理的重要层级，主要应负责组织治理资源，具体制定和组织政策实施。区、县是市域社会治理的主要贯彻领导主体，负有直接领导责任，要重点做好资源保障。

3.街镇（乡）主战

按照中央关于社会治理重心在基层的指示要求，街镇（乡）一级是我国推进市域社会治理的主力军。街镇（乡）是问题汇集的集中地，有就近解决问题的权限和能力，有相对完备的办事窗口，可以把问题解决在街镇（乡），要尽力做到“大事不出镇街（乡）”。要充分体现和巩固街镇（乡）在市域社会治理中的主力军作用，发扬新时代“枫桥经验”，从权责配置、人员配置、设施设备配置、资金配置等全面加强街镇（乡）社会治理体系和能力建设。

4.社区主阵

社区是现代社会最基本功能单元，是推进现代社会治理的最基础执行单元，社区是我国市域社会治理的主阵地。特别是城市社区，人员居住相对集中，管理起来比较方便，对社区的人员信息掌握清楚，是政策执行的末梢。要进一步发挥好社区在市域社会治理中的重要功能作用，加强赋权赋能，增加社区就近解决问题的能力。

5.网格主源

社会治理关键在源头治理，网格是发现问题、搜集基础信息的初始源头。在社区之下，为进一步精准掌握各方面信息，再划分为若干个网格，每个网格配备一名网格员。赋予网格员上门搜集信息的权限，配备智能信息终端和App，网格员负责及时准确和全覆盖汇集源头信息、发现苗头性问题，并及时甚至实时上传，这是中国特色市域社会治理的重要方面，是发挥我国基层组织优势、人员优势和科技优势的集中体现。要进一步推动网格规范化标准化建设，提高网格员素质和履职能力，为将矛盾发现在源头提供强大支撑。

上述内容参见表1所示。

表1　市域社会分层分级治理权责分解

层级	主要职责	权限	智慧信息系统	重要性	人员配置
市级	统筹、领导、顶层政策设计	统筹决策权限	指挥中心（城市大脑）	统筹	5%
区（县）	实施组织、指挥、政策及资源保障	职能部门权限	监测中心	落实	20%
街（镇、乡）	问题解决与上报协调需求	吹哨与部分事权	监测站室	主力军	30%
社区	问题反馈与就近解决	信息反馈权限	显示和上报终端	主阵地	25%
网格	信息收集与问题发现	信息调查权限	移动终端及App	源头	20%

资料来源：课题组整理。

（二）市域社会城乡区域全域治理

市域首先是一个空间概念，市域社会治理既包含市域全域的含义，又包含市域城市的含义。本报告认为，全域社会治理是既要兼顾城乡全域，又要明确以城市为主体治理单位，充分发挥市级层面主导作用，延伸推进城乡一体治理。

1.城市社会治理是我国市域社会治理的主阵地

狭义上讲，市域社会治理的基本涵义是指设区的城市社会治理。在全域社会治理理念下，社会治理中应包括乡村治理这部分，但毫无疑问，现阶段，市域社会治理主要应以城市社会治理为重中之重，是市域社会治理的主阵地。

未来我国人口向大城市集中的态势还将延续。随着我国经济发展转向高质量发展阶段，资源禀赋结构变化、经济结构转型升级和经济增长速度放缓，“十四五”及以后时期人口流动出现新的特征。一方面，“十三五”末期至“十四五”时期，随着我国新型城镇化推进和户籍制度改革加快，尤其是分类推进农业转移人口落户政策的落实，各地倾向于降低农民工市民化的门槛，农民工及其家属的市民化进程将会加快，而过去以乡-城流动为特征的劳动力城镇化速度放缓。根据课题组的预测，户籍人口城镇化率将从2017年的42.35%提高到2025年的46.2%，常住人口城镇化率将从58.52%提高到66.8%，城镇化速度相对前期来说有所降低。另一方面，人口向大城市集中加快。随着从劳动力城镇化转向消费者城镇化为主，尤其是进入工业化中后期向服务型经济的加快转型，城镇的积聚效应和规模效应还可能更加突出，城镇人口向大城市集中的速度还会进一步加快。上述内容参见图2所示。

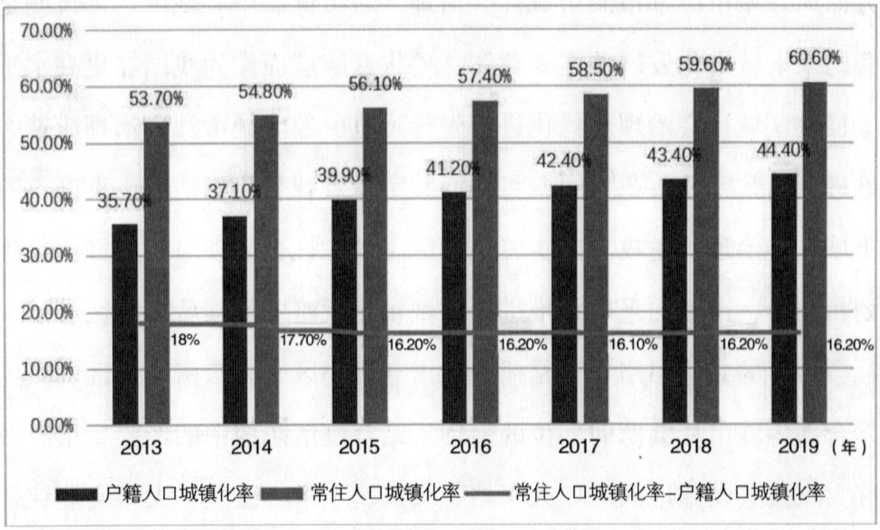

图2　党的十八大以来我国城镇化率变动趋势（2031—2019）

如表2所示，其是到2035年，分阶段城镇化率变动趋势。根据国家发展改革委体改所城乡融合发展课题组对2025年、2030年、2035年分阶段的城镇化率进行预测，到2025年、2030年和2035年的城镇化率综合预测结果分别为：2025年预计为65.88%，2030年预计为69.93%，2035年预计为73.97%。

表2　不同方案城镇化率预测（单位：%）

预测方法	2025年	2030年	2035年
曲线拟合法预测	66.30	70.20	74.60
经济模型法预测	66.15	70.40	74.20
城乡人口比综合增长率法预测	65.20	69.20	73.12
综合预测	65.88	69.93	73.97

备注：国家发展改革委体改所城乡融合发展研究课题组综合预测结果为三种预测结果的平均值。

作为主阵地的城市社会治理，要突出几个重点部位。一是从大的方面抓好城市群都市圈市域社会治理。城市群、中心城市、都市圈是我国未来城市化发展的主要载体，要将这一层面作为我国在更高水平上推进区域社会治理现代化进行先行示范引领。城市社会治理应着力推进全面数字化改革方向，将全面数字化及智慧化作为城市群都市圈市域社会治理的主攻方向。二是将区（县）社会治理与新型城镇化规划相结合，市域内采取在推进新型城镇化战略中加强城市（区、镇）社会治理的共建思路。三是抓好城市老旧小区、人口密集地区、城乡接合部等城市社会薄弱部位的治理。结合疫情防控中的经验，重点做好大型公共设施地区（如火车站、飞机场、中心医院、大型商业综合体、大型写字楼等人员密集的高层建筑区）社会风险点防控，突出重点部位重点环节重点治理。

2.坚持在城乡一体化发展中推进乡村社会治理

未来乡村人口及在社会治理中的变化趋势。我国城镇人口规模增多，农村人口规模减小，这是一个长期性趋势。预计2025年城镇常住人口规模增加到9.4亿，平均每年增长1600万人，农村常住人口为4.7亿。到2035年，城镇常住人口规模增加到10.1亿，比2020年平均每年增长1000万人，农村常住人口为3.9亿。到2050年，城镇常住人口规模随着总人口规模下降会下降为9.7亿，农村常住人口为3.3亿。

与此同时，我国乡的数量变化，1990—2018年，随着城镇化进程推进和行政区划调整，撤乡设镇、乡镇合并进程加快，乡的统计个数大幅减少，从4.02万个减少至1.02万个，减少了75%左右，但减少速度趋缓态势明显。从未来趋势看，乡的数量减少趋势仍将持续，速度仍将持续放缓，预计2025年、2030年和2035年，乡的数量将分别降至0.97

万个、0.93万个和0.90万个。从我国建制镇的数量变化趋势看，1990—2018年，随着撤乡设镇数量增加，建制镇的统计个数呈现先增加后趋于稳定的态势，从1990年的1.01万个增加至2002年的1.84万个，随后一直在1.67万～1.83万个之间徘徊，数量趋于稳定。预计2025年、2030年和2035年，建制镇的数量将保持在1.85万个左右。

村庄数量变化趋势及预测。随着我国城镇化的快速推进，农村人口大幅减少，村庄数量也不断减少。1990—2018年，我国村庄数量由377.3万个减少至245.2万个，减少了35%，减少速度在逐步下降。未来随着城镇化率的不断攀升，村庄数量减少也是重要方向，预计2025年、2030年和2035年，村庄的数量将减少至210万个、195万个、185万个。

上述内容参见图3所示。

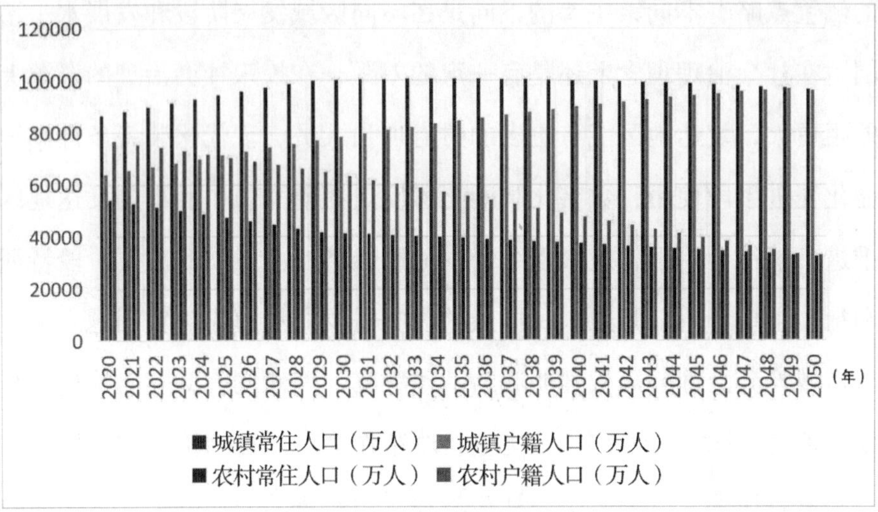

图3　我国未来城乡常住人口和户籍人口变化趋势

数据来源：国家发展改革委体改所城乡融合发展课题组报告。

从镇、乡、村的数量变动趋势看出，推进全域社会治理，应适应未来结构变动趋势，将城市社会治理不断向乡村延伸，并在市域范围内实现城乡一体化治理。在乡村，一样要建立以社区为基础的治理模式，同样将乡村空间网格化，只是乡村网格的范围可能大小不一，有的甚至比较大，但网格员主要以管理网格内的人员规模为基础，依据人员数量划分网格。乡村社会治理，要对不同密度的社区进行有区别的治理，用城市社区治理的成熟办法，重点抓好近郊区的社会治理。

3.坚持区域差异分类推进各具特色市域社会治理

我国地域辽阔，区域差异大，区域发展不平衡不充分从来都是一个突出问题。从市域社会治理看，东中西部区域差异也十分明显。从区域来看，发达地区、欠发达地区社会治理的任务都是相似的，治理的侧重点略有不同，主要的不同是在不同区域发展阶段和发展水平不同，在社会治理理念上还是有一定的差距，在投入社会治理的资源上差距更大，发达地区能有更多的财力加强人员、现代化装备条件和智能化先进手段使用，数字化智能化程度走在前列。中西部欠发达地区推进市域社会治理，应紧密结合本地区经济社会发展的主要阶段特征和社会主要矛盾，紧跟人民群众的现实需要，从解决现实问题入手，以市域社会治理补短板强弱项为基本思路，因地制宜，突出特色。与发达地区不同，中西部地区更应将改革作为市域社会治理的主要突破口和重要抓手，以改革引领社会治理，用改革的办法解决社会治理中的各种难题。

（三）构建市域社会全域立体化治理体系

市域是一个平面概念，也是一个空间概念，市域社会治理不应局限于平面上的治理格局，要拓宽治理维度，创新思维，充分发掘现代立体治理手段方式，探索建立全域立体化治理体系。

1.实现全域网格化是市域立体化治理的基础形态

对市域全域划分网格，是在物理层面推进市域立体化治理，这也是立体化治理最基础的形态。划分若干网格，以网格为基本单元实施市域社会治理，是我国社会治理的成功探索，实践证明，以网格为基本单元的治理效果十分显著。网格的管理范围明确，网格员巡查周期短、巡查频次高，能及时有效发现问题、上报信息，并掌握最全面完整准确的人员和设施等基础信息。网格治理模式将广泛普及，今后要在制度层面和法律层面支持支撑网格治理，并将网格划分标准、网格员管理职责和岗位等逐步标准化，网格员也将可能是一种新兴职业。

2.实现全域可视化是市域立体化治理的科技形态

随着科技进步，社会治理的科技手段越来越广泛运用。近年来，“雪亮工程”的实施，极大改善了各地社会治理的科技支撑条件。在空间形态，通过智能监控系统，建立起全覆盖的监控体系，足不出户，就能准确观察到各个监控站点的实时情况，使社会治理迈上了一个大台阶。智能化监控在实践中也成效卓著，调研中不少地方反映，实施“雪亮工程”以来，原先发案较多的盗、抢等事件大幅度下降，有部分地区这类发案数甚至降至零，充分表明了智能化监控治理成效。未来要进一步加大智能监控体系的覆盖面，打通堵点和数据共享障碍，加快推进监控体系联通共享，进一步提升智能化可视化的技防治理成效。

3.实现全域数字化是市域立体化治理的未来形态

数字化是当今世界发展的潮流和新趋势，社会治理领域也正在加速推进数字化变革。要顺应社会变革新趋势，以数字化为引领，加快探索建立以应用场景为特色的全域数字化的立体化治理新模式。目前，杭州、深圳等以统一编码为基础，建立统一地址库基础数据库，是数字化治理的一场基础性变革。全域数字化治理刚刚起步，各方面要探索和健全的技术、制度、规则等改革任务艰巨，数字化更应强化国家层面的顶层设计，推动一场新的社会治理大变革。如图4所示。

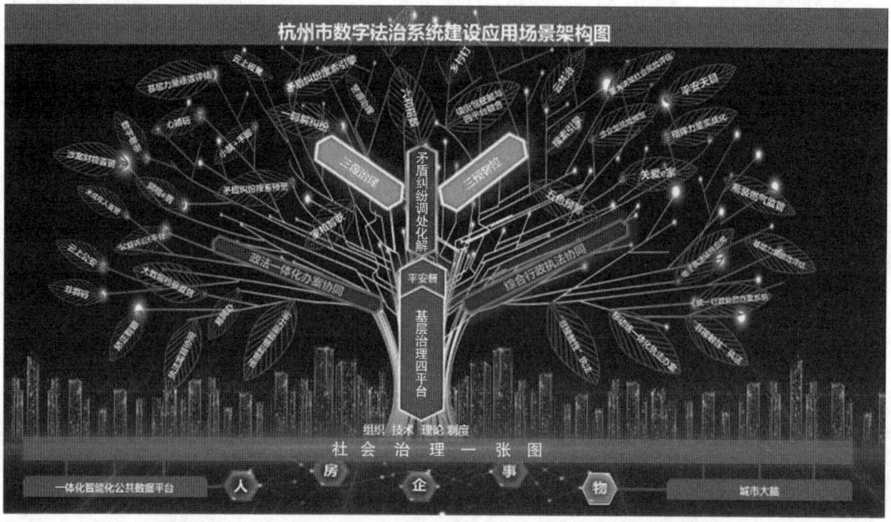

图4 杭州数字化法治系统建设应用场景架构图

四、完善分类治理的体制机制改革举措建议

（一）建立健全市域社会治理权责清单及统筹实施机制

习近平总书记多次作出重要指示，要努力探索社会治理新路子，[1]并对经济治理、城市治理、社会治理作出重要论述，表明社会治理与

[1] 习近平总书记参加上海代表团审议时的讲话[N]. 人民日报, 2014-3-6(01).

城市等是有边界的，不能相互混淆。市域社会治理是“五位一体”总体布局中社会建设的重要内容，市域社会治理是地方党和政府的重要职责。针对实践中市域社会治理与经济治理和城市治理事项交叉等问题，十分有必要进一步规范市域社会治理边界，以权责清单形式确定市域社会治理任务事项。党的十九届四中、五中全会提出了推进市域社会治理现代化的要求，要深化市域行政体制改革，为市域社会治理提供体制机制保障。为增强市级统筹和部门协同联动，可以探索设立市域社会治理委员会，或者在市县（区）政法委员会基础上加挂市域社会治理委员会牌子，建立市域社会治理统筹领导体制机制。

（二）以需求和问题为导向推动社会治理重心下移及放权赋能改革

推动治理重心下移和向基层放权赋能是市域社会治理改革的一条基本主线。在习近平新时代中国特色社会主义思想指导下，市域社会治理改革要坚持以人民为中心的发展思想，加快推进社会治理现代化。创新社会治理，要以最广大人民根本利益为根本坐标，从人民群众最关心最直接最现实的利益问题入手，把加强基层党的建设、巩固党的执政基础作为贯穿社会治理和基层建设的一条红线，深入拓展区域化党建，建立一支素质优良的专业化社区工作者队伍，推动管理重心下移，推动服务和管理力量向基层倾斜，实现从管理向治理转变，激发基层活力，提升社区能力，形成群众安居乐业、社会安定有序的良好局面。[1]要坚持以人民为中心的发展思想，坚持共建共治共享，坚持重心下移、力量下沉。向基层放权赋能，加强体系建设，减轻负

[1] 习近平总书记参加上海代表团审议时的讲话[N]. 人民日报, 2014-3-6(01).

担，加强队伍建设，建立网格化管理、精细化服务、信息化支撑、开放共享的基层管理服务平台。把推动“基层吹哨、部门报到”标准化模式化作为市域社会治理放权赋能改革举措，推动社会治理重心向基层下移、把基层党组织建设成为领导基层治理的坚强战斗堡垒。建议总结梳理北京市“街乡吹哨、部门报到”改革经验、杭州市“街社吹哨、部门报告”等经验，健全“吹哨人”制度，加大对“吹哨人”赋权，完善部门协同联动的授权机制和办事机制。

（三）适应市域社会人技物全面数字化治理新变革

数字化变革是当今时代涌现的新趋势，加快大数据平台建设是提高社会治理能力和水平的迫切要求。随着互联网特别是移动互联网发展，社会治理模式正在从单向管理转向双向互动，从线下转向线上线下融合，从单纯的政府监管向更加注重社会协同治理转变。[1]“十四五”规划建议指出，加强数字社会、数字政府建设，提升公共服务、社会治理等数字化智能化水平。把握新趋势、顺应新趋势，在市域社会治理中着力推动人、物、技全面数字化治理改革，要以数字化改革推动社会治理精准化落地实施。推动数字化治理底层基础建设，推动物联网、楼宇、住宅、动产、不动产、车辆以及人员等信息联通联动。要加强人工智能同社会治理的结合，开发适用于政府服务和决策的人工智能系统，促进人工智能在公共安全领域的深度应用，运用人工智能提高公共服务和社会治理水平。[2]推动智能化智慧化治理，打通数字化治理的屏障，建立健全数字化治理的共建共享共治机

[1] 习近平总书记在中共中央政治局第三十六次集体学习时的讲话[OL/EB]. 新华社, 2016-10-9.
[2] 中共中央政治局第九次集体学习新闻通稿[OL/EB]. 新华社, 2018-10-31.

制。加快运用大数据提升市域社会治理现代化水平。要建立健全大数据辅助科学决策和社会治理的机制，推进政府管理和社会治理模式创新。率先实现市域全域层面跨层级、跨系统、跨部门、跨业务的协同管理和服务，打通数据和治理决策信号传递通道，充分利用大数据平台，加快公共服务领域数据集中和共享，形成市域社会治理强大数字化合力。建立社会治理标准协同机制，建立市域社会治理国际基础信息标准，明确网格划分标准、物理信息编码标准，积极推广浙江全面数字化改革经验。

（四）以强基层为主线创新市域社会治理资源要素配置保障体制机制

推动社会治理重心向基层下移，要把更多资源、服务、管理放到社区，更好为社区居民提供精准化、精细化服务。市域社会治理主阵地在基层，发现和解决问题的重点也在基层，基层治理需要指明改革举措的方向，要加快建立以强基层为逻辑主线的市域社会治理资源要素配置机制。深化市县财税体制改革，构建适应市域社会治理的资源配置体制。建立资源直达社区的配置机制。社区服务和管理能力强了，社会治理的基础就实了。深化拓展网格化管理，尽可能把资源、服务、管理放到基层，使基层有职有权有物，更好为群众提供精准有效的服务和管理。建立市域社会治理基本公共服务标准，建立相应的财力保障机制。为统筹东中西部不同地区市域社会治理协调平衡发展，建议把一部分社会治理兜底事项列为国家基本公共服务，探索建立中央财政直达市机制。按照管理人口及服务半径优化配置资源。加快基于大数据等治理标准化现代化的新平台建设，标准化建设市域社会治理实时智慧平台。市、区（县）、镇（街道、乡）、村（居）要标准化配置智能服务终端，探索建立市域社会治理设备设施配置标准化体系，纳入国家基本公共服务体系标准。

（五）完善市域社会治理队伍建设和专业化人才机制

推进市域社会治理现代化，要把核心放在人的全面发展上，依靠人的素质提升从根本上推动社会治理提升。社会治理是一门科学，要着力提高干部素质。推进社会治理现代化，坚持和发展“枫桥经验”，健全平安建设社会协同机制，从源头上提升维护社会稳定能力和水平，关键需要建立宏大的社会治理基层队伍。推进市域社会治理，既需要拥有大批专业化素质的干部队伍，更需要规模宏大的各类基层社会治理人才。建议在国家职业资格目录（专业技术人员职业资格）中，将社区工作岗位、网格员、城市管家等增设为新的职业目录，这样既有利于推进市域社会治理现代化，又稳定和扩大了就业，提高基层就业机会。加强基层社会治理人才专业化和工作队伍人员素质提升，着力提高运用数字化、智能化设施设备进行社会治理，在基层发现问题、解决问题的能力。盘活用好各类存量人才资源，充分拓展社会各界人才参与市域社会治理的渠道和机制，特别是健全专业人才参与人民调解等机制。

（六）加快推动市域社会治理配套法治化改革

市域社会治理要坚持系统治理、依法治理、综合治理、源头治理，要充分用好法律这一治国重器。我国地方人民政府组织法规定，设区的市的人民代表大会根据本市的具体情况和实际需要，在不同宪法、法律、行政法规和本省、自治区、直辖市的地方性法规相抵触的前提下，可以制定地方性法规（报省、自治区、直辖市的人民代表大会常务委员会批准后施行），国家赋予市级拥有立法权，是对市域社会依法治理最根本性的赋能。为此，提出几项建议：一是加大对市级政府管理法治赋能，加强市级在制定地方性法律法规方面的权限。二是鼓励支持地方政府围绕社会治理现代化增加系列地方性法规制定和实施。在市级立法权限内，制定地方各级组织参与市域社会治理的地方性法规。比如志愿服务条例、慈善事业促进条例、医疗纠纷预防和处置条例等。当前，亟待加快志愿服务的法制保障。志愿服务是社会文明进步的重要标志，要搭建更多平台，更好发挥志愿服务在社会治理中的积极作用。三是深化基层组织和部门、行业依法治理，支持各类社会主体自我约束、自我管理，发挥市民公约、乡规民约、行业规章、团体章程等社会规范在社会治理中的积极作用。四是国家在推进依法治国方略中，研究制定社会治理的根本大法。同时在宪法中增加社会治理有关方面的表述，为制定上位法提供依据和支撑。五是加快对涉及完善社会治理的法律抓紧制订、及时修订，特别是对与新时代新形势下社会发展不相适宜的条款进行修订和调整完善。当前，特别是在新冠疫情防控以来，社会治理发生了诸多新的变革，亟待完善法治，尤其是增加信息安全监管、隐私保护、社会动员能力等方面的法制完善。

参考文献

本书编写组. 中共中央关于制定国民经济和社会发展第十四个五年规划和二〇三五年远景目标的建议[M]. 北京:人民出版社, 2020.

中共中央宣传部. 习近平新时代中国特色社会主义思想学习纲要[M]. 北京:学习出版社、人民出版社, 2019.

中共中央文献研究室编. 习近平关于社会主义经济建设论述摘编[M]. 北京:中央文献出版社, 2017.

中共中央文献研究室编. 习近平关于社会主义社会建设论述摘编[M]. 北京:中央文献出版社, 2017.

陈一新. 推进新时代市域社会治理现代化[N].法制日报, 2018-7-18(1).

陈一新. 加快推进社会治理现代化[N].人民日报, 2019-5-21(13).

陈一新. 加强和创新社会治理//《中共中央关于制定国民经济和社会发展第十四个五年规划和二〇三五年远景目标的建议》辅导读本[M]. 北京:人民出版社, 2020.

高忠平, 杜欣. 基层治理的“榆阳实践”[N].陕西日报, 2021-6-1.

王大鹏. 推进市域社会治理现代化[M]. 北京:红旗出版社, 2019.

辛全龙. 市域社会治理现代化的理论与实践[M]. 北京:中国人民公安大学出版社, 2020.

龚维斌. 加强和创新基层社会治理[N].光明日报, 2020-9-18.

吕德文. 大变局塑造了新的治理场景[OL/EB]. 学习强国, 2021-5-13.

许晓东, 张乐. 加强和创新基层社会治理[N]. 人民日报, 2019-12-17.

杜鹃. 加快推进市域社会治理现代化[N]. 人民日报, 2020-7-21(9).

中共中央宣传部. 习近平新时代中国特色社会主义思想学习问答[M]. 北京:学习出版社、人民出版社, 2021.

执笔人：孙长学

专题报告六

国内市域社会治理典型案例研究

内容提要：2019年市域社会治理现代化试点工作全面部署，本报告对试点的总体情况以及部分试点城市的进展情况进行梳理，通过对各地市域社会治理形成的实践经验和典型案例进行分类分析，从整体智治、基层治理、多元共治、治理评估等几个方面进行案例剖析和论证，为推进市域社会治理现代化提供经验借鉴。

市域社会治理已经形成了一些具有鲜明特色的实践经验与典型案例，这为推进市域社会治理现代化提供了“经验仓”。案例分析的意义在于，通过一个个具体的典型案件剖析，描述了我们对市域社会治理现代化改革的实践认识，能更直观地了解和发现市域社会治理现代化试点进程及实践存在问题。本报告以市域社会治理现代化试点城市为研究对象，分区域分类别地进行案例剖析和论证，为市域社会治理的模式选择、制度完善、路径优化等提供了可资借鉴的资源。

一、市域社会治理改革试点的基本情况

（一）总体情况

2019年，中央政法委全面部署启动市域社会治理现代化试点工作，制定了《全国市域社会治理现代化试点工作实施方案》《全国市域社会治理现代化试点工作指引》，为试点工作提供了基本遵循以及试点效果衡量标准。试点范围包括所有副省级市、地级市和自治州，以及地（盟）、新疆生产建设兵团师市、直辖市下辖的区（县）。各市根据自我评估情况，自愿申报。试点以3年为一期，第一期为2020—2022年、第二期为2023—2025年。目前地方政府高度重视试点工作，各地省级政法委按中央政法委的部署要求，对试点工作进行动员部署，已开展试点的城市数量可观，比如，浙江省11个地市全部开展试点工作，四川省21个地市州开展试点。第一期和第二期试点覆盖了全国大部分地市，各省份在报名参加试点的地市中选择更为具备市域社会治理条件的作为第一期试点城市，给予其他地市更多的准备期。比如昆明，选择市域社会治理现代化更为成熟的市（区、县）作为第一期试点，并已经着手第二期试点城市的市域社会治理现代化推进工作，保障更充裕的试点时间。

（二）试点进展——以实地调研城市情况为例

1.制定工作方案

中央政法委部署市域社会治理现代化试点工作，制定试点工作实施方案，并制定《全国市域社会治理现代化试点工作指引》，明确88项具体工作任务，提出具体工作要求，指导各省份部署开展试点工作。各试点城市根据中央政法委、省级政法委制定的试点工作方案、试点工作指引以及区域特色工作指引，制定市域社会治理现代化试点工作实施方案，发挥各市的特色优势。

深圳市制定《深圳市推进全国市域社会治理现代化试点工作三年行动方案（2020—2022年）》，对试点工作内容、项目、进度、分工等进行总体设计，明确可量化、可评价的49项具体任务，形成任务书，明确时间表、路线图。

云南省在中央政法委制定的具体任务的基础上，制定了《全国市域社会治理现代化试点工作——云南省区域特色工作指引》，根据当地少数民族多、边境地区等特色，补充云南省区域特色工作指引10条。

杭州市委政法委对照《全国市域社会治理现代化试点工作指引》和《全国市域社会治理现代化试点工作——浙江省区域特色工作指引》，结合杭州工作实际，确定17个重点任务，分解41项具体工作，发挥杭州数字赋能市域社会治理特色优势，制定《杭州市推进市域社会治理现代化试点工作任务书》，逐项明确基本要求、推进举措、责任单位和完成时间，为工作推进把准方向。

2.建立工作机制

各试点城市注重高位统筹，建立职责清晰的组织体系，高位推动市域社会治理现代化各项重点工作，通过加强与部门间的横向沟通和区、县（市）间的纵向指导，确保工作提质增效。

杭州市成立工作领导小组，组建工作专班，并从市“六和工程”组长单位和区、县（市）抽调业务骨干集中办公，实体化运作。

昆明市成立由市委书记和市长任双总指挥长的市域社会治理现代化试点工作总指挥部（以下简称总指挥部），设立17个由市级领导任指挥长的专项工作分指挥部，具体牵头负责推进落实。总指挥部下设办公室在市委政法委，由市委常委、市委政法委书记兼任办公室主任，办公室下设5个工作组，主要负责统筹谋划、工作指导、沟通协调、督促落实等工作。同时，抽调相关职能部门人员组成工作专班，负责协调推动、督促指导、考核通报等日常工作。在全国范围内选聘30位社会治理专家组建“专家智库”，从本市选取40名专业人员建立“本土人才库”，为探索市域社会治理路径和方法出谋划策。

曲靖市成立了由省委常委、市委书记任组长，市长任第一副组长，其他16位市级领导任副组长的“1+16”工作体系。将市域社会治理现代化作为“一把手”工程，做到“三个纳入”，全面统筹推进。

3.完善基层治理

全面推进基层社会治理现代化，是坚持和完善中国特色社会主义制度、推进国家治理体系和治理能力现代化的一项重要工作和基础工程。各地都在加强党建引领、做实网格、整合资源提升服务、激发自治活力、加强智治支撑、打造样板等方面不断进行改革创新，极大地提升了基层治理能力，提高了居民满意度。

榆林市榆阳区在围绕城区、乡村两大治理板块，在城区治理层面全面推行组织联建、网格联心、会议联席、事务联商、群众联动、矛盾联调、成效联评等“七法联通”治理模式；在乡村治理层面全面推行引领制、融合制、网格制、协商制、联调制、积分制、评议制等“七制融合”治理模式，涌现出新明楼街道三官会社区“三区联动”、沙河路街道榆康社区智慧治理等一大批治理典型。

各地也在着手建立综合网格制度，构建基础管理服务平台。深圳推进“多网合一”构建全科网格基层社会治理体系，整合各类行业网格，按照“任务相当、方便管理、界定清晰”的理念，根据人口、面积、楼栋数量（间套数）、历史因素和治理对象的物业形态类型等五大要素科学划分全科网格，承担信息采报、便民服务、矛盾化解、隐患排查、治安防范、人口管理、法治宣传、心理疏导以及其他服务管理职能，形成明晰的网格服务管理体系。

二、市域社会治理现代化典型案例剖析

（一）整体智治

1.三墩镇“整体智治”推动社会治理现代化

杭州市西湖区三墩镇位于主城区的西北部，是典型的城郊接合区块，辖区面积约38平方千米，总人口37.8万。三墩北部区块还有杭州市最大的经济适用房和廉租房居住区，经济适用房总量占全市1/6，廉租房

总量占全市8.6%，困难人员的基数非常大。因此，总体来说，三墩镇是杭州市人口密度最大、安全压力最重、服务需求最多的镇街之一。

（1）经验。三墩镇坚持“条抓块统、整体智治”理念，通过机制重塑、流程再造、数字赋能，逐步探索出“1+6+X”的基层治理数字化模式，即“一体化智治平台、六个应用模块、十三个应用服务场景”。

“小脑+手脚”整体智治模式，为三墩镇解决镇域基层治理普遍存在的“指挥传递滞后”“部门联动不足”“信息协同较差”等问题，形成了线上+线下联合互动，实现了“跨层级联动、跨事权联处、跨部门协同”三大机制重塑，推动指挥调度、矛盾调处应急、闭环管理、研判会商等流程再造。

一是实现信息数据协同治理。三墩镇基层一体化智治平台以基层治理四平台的事件流转体系为中枢，对接了省市信访大数据、110联动、119火警、数字城管等省区市重点应用平台，实现了“人、房、企、事、物”等五大类数据整合，通过掌上终端，实现跨部门信息数据的协同共享。

二是健全基层治理队伍。整合部门指挥资源，设置一体化智治中心，设有7名指挥长和15名座席员，实行7×24小时轮班值守。三墩镇以基层社区网格圈为基础，将全镇划为1个核心指挥圈、6个风险防控圈、12个应急管理圈、30个联合执法圈、125个基层网格圈，部门执法力量与社区网格形成固定的对应关系，由镇政府统一指挥推动综合治理、矛盾调处、网格等三支队伍线下协同联动。

三是实现跨事权联处。梳理了辖区应急处置、平安巡检、交通治理等6大类20余项非执法类事项，均实现标准化事项处置。通过公安的联勤警务机制改革、行政执法的综合行政执法改革，梳理执法类事项

50余项，打破了原有的执法边界，提升了事件处置效率。

四是建立部门协同机制。通过对跨部门条线信息的归集，打破之前“多头下达，重复执行”弊端，平台对事件分析研判后统一下派，实现了“违章停车一件事”“油烟整治一件事”“渣土管理一件事”“工地平安一件事”等跨部门协同事项处置流程。设置了视频点验在线率、事件上报率、事件处置率、平安巡检率、联合执法参与率等考核指标，以强化事件处置的闭环化、标准化与数字化，实现了“一套标准管考核”。如图1所示。

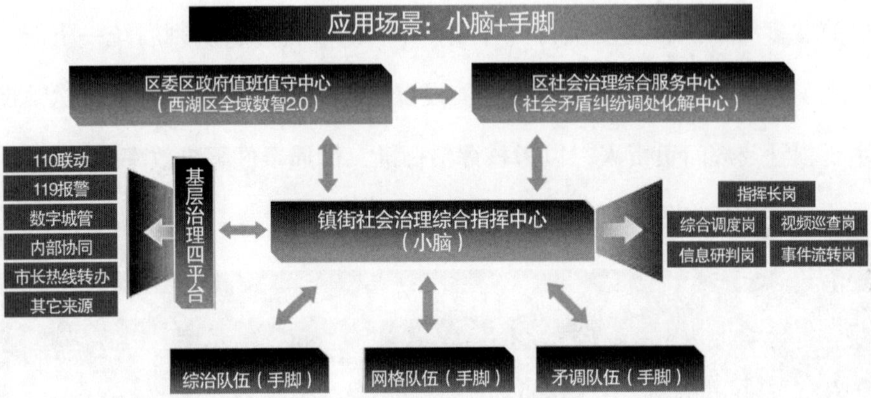

图1 “三墩镇”智慧执法场景结构图

（2）启示。三墩镇的整体智治模式破解了镇域基层治理普遍存在的“指挥传递滞后”“部门联动不足”“信息协同较差”等问题。

一是破解基层跨部门联动执法。将公安、行政执法、交警、市场监管、应急等部门的综合执法人员整合，建立一支综合治理大队，可以专职专项执行任务。当指挥中心下达指令后，队员快速到达指定区域开展事件处置，实现了“一支队伍管处置”，破解基层治理人手不足、资源分散、信息共享难、执法联动难等问题。

二是为基层执法减负。通过统一调度指挥，将各类报告事件分为执法类和非执法类事项，并实现非执法事项快速处置和执法事项联合处置。既能减轻执法人员的工作压力，也能改变过去网格员为应付考核指标“只报自己能解决的问题”现象，为基层减负同时，极大提升了基层问题发现概率和处置效率。同时，做到政策兑付条件标准化、政策兑付对象可测算，通过社工代办、在线审批，实现一键秒达，破解基层服务困难群体时面临的人手少、流程多、效率低、压力大等问题。

三是实现事件办理闭环管理。通过对跨部门条线信息的归集，打破之前“多头下达，重复执行”弊端，平台对事件分析研判后统一下派，实现了跨部门协同事项处置流程。设置了相应考核指标，精准推送镇街主要领导及部门负责人，以考核评估标准，倒逼事件解决效率。

上述内容如图2所示。

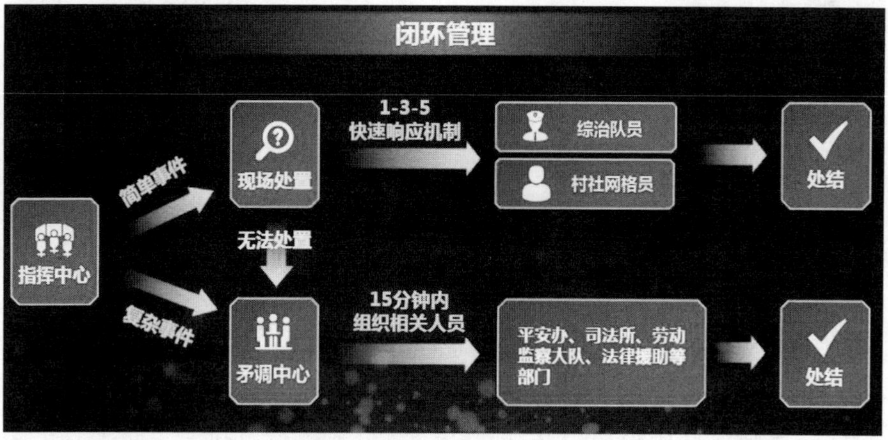

图2　智慧执法闭环管理图

2.“数字赋能”市域社会治理

宝安区是深圳市“块数据”创新社会治理的试点地区，通过建立智慧网格，以“块数据”作为智能底板，坚持抓住重点人、重点事、重点区域三个重点，在整体性、协同性、精准性上下功夫，形成问题智慧联治、工作智慧联动、平安智慧联创工作机制。

（1）经验。

一是以深圳市“块数据+”试点为契机，率先建成“块数据中心”，以统一地址库为基，以人口、法人、房屋、通信、事件为柱，高度融合市各部门分享的数据和区里自行采集的数据（包括网格员巡查、采集的数据，以及各业务系统产生的数据）。经大数据清洗关联比对，经网格员现场核实、更新，形成六大基础库（人口、法人、楼栋房屋、电子证照、公共信用、地理信息）、九大主题库（个人空间、企业空间、网格管理、办事过程、行政监管、用户、权责清单、学位资源、企业服务），将数据与电子地图结合，分层入块、落图落格、落楼落房。

二是建立了覆盖全区的统一地址库。地址库是指给每个具体房间确定一个由25位数字组合的编码，确定此唯一编码后，为建立房屋地址数据库奠定基础，形成“块数据智能底板”。充分发挥网格队伍优势，按照统一地址库落到区、街道、社区、网格、楼栋、房屋，对每一栋楼、每一间房进行摸排、赋值，并开放共享14家市直部门的相关数据，与52个区直部门业务数据、网格员巡查采集数据进行清洗关联比对，形成“块数据”数据平台。

三是构建智慧网格。设立区网格办，建立健全区、街道、社区三级网格机构。精细划分网格，按照“一格一员”组建专职网格管理队伍。网格员工资纳入区财政保障，并按照“费随事转”原则，对网格员承担的查违、计生、公共卫生等事项给予专项补贴。运用“管控通”等智慧应用对矛盾纠纷、安全隐患等153项事项进行巡查、上报，通过平台自动分拨，由整治员及时接收、办理，实现巡、办分离的“第一时间发现、第一时间处置、第一时间解决”闭环式管理。同时对网格员的巡查、整治工作实行电子监察，自动考核、自动评级，用“绣花”功夫推动基层治理精细化现代化。

（2）启示。

一是块数据不仅解决“数据孤岛”和信息化平台统一标准的问题，更是构建一个面向未来的数据平台，将为社会精准服务和精细治理提供强有力的数据支撑。

二是以房屋地址库为载体，以身份证号码、社会信用代码、房屋编码、手机号码、事件编码为关联，建立了人口、法人、房屋、通信、事件等“五码关联”的块数据库，确定了五大基础数据的分级分类标准。联通33家市直部门的业务数据，真正做到统一数据标准，实现数据互联互通。

三是充分发挥网格员的基础数据采集的优势，将网格员转变为数据的生产者、核校者、服务者，充分发挥其是数据要素落地主力军的作用。

（二）完善基层治理

1.光明模式：健全“社区发令，部门执行”机制

（1）经验。

一是确保资源下沉。明确和规范社区党委人事安排权、管理监督

权、重大事项决定权、领导保障权等“四项权力”，赋权社区党委统筹协调行政、司法、社会资源。赋权社区党委发令、调动区、街道相关部门到社区一线现场调处问题，充分发挥了区信访联席办公室统筹协调全区信访问题的职能，使社区党委成为解决群众矛盾的一线指挥部。区财政每年为每个社区安排3000万元强基惠民工程经费和200万元民生“微实事”专项经费，解决群众身边问题，化解群众矛盾纠纷。

二是完善“发令”机制。利用电话、短信、纸质文件和智慧系统同步推送案件情况，做到信息传达到位；依托区群众诉求服务指挥中心智慧管理系统实时协调督促，做到跟踪化解到位；组建工作微信群向各职能部门主要领导通报化解进度，依托信息化手段实现信息直通区领导，做到领导监督到位。

三是完善考核机制。将“社区发令、部门执行”情况纳入政府绩效考核，明确各类事项职能部门报到时限、到场领导级别和化解时间，做到“每日一提醒、每周一例会、每月一分析、每季度一考核”。对不按要求落实的，在全区进行通报，并在绩效考核中扣分。

（2）启示。

一是体制扁平化。把矛盾纠纷的治理重点放在基层，主要是在街道、社区一级建立“社区发令、部门响应”的工作机制。指挥调度在平台上完全公开，指挥统一，通过体制扁平化的指挥调度，以信息化手段为支撑，实现数据流转带动层级业务流转，以信息化手段倒逼行政层级的转变。

二是统筹管理。社区自己解决不了的事项，光明社区书记可以借力信访联席办公室，向部门发令，调配各部门负责人。重要原因是光明区委党政一把抓，一个领导可以统抓人民调解、信访、维稳这三个方面的工作，形成统一合力。

三是强化了多元预防调处化解机制，切实推动了矛盾化解在源头、问题处理在基层，有效助力信访案件“减存量、遏增量”，进一步推动信访体制机制改革。

2.曲靖市健全全科网格的经验与启示

曲靖市马龙区推进网格化服务管理体系。马龙区辖2个镇、3个乡、5个街道、74个村（社区）、566个村（居）民小组，居住着汉、彝、苗、回等共20余万各族人民。为提升基层治理水平，夯实基层社会治理基础，马龙区积极探索推进网格化服务管理体系建设，实现全科网格建设全覆盖。

（1）经验。

一是探索推进“党建+”网格建设模式。实现“多网合一、一网格一支部（党小组）”。在城区，形成“区委→街道党工委→社区大党委→片区党总支→网格党支部”等五级党组织管理体系。在农村，形成“区委→乡镇（街道）党（工）委→村（社区）党总支→村（民）小组党支部”等四级党组织管理体系，切实加强党对网格建设工作的领导。

二是科学划分网格。在村（社区）建设一级网格，在村（居）民小组建设二级网格。城市社区以居民小区、路街或楼幢等为网格进行划分，每个网格200至300户或常住人口1000人左右。行政村（村改居社区）原则上以现有村民（居）小组为网格进行划分，全力推动“组网合一”。

三是配强网格队伍。采取专兼结合、专群一体、分类推进的方式，配齐配强网格队伍。一级网格，按照“一长两员”模式组建网格队伍。由乡镇（街道）班子成员下沉网格担任一级网格指导员，村

（社区）主任担任一级网格长，配备党群服务类、社会治理类、民生事务类专职网格员各1名。如图3所示。

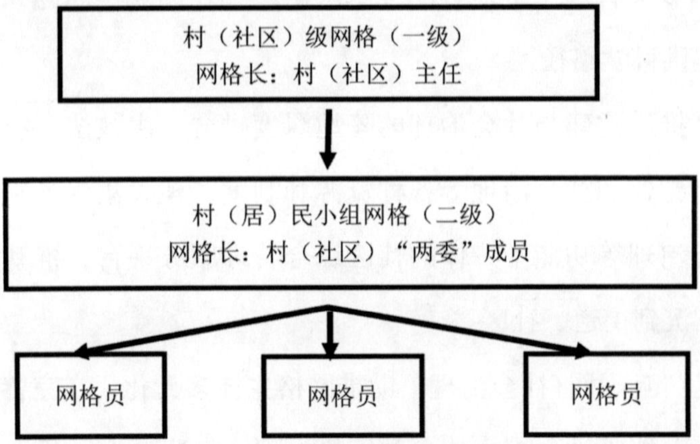

图3　网格结构图

四是加大保障力度。区财政对公开招聘的专职网格员按每人每年3万元给予保障，对片区党总支给予每个每年5000元办公经费补助；街道整合资金对重组的小组干部给予每人每月1000元补助，对专职网格员实行每人每月500元绩效考核。农村积极探索合法合规程序将村（社区）集体经济收入按一定比例提取，用于保障网格员待遇。鼓励网格员积极参与矛盾纠纷调处化解，按照“以案定补”给予补贴。

五是压实网格责任。制定完善《曲靖市马龙区城乡网格化管理考核办法》，明确片区党总支书记、网格指导员、网格长、网格员的工作职责，细化工作任务。建立群众评价、日常工作情况考核、年度综合考评相结合的考核评价机制，将网格化管理工作，纳入各级党组织书记抓基层党建工作述职评议考核内容，纳入村组干部实绩考核指标体系，考核结果作为评先评优、续用、退出的重要依据。

（2）启示。

一是全科网络的谋划将解决基层最关切的社会治理边界不清、力量分散、多头管理、重复劳动等基层治理存在的现实问题，为实现多网合一提供科学路径。

二是推进党建与社会治理的阵地深度融合，由政法、组织部门牵头，整合党建和社会治理等各种资源和制度，建设集服务党员群众、开展社会治理等功能于一体的社区综合管理服务平台，推动各部门服务窗口下沉到街道、社区。

三是“互联网+社会治理”助推网格主体多元化。在完善激励机制的基础上，能吸纳更多主体参与网格治理，解决政府人员资源有限、网格力量不足、群众参与社会治理的动力不足渠道不畅、社会组织活跃度不高等问题。

（三）探索多元共治

1.榆林市“三无”小区实现居民自治的实践与启示

榆林市光大怀德小区系原供电局家属院，治理前该小区环境卫生脏乱差，居民矛盾纠纷多，无物业、无业委会、无人防技防，是典型的“三无”小区。2020年以来创新社会治理工作，推出“党建+居民自管小组”微治理服务模式，从根本上解决了“三无”小区治理难的问题。

（1）经验。

一是完善组织搭建阵地。在社区党支部的指导下，选举成立了小区党小组、自管小组，通过“找、选、带、做”的方式对小区进行治理服务。建立居民议事厅、健身广场、家门口服务站等服务阵地。

二是建立自治机制。针对楼道墙体破损、乱堆乱放等遗留问题，按照居民自筹一部分、报到单位支持一部分、街道兜底一部分的“三三制”资金筹措方式，进行楼道综合治理。并通过卫生评比积分制，调动了居民参与楼院治理的积极性，建立形成长效治理机制，居住环境、邻里关系均得到较大地改善。

三是通过“双报到”机制，将报到党员、支部党员、爱心人士纳入志愿者服务队伍，并激励报到单位为社区提供各类资源，鼓励企业参与社区治理。

（2）启示。

广泛引导和动员居民群众参与基层社会治理。

一是完善制度。总结借鉴“微治理”“三三制”治理机制，创新机制引导激励广大居民群众参与基层社会治理，形成政府主导与群众主体之间有效沟通、良性互动的生动局面。

二是文化治理。通过开展文体娱乐、生态环保、社会服务等不同类型的社区活动，积极组织引导辖区居民群众参与其中，用一系列丰富多彩、符合群众需求、文明健康向上的社区活动吸引广大群众积极主动参与基层社会治理。

三是积分促进。按照《榆林市榆阳区网格公益服务积分管理暂行办法》《榆阳区社区志愿服务公益积分兑换操作细则》，实施居民群众参与社会治理积分制度，充分激发广大居民群众参与基层社会治理的内生动力，规范居民群众参与基层社会治理积分管理和兑换工作，构建居民群众广泛参与基层社会治理的长效制度保障体系。

2.杭州市企业参与未来社区治理模式的经验与启示

七彩社区是典型的“卫星镇老旧社区改造重建”类型未来社区项目。其以新加坡卫星镇社区模式为借鉴，以“浙江四大都市圈TOD卫星镇未来社区”为总体定位形成示范，对周边老旧城区整体改造提升起到全面辐射带动作用。

（1）经验。

一是政府办理“最多跑一次”。“七彩公共服务中心”围绕“最多跑一次”改革和“就近办”，通过政企共建，政府购买服务的方式，创新打造的“24小时自助服务区”和“8小时之外公共服务区”，可办理事项达261项，实现了24小时服务，破解居民上班与办事时间冲突的难题。

二是打造“熟人”社区。打造“主题社区公园+邻里开放有顶广场+街道口袋公园+组团共享空间”的邻里交往空间体系。充分利用社区图书馆、公共服务中心、老年健康馆等公共空间以及大型社区活动，引导鼓励更多社会力量参与社会治理，群策群力、紧密配合。增强邻里协作，培养社区群众对社区建设发展的认同感和归属感。

（2）启示。

一是创新居民服务。创新社会服务，七彩公共服务中心旨在打造8小时外的便民服务及“就近办”等公共服务内容，进一步解决群众办事难问题。

二是打造企业参与社会治理模式。七彩社区就是把邻里、办事、服务、娱乐、教育等都纳入同一个社区体系，形成了一个特有的“小城市”。建设过程中，提供了一种密度较高、功能混用和公交导向的集约紧凑型未来社区建设模式。

三是探索基于大数据的“党建引领+社区自治”治理模式。坚持“政府导治、社区智治、居民自治”创新，依托社区综合数据平台，鼓励社区居民自愿参与，积极发展社区基金会、社区议事会等自治组织，形成共建、共治、共享的智慧治理体系。

（四）建立评估机制

（1）经验。

①昆明市创新治理测评体系。昆明建立了精准可量的评价体系，将市域社会治理现代化试点工作纳入平安建设工作目标考核体系，按照中央、省相关工作要求，细化考核评分标准，在全国率先制定《昆明市创建“全国市域社会治理现代化试点合格城市”测评体系》，委托第三方机构综合运用实地调查、网上评估、实时监测、部门审核、问卷调查等五种方法对各项任务完成情况定期进行测评。率先编制“昆明市社会治理指数”，用社会活力、社会服务、社会环境“三大维度”46项可采集、可比较、可跟踪的社会治理指标，构建起“量化”科学评价社会治理的指标体系，研判市域社会治理总体水平。

②榆林市建立成效联评机制。一是建立群众考核评议辖区职能部门机制。榆林市统筹结合“双报到双考双评”工作，街道社区每半年组织社区“两委”代表、辖区居民群众代表，对辖区驻地各级单位、“双报到”单位参与基层社会治理进行考核评价。考核评价结果向对口主管部门反馈，报送区基层社会治理集成创新工作领导小组办公室备案。

二是建立民主考核评议街道社区工作机制。结合基层社会治理实践，改革创新街道社区年度考核评价工作机制。区基层社会治理集成创新工作领导小组办公室牵头，制定辖区居民群众民主评议考核街道、社区实施办法，每半年组织召集辖区内的党员代表、居民代表、业主委员会代表、志愿者代表、社会组织代表，对街道和社区开展的各项工作、组织的各类活动、推出的各种创新服务，以及街道社区干部、专职网格员进行民主测评、考核评价。

三是建立健全物业服务企业、业主委员会考评机制。区住房建设局会同区民政局研究制定物业服务企业、业主委员会考评办法，每半年组织小区居民代表对本小区物业服务企业、业主委员会进行民主测评。首次测评满意率低于80%的，给予物业公司、业主委员会整改建议；第二次测评满意率低于80%的，由街道约谈小区物业服务企业、业主委员会；连续三次测评满意率低于80%的，可根据情况直接清退物业服务企业、重新推选组建业主委员会。

（2）启示。

一是评估体系可以推动针对性整改。根据昆明市市域社会治理现代化试点工作总指挥部年终考核发现、第三方测评和社会治理指数报告中指出的具体问题，聚焦重点领域和突出环节，及时查缺补漏，有针对性地开展集中专项整改，并对整改情况“回头看”，以考促建、以评促改。

二是联合考评完善闭环管理。通过联合考评的制度，强化考核结果运用，将“双报到双考双评”落实情况作为报到单位领导班子考核评价、干部选拔任用和评优树模的重要参考依据。将对街道和社区的考评结果作为全年各项工作的重要参考依据并直接与干部的提拔使用、评优树模相挂钩。

三、试点城市改革存在的主要问题

（一）部门统筹协调能力较弱

一是对市域社会治理的理解不够深入、贴切，工作合力尚未真正形成，部门之间、部门与地区间的沟通协调机制仍需进一步加强，在整体推进、协作配合上还不够密切。

二是部分镇街和村社党组织的区域统筹协调能力还需进一步增强，部分地方的区域党建共建组织架构较为松散。基层行政执法改革还需进一步提质扩面，一些部门资源、力量、经费未与权限同步下放，导致基层“接不住”“用不好”，形不成治理“一盘棋”。

三是群众参与治理的组织化水平还需进一步提高，部分地方党员干部唱“独角戏”多、居民群众“大合唱”少，基层党组织动员群众、有序参与基层事务的组织化能力还不强。

（二）全科网格建设发展滞后

一是工作推进难度大。网格服务管理体系建设的责任主体不明确，行业系统要求不一样。各行业仍然按照“以条为主”进行业务部署和考核管理，网格员多头指挥、重复劳动的问题仍然存在，影响了网格化服务管理的效能提升。

二是网格员职责不清。由于网格事务准入制度不健全，导致网格员职责任务不清。随着简政放权不断深入，必然大大增加社区和网格员的负担，会造成社区网格化服务管理这一基层社会治理新模式负担过重、运行不畅。

三是管理机构不健全。没有专门的网格管理机构。部分地区2019年机构改革以后，县级综治办被撤销，在政法委设立综治科，乡镇（街道）综治办被撤销，相应职责并入党政办公室，导致基层综合治理机构不健全，一定程度上影响了基层社会治理的顺利开展。

四是网格员待遇偏低。网格员待遇存在各地不统一、城乡不统一的问题，网格员工资普遍较低，与其承担的工作任务、素质要求不匹配，影响网格员队伍稳定。

（三）数字化智能化水平需要进一步完善

虽然各地都在推动“数字赋能”社会治理工作，但是目前还存在智能化数字化水平不高的问题。

一是缺少统一的、功能完善的社会治理智慧化指挥平台；智能化平台建设发展不均衡，具备市域推广价值的智能应用较少；各地基层治理四平台能级不同，线上线下、网络网格融合能力不平衡。

二是各部门开发的信息系统“各自为战”，信息资源共享程度低，“信息孤岛”“数字鸿沟”不同程度存在。

三是部分城市还存在网格智能化水平较低。网格员暂时还不能运用全市统一的系统平台开展信息采集、问题上报等工作，仍主要依赖传统方式。

四是科技信息人才相对匮乏，人才引进、激励机制不健全。

（四）基层治理机制需要进一步规范

一是“吹哨报到”工作有待进一步规范。从工作推进情况看，各区对“吹哨报到”工作标准、流程和考核指标不熟悉的问题仍然存在，导致一些社区、街道乱吹哨，哨件质量不高。有些地区对“哨源”产生机制理解不深入，哨件内容往往侧重于城市管理，对社区物业服务、营商环境优化、生态环境保护等其他方面的内容覆盖较少。

二是基层政府治理与社区自治的职责分工有待规范化。尽管各级政府围绕社区减负增效做了大量工作，许多地方都建立起社区工作事项清单、社区工作事项准入制度等机制，但社区减负工作远未到位，社区行政事务多、检查评比多、会议台账多、不合理证明多等问题仍较突出，社区干部依然负担沉重。

（五）评估指标需要进一步细化

一是目前中央和省级专责领导机关还未针对“共性工作指引”和“区域特色工作指引”涉及的116条工作要求明确具体的指标要求、验收办法和评分细则，各市难以把握考核要求以及具体验收标准，应尽快出台细化工作指引的验收标准。

二是考核指标内容存在部分理解模糊的指标。比如，社会工作者怎么界定、注册志愿者怎么理解等。需要更详细的名词解释，以指明每个指标的具体内容。

四、下一步完善改革试点的对策和建议

（一）完善体制机制建设，推动权责下沉基层

在市域社会治理的市域层面统筹资源、破解体制机制，大力推进市域统筹的制度机制建设。

一是完善市域社会治理制度机制以及市级统筹与基层执行的闭环管理机制，形成与市域治理体系相关的治理行为规范和治理效能提升相适应且具有较强前瞻性的工作规划或指引。进一步发挥党委领导的制度优势，调动各部门参与社会治理积极性，突出政府负责、重视群团助推、加大社会协同、动员群众参与。

二是下沉区、街道各类资源与社区、网格责任捆绑，让有资源有解决问题能力的人直接面对群众、服务群众。推动执法资源到社区下网格，将城管、查违、安监、网格巡查等街道管理的执法人员全部编组落到社区、网格，日常管理和绩效考核以社区党委为主，评优评先、提拔任用需征求社区意见。推动调解资源到社区下网格，向社区、派出所派驻专业律师、心理咨询师，逐步形成一社区一律师、一社区一心理咨询师。

（二）筑牢网格之基，加强城乡社区标准化建设

一是加强基层平台建设。全面推进社会治理阵地建设，市县两级

打造融合信息汇聚、研判决策、指挥调度于一体的指挥研判阵地；乡村两级打造成党建、治理、服务的统筹发展的综合阵地，构建贯通市县乡村四级的实体化社会治理阵地平台。推进社区党群服务中心、社区综治中心、社区网格站融合建设，构建社区一体化综合管理服务平台，实现空间一体化、工作机制一体化、信息联通一体化。

二是完善网格建设。聚焦城乡精细化治理，开展网格化服务管理体系标准化建设，进一步优化网格设置，实施党组织和网格同步设置、党组织负责人和网格长同步配备、党建工作与网格事务同步推进。整合城市管理、党建等各类网格员力量，将社会治理扩展到乡村末梢，落实党员双报到及“街道吹哨、部门报到”工作机制，建设多级多部门联动指挥调度体系。按照社区基层治理事项，制定分级分类的处置标准和自动分拨流程，打造基层社会治理的生态体系。

参见专栏1中的内容。

专栏1　落实网格工作的具体建议

一是明确网格建设责任主体。整合建成职责明晰、一网通办的全科网格体系，切实解决网格多头建设、重复建设的问题。

二是建立健全网格事项准入制度。建立健全并严格执行网格事务清单制度，未纳入网格事项清单的，一律不得交由网格落实。

三是规范网格运行。健全网格信息采集上报、事项流转处置、研判预警等机制，逐步规范“多元受理、分流办理、反馈核验、考核考评”工作流程，实施闭环管理，实现“信息采集

←→上报←→研判←→分流←→处置←→反馈←→核查”闭环运行。

四是健全工作机构。推进区、乡两级社会治理中心（综治中心）建设，推动网格化服务管理整体联动。由区社会治理中心（综治中心）、乡镇（街道）社会治理中心（综治中心）负责网格管理、运行、指挥、调度、维护等日常工作。

五是加快信息化建设。加快建设网格化信息服务管理平台，切实提高网格工作流程运转效率。

六是加强考核管理。完善网格员选拔聘用、目标考核、管理使用等机制，建立动态化管理的网格员数据库。提升网格员基本待遇，加大财政支持力度，合理确定网格员待遇。

（三）针对信息化治理新问题，建立智治支撑体系

一是建强数据中心，推进各部门要素数据化、数据标准化，做好数据核实，摸清数据底数，确保数据资源的实时、准确。以统一地址库为牵引，统筹推进社会治理各类要素归集关联，打通信息壁垒，构建覆盖全域、统筹利用、统一接入、灵活服务的数据资源共享体系，逐步实现基础统计、考核评价、分析研判、风险预警等社会治理大数据挖掘分析和跨部门、跨区域共同维护和利用。

二是做实基础平台。深化“基层治理四平台”建设，做好升级改造、系统对接、主题数据建设等工作，重点落实网格事务基础数据共享、部门业务协同处置，提升社会治理数字化水平。深入推进“雪亮工程”智能应用，推进公共安全视频共享平台建设，提升共享能力，

着力破解社会治理难题，推进“雪亮工程”与网格化管理联动融合。

三是推进应用模块建设。以应用场景建设为抓手，聚焦过程管控、结果展示、考核评价等数字化治理要求，推进政法机关内部运行管理、履行职能数字化管理，全面提升政法平安系统数字治理能力和水平。

参考文献

中共中央关于全面深化改革若干重大问题的决定[N]. 人民日报, 2013-11-16.

习近平在中国共产党第十九次全国代表大会上的报告[N]. 人民日报, 2017-10-28.

陈一新. 推进新时代市域社会治理现代化[N]. 人民日报, 2018-7-17.

段传龙. 论我国社会治理社会化的路径[J]. 中州学刊, 2018(8).

夏锦文. 共建共治共享的社会治理格局:理论建构与实践探索[J]. 江苏社会科学, 2018(5).

姜晓萍. 国家治理现代化进程中的社会治理体制创新[J]. 中国行政管理, 2014(1).

孟庆国. 线上线下融合是政务服务创新发展方向[N]. 经济日报, 2017-12-06(8).

张波. 基于“互联网+”的基层社会治理创新研究[J]. 电子政务, 2017(11).

执笔人：赵春飞

专题报告七

推进市域社会治理数字化体制机制研究

内容提要：市域社会治理数字化、智能化是提高市域社会治理现代化的重要支撑，是实现市域社会治理精准化、精细化的坚实基础。本报告通过对市域社会治理数字化体制机制在意识层面、管理层面、共享层面、操作层面存在的问题进行分析，提出了市域社会治理数字化体系建设纵向架构，建议转变治理理念培养数字化治理意识、构建社会治理智能化平台框架、健全数据共享开放机制、重构制度设计提升精细化精准化治理、完善市域社会治理智能化法治体系等。

党的十九届五中全会明确提出，“加强和创新市域社会治理，推进市域社会治理现代化”，在实现市域社会治理现代化的目标中，“数字赋能”是推进市域社会治理现代化的重要内容，也是重要的支撑和治理手段。

“数字化”是创新和推进基层[1]社会治理的重要内容，也是重要的支撑和治理手段。习近平总书记参观考察杭州城市大脑运营指挥中

[1] 文中意指基层的街道是街道（乡镇）的简写。

心时指出“从数字化到智能化再到智慧化，让城市更聪明一些、更智慧一些，是推动城市治理体系和治理能力现代化的必由之路”[1]。

党的十九大报告提出，“打造共建共治共享的社会治理格局”“提高社会治理的智能化水平”。“十四五”规划提出要“以数字化转型整体驱动治理方式变革”。中央网络安全和信息化委员会印发《“十四五”国家信息化规划》，以构筑共建共治共享的数字社会治理体系为主线，全面勾画了今后一段时期社会治理信息化的建设蓝图。这些重要指示，指明了“数字化”是提升市域社会治理有效性的重要路径选择，也为“数字化”推进市域社会治理明确了政策方向和奠定了发展基础。

一、市域社会治理数字化的重要作用

（一）市域社会治理“数字化”的概念和内涵

1.智能化、数字化的概念

党的十九大报告强调，提高社会治理社会化、法治化、智能化、专业化水平。“智能化”的概念虽然没有明确的解释，但是也有不少学者给出了智能化的定义。孟天广、赵娟（2018）提出智能化社会治理（intelligent social governance），是指“利用大数据强大的数据采集和分析能力，结合社会治理相关理论，将复杂的社会运行体系映射

[1] 央广时评. 以人民为中心 将城市建成百姓幸福乐园[OL/EB]. 央广网, http://news.cnr.cn/native/comment/20200407/t20200407_525045075.shtml -2020.

在多维、动态的数据体系之中，对社会运行规律、社会偏好变化趋势及规律、政府回应机制等实现实时、数量化、可视化的观测，不断积累社会运行的数据特征以应对各类社会风险，从而提升社会治理的有效性”。[1]李振、鲍宗豪（2015）提出云治理，即“将各种治理信息资源进行充分数据化，并在此基础上进行职能部门的整合、利用与服务，由此对社会治理思维、风险控制、主体选择、行为方式等产生直接的影响”。[2]可见，对社会治理智能化的理解是利用大数据等现代化的技术手段，深度挖掘数据信息，发现客观规律和趋势，调整治理模式，治理过程更加智能化、科学化。

数字化是智能化的重要支撑，也是信息技术发展的高级阶段，是数字经济的主要驱动力。数字化的概念有狭义和广义之分。狭义的数字化是指利用数字技术，对具体业务、具体场景进行数字化改造，实现对组织体系的赋能和重塑。广义的数字化是指利用新一代信息技术对社会系统的各个层面进行系统的、全面的变革。市域社会治理“数字化”是对市域社会治理的体制机制、组织架构、方式流程、手段工具进行全方位、系统性重塑的过程。

2.市域社会治理“数字化”的内涵

数字化与传统的信息化相比，更注重对整体的系统性变革和重塑。一是数字化打通了信息孤岛，释放数据价值。通过对业务数据的实时获取、网络协同、智能应用，打通了各层级、各部门、各行业数据孤岛，让数据在系统内自由流动，数据价值得以充分发挥。二是数字化不仅要夯实数字基础环境，更要构建政府、平台、社会的良性互

[1] 孟天广，赵娟. 大数据驱动的智能化社会治理:理论建构与治理体系[J]. 电子政务，2018.
[2] 李振，鲍宗豪.“云治理”:大数据时代社会治理的新模式[J]. 天津社会科学，2015.

动机制，实现基层社会治理的方式变革。三是市域社会治理数字化要摆脱数字技术应用误区，要坚持以人民为中心的导向，充分体现为社会治理服务的逻辑起点。

3.市域社会“智治”

“智治”是市域社会治理现代化“五治融合”的重要方面之一，作为实现市域社会治理现代化的突破口，要先理清“智治”的目的和核心，正确认识和把握“为了谁”“谁来治”“怎么治”等问题。“智治”本身是体制机制、决策、监督和实施的综合性问题，所以不仅要从“数字化”的角度看待“智治”，同时要考虑基层社会“整体智治”。

（二）市域社会治理数智化的核心内容

1.构建市域社会治理的数据网络

市域社会治理数字化的首要工作是利用基层贴近群众的优势，摸清辖区内的基础数据，如人员信息、商事法人信息、空间信息等。基层政府通过街道社区、网格员等队伍，借助日常巡查、人口普查、经济普查等机会，完善市域治理数据库。同时，积极对接上级管理部门，统一数据标准，推动数字化治理底层基础建设，推动物联网、楼宇、住宅、动产、不动产、车辆，以及人员等信息联通联动。

2.建设“数据应用”集成管理平台

建立市级层面全域跨层级、跨系统、跨部门、跨业务的协同管理和服务，打通数据和治理决策信号传递通道，充分利用大数据平台，加快公共服务领域数据集中和共享，形成市域社会治理的强大的数字化合力。建设市域信息化管理平台，为跨业务、跨平台的信息开放接口，形成市域社会治理信息化平台，并对接市级平台。利用“一中心四平台”建立市县乡综合指挥系统，强化以“智慧社区”为抓手的市域平台作用。

3.构建市域治理智能应用体系

构建“智慧政务”“智慧物业”“智慧就业”“智慧医疗”“智慧家政”“智慧养老”等智能应用体系，需要厘清基层主体的协同治理权责关系，形成制度、主体、行动、技术互相促进的市域治理格局。市域治理的应用体系就是要围绕满足城乡居民需求，以提升居民幸福感、安全感为目标，提供精准化、精细化、便捷化的市域社会公共服务，实现人民群众对美好生活的向往。

（三）以“数字化”助推市域社会治理现代化的地位和作用

1.“数字化”有利于提升社会治理效能

从外部环境看，我国面临的风险和不确定性不断增加，传统模式难以适应多元化的价值取向和利益诉求，需要数字化来提升社会治理能力。从组织形态看，人口流动频繁、社区组织多样特征逐步凸显，各类组织利益协调的难度较大，数字化的手段可以联通政府、企业、民众等主体，在复杂网络中寻找利益共同点，为治理主体赋能。从资源配置看，数字已经成为重要的资源要素，数字化能更好地整合多方社会资源，解决政府决策基础薄弱的问题。比如，充分运用数字化手段提升疫情防控效率。

2.“数字化”有利于促进精准化、精细化治理

数字技术的运用可以将治理主体的能力要求中的部分标准化程度高能力剥离出来，通过技术手段，为其数字赋能，形成一些数字化的解决方案，有效提高治理主体的治理效能。辅助治理主体更精细地梳

理、整合、排序治理需求，更精准地解决社会治理需要，进而提升治理供给与治理需求的匹配度，优化资源配置。

3.“数字化”加速社会治理方式变革

数字化可以通过数字技术将人、地、物、事、组织及其变化信息等全部纳入相应网格，推动政府层级间、部门间信息互联互通，并通过数据共享协同提升社会治理水平。利用数字技术，如微信群等方式，推动社会群体再组织化。通过对不同人员轨迹的分析，通过对不同场景和典型数据的分析，可以及时发现社会治理风险点，将社会风险关口前移。

二、市域社会治理数字化的进展

（一）发展进程

1.政策环境不断完善

“数字化”作为推动市域社会治理现代化的重要引擎，政府高度重视数字化改革的发展，不断出台相关政策，完善数字化改革的政策环境。2015年，国务院在《促进大数据发展的行动纲要》中首次提出要“将大数据应用于社会治理创新，为有效处理复杂社会问题提供新的手段”。2016年，我国“十三五”规划首次提出要“实施国家大数据战略”，促进大数据在各领域（包括社会治理领域）的进一步深化和发展。2016年底，工业和信息化部在官方网站发布的《大数据产业发展规划（2016—2020年）》，使得政府数据公开与电子政务水平得到明显提高。2017年，为进一步推动政务信息系统的共享和整合，国务院制定了《政务信息系统整合共享实施方案》《政务信息资源目录编制指南（试行）》等政策文件，有效减少了政务信息系统重复建设和各自为政的现象。党的十九届五中全会强调“加强数字社会、数字政府建设，提升公共服务、社会治理等数字化智能化水平”。由此可见，提升社会治理数字化水平将进入“十四五”规划和2035年远景目标的重要议程之中。

2.数据服务设施建设不断加强

一是大数据管理局挂牌运转。2014年广东最先设立大数据管理机构，作为广东省经济和信息化委员会的内设机构，负责研究拟订并组织实施大数据战略、规划和政策措施，引导和推动大数据研究和应用等方面工作。2015年有更多省份加入“先行先试”行列，如浙江省、贵州省先后在省级层面设立大数据管理机构，广州、成都、沈阳、兰州、云南省保山市等也在市级层面设立大数据管理机构。贵州省在大数据管理机构设立时，改革力度最大，将大数据局定位为贵州省政府直属的正厅级事业单位，由贵州省政府副秘书长兼任局长，以增强对其他政府职能部门的协调能力。大数据局的主要职能是负责推进政府数字化转型和大数据资源管理等工作。目的是进一步加强互联网与政务服务深度融合，推进政府信息资源整合利用，打破信息孤岛、实现数据共享，助推政府数字化转型，加快推进智慧城市建设。

二是智慧城市建设分阶段逐步推进。在布局大数据局的基础上，地方正尝试以大数据为抓手，为智慧城市建设提供数据支撑。中国的智慧城市建设经历了三个阶段。第一阶段是2010年以前，是智慧城市的萌芽期，主要强调数字化建设，利用3S技术（遥感技术RS、地理信息技术GIS、全球定位系统GPS）对城市及相关信息进行采集监测。第二阶段是2010—2015年，是国内智慧城市建设的探索发展期，主要是从国家层面到各省份制定了多项发展规划，出现了一批试点城市。第三阶段为2016年至今，是新型智慧城市建设阶段，党中央在2016年提出要推进新型智慧城市建设，2016年12月，国务院发布《“十三五”国家信息化规划》，明确了新型智慧城市建设的行动目标：“到2018年，分级分类建设100个新型示范性智慧城市；到2020年，新型智慧城市建设取得卓著成效。”

从目前各地智慧城市的具体实践来看，数据匮乏、数据孤岛等数字化改革问题，仍然制约各城市智能化的发展，因此虽然数据基础设施建设、平台化建设不断完善，但是智慧城市发展仍然存在“有城市无智慧”的困境。

三是数据中心将进入集群化发展阶段。建设新型基础设施已成为国家战略，随着数字中国的加速发展，数据中心迎来前所未有的发展机遇。未来数据中心布局会越来越呈现出“热数据集聚在一线城市及周边地区，冷数据集聚于西部资源富足地区”的格局，进入集群化发展阶段。2020年12月和2021年5月，国家发展改革委、中央网信办、工业和信息化部、国家能源局等四部委联合发布《关于加快构建全国一体化大数据中心协同创新体系的指导意见》和《全国一体化大数据中心协同创新体系算力枢纽实施方案》两份文件，明确提出要通过国家数据中心枢纽节点的布局，引导数据中心向西部资源丰富地区以及距离适当的一线城市周边地区集聚化发展。国家多措并举引导数据中心优化布局，实现集群化发展。

3.数字化治理方式逐步多元化

一是“雪亮工程”助力智慧治理。杭州市推进“雪亮工程”视频共享应用和智慧安防小区建设，2020年实现重点公共区域和重点行业领域公共区域视频监控联网率、覆盖率两个100%，以及住宅小区和农村出入口视频监控全覆盖。

二是打造智慧社区信息服务体系。成都市成华区早在2015年，就在社区网格管理服务6411系统的基础上，利用信息化技术构建社区服务的“大联动”体系，以此为契机，全力打造“网上政府”，打造了集社会治理、政府服务、社会服务于一体的“云平台”，实现了“社区服务精细化可在线”的能力。

三是以“一中心四平台”为依托提升治理效能。开封市借助“一中心四平台”，联动城市大数据系统，实现疫情信息监控和数据共享。建立市县乡综合指挥系统，线上线下结合，下发排查任务，摸清防控对象底数，实时掌握疫区返乡人员动态，建立具体准确翔实的疫情防控大数据资源库。实现数据共享和联动，与市疫情防控指挥部办公室各专项工作有机结合，坚持“日报告”“零报告”，每日定时统计、汇总、上报防疫及治安维稳等相关信息数据，确保关键人、关键事、关键点信息互通，实现了疫情实时动态管控。线上建立信息沟通三级“微信群”。结合城市社区疫情防控网格，组建疫情防控社区、小区、楼栋三级微信群，负责及时宣传科学防疫知识、传达上级防疫精神、统计居家隔离人员状况、在线解答群众问题等。

（二）应用场景

1.城市大脑

杭州“城市大脑”为城市生活打造了可视化的数字界面，包括警务、交通、文旅、健康等11个系统和48个应用场景。“城市大脑”等数字化平台有效整合了不同部门数据，并通过对海量数据的分析，为治理的决策和执行提供了参考，同样是“整体”和“智治”的双重体现。城市大脑的逻辑架构是“531”体系。“5”即“五个一”，也就是“一张网、一个标准、一朵云、一个库、一个大脑”，实现各系统互通互联，数据汇聚融合，在全市实施统一构架、一体化建设，实现市、区两级协同联动。“3”即“三个通”，也就是市、区、部门间互联互通，中枢、系统、平台、场景互联互通，政府与市场的互联互通。“1”即“一个新的城市基础设施”，将为城市建设一个会思考、能迭代进化的数字化基础设施。

“城市大脑”是“数字杭州”的重要举措，随着应用场景的不断开发，“城市大脑”也为城市治理提供了更多决策支撑。比如，疫情防控中，杭州“城市大脑”部署了疫情防控驾驶舱，接入杭州市防控指挥部、卫健委、公安局、电网等各类公共部门数据，在疫情防控初期实时为疫情防控指挥部推送由汉入杭及离杭赴汉人员的总体态势、聚集地和高危人员预警信息。此后，“城市大脑”推出确诊疑似病例密切接触人员分析查找和主动推送功能，及时向属地负责人提供信息，有效降低了治理需求与治理主体之间的信息不对称，更好地替代了基于感性判断的分析能力。浙江省得以在2020年1月23日在全国率先启动重大突发公共卫生事件一级响应，正是利用了大数据计算方法研判出在近24天内存在疫情蔓延的巨大风险。如图1所示。

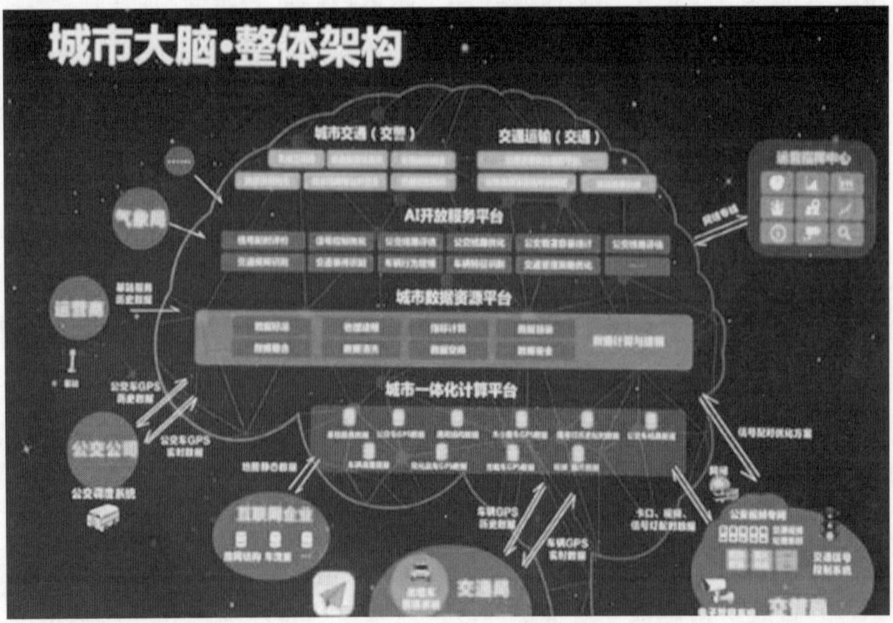

图1　城市大脑架构图

2.智慧执法

杭州市西湖区三墩镇坚持“条抓块统、整体智治”理念，通过机制重塑、流程再造、数字赋能，逐步探索出“1+6+X”的基层治理数字化模式。“1”是指在依托基层治理四平台和市区两级城市大脑数据中枢的同时，构建了基层一体化智治平台。“6”是指在全省数字化改革“1+5+2”工作体系的总体部署下，结合三墩镇实际，开发了“智慧党建、智慧平安、智慧防控、智慧经济、智慧民生、智慧执法”等六个应用模块。“X”是指立足需求打造13个应用场景，实现“服务企业、服务群众、服务基层”的功能。2020年初启动“1+6+X”的基层治理数字化改革以来，西湖区三墩镇社会治理成效显著。

以智慧执法为例，三墩镇为解决镇域基层治理普遍存在的“指挥传递滞后”“部门联动不足”“信息协同较差”等问题，坚持“条抓块统”理念，实现了“跨层级联动、跨事权联处、跨部门协同”三大机制重塑，推动指挥调度、矛盾调处应急、闭环管理、研判会商等流程再造。

一是网格化管理。搭建宝塔形治理架构，1个核心指挥圈、6个风险防控圈、12个应急管理圈、30个联合执法圈、125个基层网格圈。

二是跨层级联动。通过统一开通浙政钉App端、配持对讲机及交通，组建公安、行政执法、交警、市场监管、应急管理等300人的综合治理大队，建立“135”快速响应机制，指挥中心下达指令后，队员快速到达指定区域开展事件处置，做到“一屏指挥、快速响应”，实现了“一支队伍管处置”。

三是跨事权联处。梳理了辖区应急处置、平安巡检、交通治理等6大类20余项非执法类事项，均实现标准化事项处置。执法类事件则通过公安的联勤警务机制改革、行政执法的综合行政执法改革，梳理执法类事项50余项，打破了原有的执法边界，由相应的执法人员，综合联动处置，实现了“一张清单管全责”。

四是跨部门协同。通过对跨部门条线信息的归集，打破之前“多头下达，重复执行”的弊端，平台对事件分析研判后统一下派，实现了“违章停车一件事”“油烟整治一件事”“渣土管理一件事”“工地平安一件事”等跨部门协同事项处置流程。

同时，设置了视频点验在线率、事件上报率、事件处置率、平安巡检率、联合执法参与率等考核指标，以强化事件处置的闭环化、标准化与数字化，实现了“一套标准管考核”。每日自动生成“平安日报”，涵盖110报警量、交通事故量、火情量等6大类指标，精准推送给镇街主要领导及部门负责人。定期生成区域风险五色图、事件热力图，实现预警预测预判功能，执行日会商、周例会、月研判工作机制。

上述内容如图2所示。

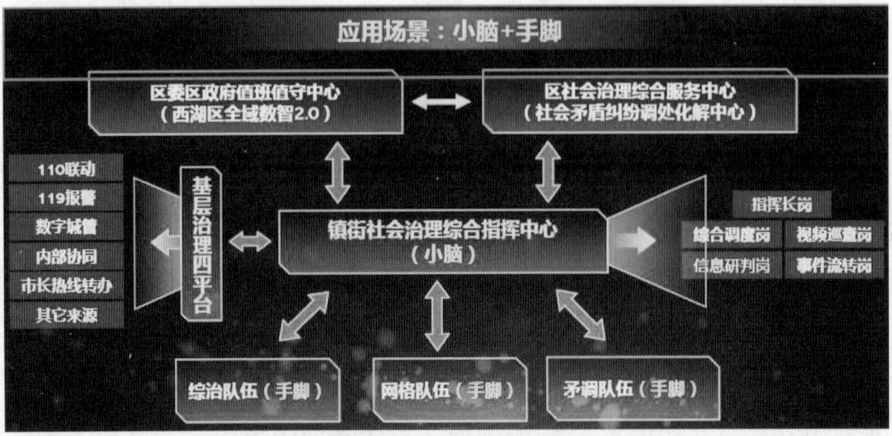

图2 “三墩镇”智慧执法场景结构图

3.智慧社区

一是智慧社区普及率取得显著成效。“截至2020年，有数据表示我国智慧社区普及率已占到全国约40%。”[1]据国家发展改革委体改所社会调查课题组2022年全国城镇社区问卷调查的数据显示，智慧社区普及率超过60%。对于所在社区的“智慧社区”建设程度，已经建成的受访社区占11.8%，部分建成的占54.9%，准备建设的占26.5%，没有考虑的占5.9%。79.4%的受访社区有开展过智慧社区相关应用（如智慧城市卡、智慧社区公共服务平台等）的宣传和培训。如图3所示。

[1] 2022—2028年智慧社区产业深度调研及发展趋势预测报告[OL/EB]. https://www.shangyexinzhi.com/article/4556863.html.

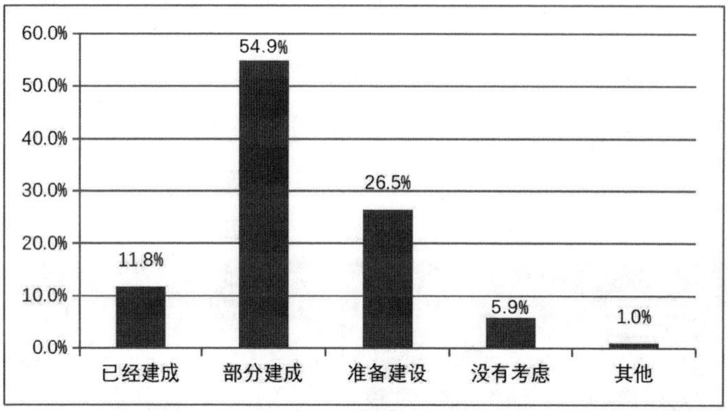

图3 “您的社区目前智慧社区（或社区信息化/数字社区）建设程度”调查

二是智慧应用助居民享受便利服务。利用信息化手段，成都市成华区打通了部门间、街道间的业务数据通道，街道层面设立“社区公共服务信息化平台”，切实实现“多让数据网上走、少让群众路上跑”。成华区还推进社区综合管理服务站建设，形成了“一站多功能室”的服务平台体系，设立社区便民服务中心、社区警务室、社区综治站、连心驿站、爱心家园、生命绿岛、“430学校”、“社区课堂”等服务平台，发挥院落自治小组、各类社会组织、企事业单位和“互联网+”信息化平台的作用，将政务服务、志愿服务、社会服务等各类服务送到社区家门口[1]。调查显示，对于拥有信息化平台的情况，有74.5%的受访社区内有社区居民使用的智慧社区服务平台、智能终端应用等，没有的占25.5%。有85.3%的受访社区有提供信息服务的平台，主要信息服务形式是微信公众号和小区电子屏，比例分别为40.0%和34.6%，还有部分采取移动App等形式。

[1] 成华推进数据共享 建设“网上政府”——成华区基于互联网+探索区域服务治理“大联动”体系建设(下) [N]. 成都日报. 2015-12-10.

三是分阶段推进智慧应用服务。智慧服务的普及情况需考虑当地建设能力、社区应用需求等，分层次分阶段建设推广。普及率最高的是智慧政务，政务服务最优先普及，服务使用效果最佳。调查显示，辖区居民目前能够享受到的最普及的是“智慧政务”，比如便民服务办理，比例为83.3%，远高于其他服务。其次是智慧就业，如网上发布就业信息等。再次是智慧安防，比如视频监控/防盗报警/停车场管理，以及智慧医疗，如预约挂号、网上远程就诊、便利送药等，这几类服务是居民最需要的迫切需求，因此普及情况排在第二梯队。还有部分社区居民享受到了智慧物业、智慧教育、社区电商和智慧养老，该类社区比例在26.0%~30.0%之间。如图4所示。

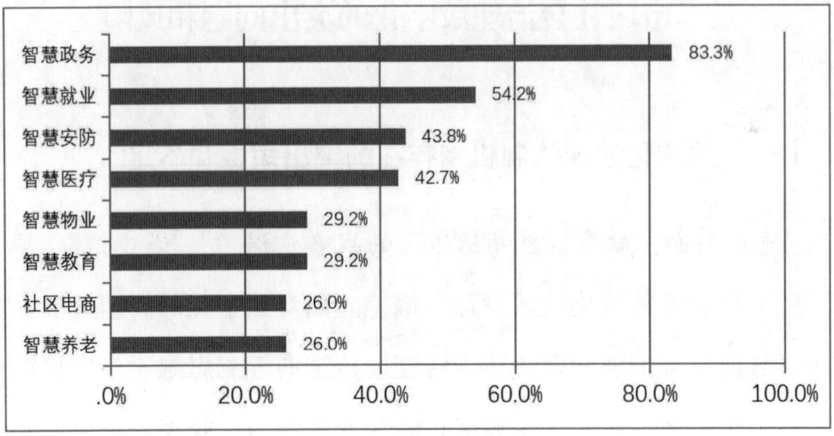

图4 “您辖区居民目前能够享受到哪些智慧服务（数字化治理）”调查

对于急需的智慧服务，受访者认为辖区居民目前最迫切需要“智能呼叫系统，如医疗救助系统等”，其次迫切需要“社区或者楼宇有视频监控系统，周边有入侵检测系统”“电表、水表、煤气表实现智能化”“社区有自己的电子社交网络，或信息发布平台”“智能停车

（刷卡识别、共享车位）”等。如图5所示。

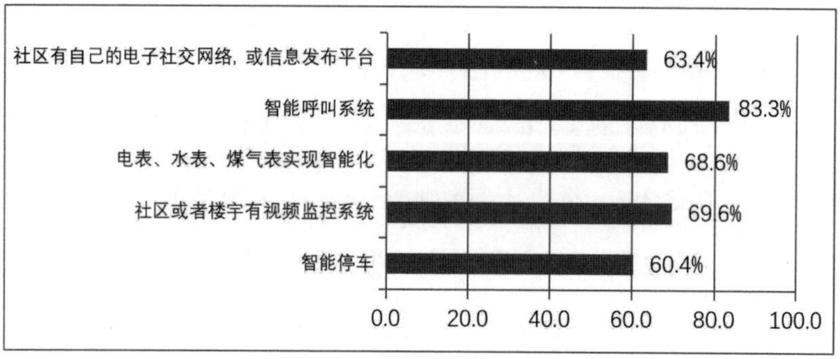

图5 “您认为所辖居民目前最迫切需要哪些智慧服务”调查

三、市域社会治理数字化的突出问题和风险

（一）数字化治理体制机制存在的突出短板和不足

1.意识层面：缺乏“数字治市”的战略意识

一是政府对数字化的认识存在偏差。面对数字化的高速发展，部分政府部门社会治理的理念还未转变，传统的管制思维还一定程度存在。不少政府部门尚未认识数字化能为管理者与被管理者提供便利，没有认识到数据联通、共享可以使治理更高效，服务更精准，不愿将本部门数据向外开放，从而导致信息不对称。

二是政府运用数字化推动社会治理的主动性不够，社会治理“智治”过于依赖政策驱动。目前社会治理数字化主要靠从上往下进行推动，社会公众自发地、主动地参与相比较少。政府主要通过政策驱动提升数字化治理水平，但是公众的参与积极性不高。

2.管理层面：缺乏完善的数字化管理机制

一是权责不匹配。基层部门中的街道及以下，尤其是最基本单元——社区，目前社区承担了与其职责和权限不匹配的职能，市域社会治理数字化的核心内容是以街社基层队伍和网格员为主要力量，进行信息搜集、发现问题、上报问题、协同解决等，目前信息搜集和发现问题的机制基本健全，各地的实践效果较好。但是在协调解决环节，责任界定机制存在问题，比如，判定是谁的责任、谁有权解决问题等责任界定不清晰，跨部门信息联通机制不通畅。

二是指挥协同机制不科学。指挥协调系统不完整不科学，如“表格抗疫”问题，表面上看是各部门没有形成信息统筹机制，根本原因在于各部门固守部门的信息数据，仅考虑自身业务需要，从而形成了“数据孤岛”“重复采集”等问题。

三是缺乏数据管理制度。多地未出台数据采集、存储、发布、交换、共享等相关制度，尚未制定全市统一的公共数据资源目录、部门间政务信息资源共享目录，对不同层级、不同部门信息类型、使用范围、使用方式、数据安全等问题都没有形成共识，缺乏具体政策指导。

3.共享层面：部门协同治理及数据联通共享机制不健全

一是政府内部信息化建设缺乏统筹考虑。信息化建设已经在公共安全、司法、金融、税收、工商、财政、审计、人口、教育等各部门、各领域建立了独立的政务系统，绝大多数部委都建有自己的核心业务系统，并不断纵向延伸，核心业务数据库覆盖面日益增长，形成了相当庞大的数据资源，但由于各部委信息系统建立较独立，并没有统筹其他部门业务系统，因此在信息化建设中形成了各自独立的政务系统。各部委对业务系统的使用均有自己的管理制度，管理制度难以协调，部门间数据共享难以打通，导致“数据孤岛”现象越发突出。另外，各级地方政府与部门系统建设各自为政，采用不同的建设标准，业务内容存在重复建设、重复采集的问题，但是由于各系统没有统筹考虑，均单独规划，建设在不同信息平台上，因此给数据交换、协同应用带来极大的阻碍。

二是数据孤岛问题依然严重。多元关联的大数据能够发挥更好的效用，但是由于各级各部门从部门利益出发，各个政府部门都将本部门掌握的数据视作重要资源，很难会主动与其他部门共享，比如市场监管部门掌握市场主体的登记情况、人力资源社会保障部门掌握社会保险费的缴纳情况、公安机关掌握各种特种行业的开业情况。如此，一方面导致了一个个的“数据孤岛”出现，难以实现数据的互联互通；另一方面，不打通跨部门协同，不能对跨部门条线信息进行汇集，就无从打破“多头下达，重复执行”的弊端，社会治理现代化就难以实现。

三是数据缺乏安全保护。当前大数据时代，互联网让数据更易获得，每个个体的信息都随时存在被改动信息、发布以及被无限交易和使用的风险，目前尚没有相关数据信息法律法规，明确数据信息的产权持有者或者权利主体的基本信息权利，也没有对于信息使用的明确约束。缺乏数据保护，将使国家治理主体和公民个人都面临更大的特定信息和隐私泄露危机，同时也限制了数据互联互通进一步发展。比如，公安机关通过遍布各个角落的监控探头，所采集的数据量就非常大，但这些数据并不向其他部门共享，其主要原因，一方面是部委管理要求，不允许公安机关提供数据共享；另一方面原因就是数据安全问题没有得到解决，数据使用权限、数据清洗、数据加密等问题都没有具体安全指引，导致数据资源不能共享、不敢共享。从实践意义来说，政府部门数据共享的目标是在保障数据安全的前提下，将数据进行共享，打破数据孤岛的藩篱。

4.操作层面：复合型大数据人才较为缺乏

一是我国政府大数据部门缺乏复合型专业数据人才。整体缺乏大数据人才培养，技术开发和大数据挖掘的人才明显不足，尤其是懂得政府内部运行机制，又懂得计算机技术以及大数据挖掘的复合型人才较为缺乏，严重制约对大数据深度挖掘。

二是部分基层干部难以跟上数智化治理的步伐。部分单位和干部不能适应数智化时代发展要求，依然是排查主要靠“脚”、统计主要靠“表”，依托科技手段收集群众诉求、提升服务质量、防范化解风险的能力还有很大差距。还有部门的基层工作人员智能化技术的掌握较慢，也很难以跟上整体智治对人员技术能力的要求。

（二）市域社会治理智能化面临的新风险和新挑战

数字技术为基层社会治理提供了有力支撑，但也带来新的风险与治理困境。比如，信息技术高度互联无法确定行为人属地关系，属地治理方式受到冲击；个人信息保护、责任认定等法规仍不健全。

1.新治理主体的出现将改变治理格局

网民已经崛起为新的治理主体。随着手机、平板电脑等智能终端设备逐步流行，移动端新媒体不断崛起，民众可以随时随地通过移动终端将个人信息、个人获取或拍摄信息发送至网络上。这些信息一部分是利于管理部门及时发现问题，如网格员、居民等随手拍，调动社会主体参与社会治理。还有部分信息未经处理，带有某种不满情绪并能迅速形成较大点击量，获得较高关注度，给网络治理带来较大压力。截至2020年12月，我国网民规模达9.89亿，我国的网民总体规模已占全球网民的1/5左右。互联网普及率为70.4%。我国网民规模经历近5年增长20%，规模增长率趋于稳定，在逐步重塑网络舆论的基本形态[1]。

2.城乡信息化发展非均衡将扩大基本公共服务差异化程度

由于城乡二元体制的客观存在，城乡公共物品的财政投入本来就处于非均衡化状态，城乡基本公共服务供给长期处于不均衡状态。由于城乡信息化发展的不平衡，乡村信息化发展水平远远落后于城市，因此，“大数据+智能化”时代的社会治理更容易忽视乡村基本公共服务的供给，进一步扩大城乡基本公共服务的非均等化供给。农村大部分村民尤其是最需要提供基本公共服务的贫困地区村民，由于缺乏在网络世界表达情绪、意见、诉求和偏好的行动能力，也就很难完全进入“大数据+智能化”时代政府治理的决策视野，所谓的社会“智理”有可能变成城市社会“智理”。

3.缺少法律监管的智能化容易滋生新的垄断或腐败

目前大数据技术企业数量偏少，能参与智慧城市建设的数据技术企业主要集中于几家大型互联网公司，大数据行业面临着数据垄断的风险。比如，各类手机软件对联系人信息的读取，已经严重入侵私人空间。部分物业公司将小区出入门禁改为人脸识别，过度收集个人生物特征信息。如果监管缺失会导致大数据行业对数据信息的垄断，危害老百姓信息安全，也极有可能危害到国家信息安全。比如，央行

[1] 第47次中国互联网络发展状况统计报告[R]. http://www.joyyang.com/internet/20210202/020245245.html.

出台《金融业数据能力建设指引》，加大对金融数据监管的力度，可见我国已经认识到不自觉掌握金融数据，将会出现不可预估的金融风险。虽然目前已经出台了一些法律法规，但是在数字化、智能化迅速发展形势下，网络相关法律体系仍不完善，对于网络使用个体的权利、网络服务提供者的权利义务以及国家权力的边界等，都还没有清晰界定，还需要进一步完善相关法律体系。

4.线下办理被线上替代引发的“智能困境”

社会治理数智化改革后，大量行政事务可以在网上在线办理，如“一网通办”等，政务服务信息化平台实现了审批事项网上办理，在线办理具备了良好的发展基础。但是在推行线上办理的同时，也依然不能忽视线下办理的重要性。线下办理，一方面可以解决部分老年人及智能化操作能力较低的，不懂得线上办理或者不信任线上办理的人群的线下办理服务需求，避免引发“智能困境”；另一方面完全线上办理会让公众缺乏对现实政府存在的认知，也会使政府不能切身体会公众办事的心情，增加政府脱离群众的风险。

5.应急保障存在隐患

一旦发生如郑州大水相似的应急灾害性事件，在现有保水保电保气的机制下，缺少保障网络供应的机制。供应链体系支撑，保障前端智能化系统完善，京东徐雷在上海疫情期间发朋友圈表示，京东在抗疫救援方面，不惜力不算账，其高效的供应链能力可以支持各城市的抗疫需求，保障货物从库房发出，通过分拨、中转到达城市各配送站点，再到社区，这需要京东的高效运作，但是也有企业所不能解决的问题，这就是数智化的瓶颈。

四、完善市域社会治理数字化体制机制的思路、目标和体系设计

（一）基本思路

一是构建市域社会治理数字化的“权责体系”。市域社会治理亟须全面梳理涉及社会治理的市级层面的权责，根据不同层级的特点分类确权，明确市级、区级、街镇三个层面的“有差异的”的数字化职能，推动基层“属地责任”转向“有限责任”，严格执行“权责清单”。推动政府与基层社会（社区）的权责体系改革，街道（乡镇）转向公共服务和公共安全主责，探索上级部门在区市一把手委托下“联合检查”“联合考核”，避免多头领导、职责交叉。

二是推动数字化治理体制现代化。针对政府部门横向专业分工与纵向权力配置导致的基层治理“碎片化”问题，市域社会治理数字化通过建立市级大数据平台，整合各层级、各部门、各行业等信息系统，形成数据汇集整合、开放共享的综合信息平台，形成市、县（区）、乡镇（街道）、村（社区）上下贯通、高效联动的社会治理数字化新体系。

三是完善工作机制现代化。数字化强调市级党委政府的统筹协调作用，建立起权责清晰、横向到边、纵向到底的治理机制，以数字技术实现治理要素的重新组合和优化配置，从而解决组织和人员的效率

极限难题。

四是全面落实“智治”理念及流程再造，促进智治与政治、自治、法治和德治等治理方式高度结合，推动治理方式数字化、网络化、智能化，提高市域社会治理效率和治理现代化水平。

（二）市域社会治理体制数字化构建目标

当前市域社会治理正处于数字化转型阶段，随着大数据、人工智能、区块链等数字技术被广泛应用于智慧城市、公共事务管理等社会治理领域中，加速了数字化转型进程。到2035年，市域社会“智治”的目标将实现从封闭性向开放性转变，从碎片化向整体化转变，从有限信息到大数据决策转变，从简单到科学精准转变，切实地实现跨层级、跨地域、跨系统、跨组织、跨业务的数据互联互通，建设“城市大脑”，汇集教育、医疗、旅游、交通、公共安全等领域的数据，形成统一的城市大数据平台，推进市域社会治理现代化。

（三）市域社会治理体制数字化体系构建

六级体系打造“智治”的纵向结构，具体内容如下。

国家级：加强顶层设计。坚持统筹规划、共建共享、业务协同、安全可靠的原则，设立具体工作部门统筹考虑“数字中国”发展战略，制定国家数据法律法规，制定国家层面数据统筹规划，加强国家层面对重要数据目录的制定统筹工作，建立国家大数据发展应用统筹协调机制。规划布局数据中心发展。

省级：统筹建立省域平台。统筹推进“一个平台、一个号、一张网络、一朵云”建设，构建一体化大数据平台和综合指挥平台。推动数据跨层级、跨地域、跨部门汇聚共享开放，实现各级、各部门智慧应用与指挥调度的横向互联、纵向贯通及条块协同。

市级：统筹建立市级平台。负责构建数据基础设施、数据统管、平台统一、系统集成和应用多样的“城市大脑”。

县（区）级：打造集成指挥综合体。按照“平台上移、应用下沉”的原则，基于市级“城市大脑”开发特色应用，利用信息化手段，打通部门间、街道间的业务数据通道。

镇（街道）级：依托市级信息平台，在街道层面设立基层治理分中心——“基层社会治理综合服务平台”，打造线上线下相融合的基层政府治理模式，在民生服务、综合治理、政务办公、信用管理等领域不断探索，搭建纵向到网格、横向全覆盖的基层社会治理数字体系，以网格员为载体，以街巷技防设施为支撑，以信息上传、审核、分类、流转等全流程在线闭环模式，确保基层社会治理提质增效。

村（社区）级：政府提供政策引导、财政支持和规范标准，通过大联动深化、细化社区管理，推进社区综合管理服务站建设，形成“一站多功能室”的服务平台体系，整合政府、企业、社团和社区各方资源，探索合作新方式，多方主体合力建设，发挥院落自治小组、各类社会组织、企事业单位和“互联网+”信息化平台的作用，将政务服务、志愿服务、社会服务等各类服务送到社区家门口。注重社区内邻里间感情纽带的建立，推动居民自治，依托信息平台，引导居民参与社区事务，通过党建“微体系”、社区“微治理”、社团“微体系”，着力打造熟人社区，居民可以通过线上模式随时随地参加社区事务。

上述内容参见图6所示。

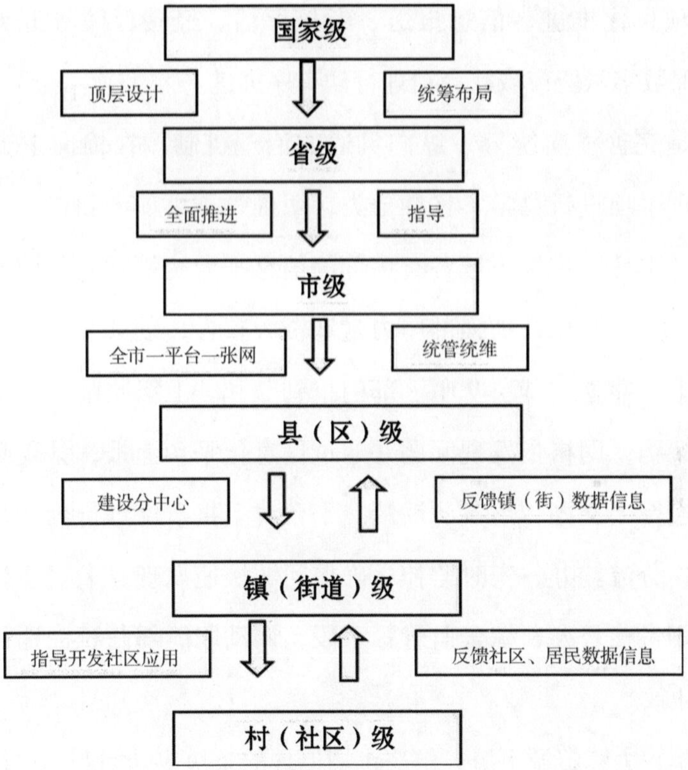

图6 “智治”体系结构图

五、加快完善市域社会治理数字化体系的主要途径

（一）厘清权责，构建横纵治理体系

一是构建社会治理数字化“治理体系”。统筹推进、有效联接、信息汇聚、集中展示和综合评价，构建市域治理中枢工作平台。围绕治理板块、基础应用以及应用场景等内容，构建数字赋能社会治理协同系统。成立由市委领导挂帅的社会治理数字赋能工作组，建立工作

例会、项目化推进、信息报送、考核评估、经费保障等五大工作机制，确保数字赋能市域社会治理行动有序推进。

二是完善横向统筹、纵向贯通的治理机制。在横向上，对市域社会治理事项进行科学、仔细分类，明确每类事项的归口对应部门及其权力、责任，推进市域各有关部门信息平台统筹规划，信息资源互联互通、共享共用，加强部门力量和资源整合，创新开展联合执法。在纵向上，建立“基层吹哨、部门报到”和“上级吹哨、落实高效”的双向架构，网格员发现问题并通过信息化平台上报，党委政府各项工作通过网上交办、落实、反馈。平台对上报事件进行分析研判、智能派单、分流转办、实时监控，确保问题快速发现、上报、处置和反馈。运用考核督办、综合监管等手段，调动职能部门积极性，提高社会治理质效。

三是权力和资源下沉，解决市域治理的条块协同问题。以街道管理体制改革为着力点，强化街道党组织领导核心作用，推动县区职能部门行政执法活动向基层延伸，推动职能部门力量在街道聚合，让资源下沉，赋予街道对上级派驻单位的评价权、建议权和指挥权，从体制机制上为街道党组织领导基层治理、统筹各方、协同条块创造条件，使基层有权管事、有人干事、有钱做事，着力解决群众实际问题。

（二）巩固城乡社区在市域社会治理数字化体系中的平台作用

一是以网格融合升级打造新一代网格化管理体系。以精细化、精准化治理思维指导政府的行动逻辑，将权力、资源、服务下沉到基层，在基层治理中实现精细化、精准化治理。推进“全科网格”建设，加强“一专多能”的专兼职网格员队伍建设，不断提高网格员发现问题、排查隐患、解决困难的能力和水平。指导各地建立完善“检查巡查⟷发现问题提交⟷四平台流转⟷各级主管部门处置监督”的“捆绑式”管理的工作机制，突破网格“条线”融合不畅、工作权责不明的瓶颈，确保上报的网格有效事件“事事有着落、件件有回音”。构筑专职网格员职责清单制、网格化服务管理事项准入制、网格员服务购买制等网格运作闭环系统，推动网格化服务管理由粗放向精细转变。

二是建设便捷化信息平台，激发居民参与治理的动力。在社会治理的末端建立信息平台，将居民整合到社会治理信息平台之中，通过信息平台引导居民密切日常交往、参与公共事务、开展协商活动、组织邻里互助。比如，杭州市三墩镇通过微信公众号“三墩发布”上的“随手拍”模块，居民群众随时随地将执法类、建议类、服务类、诉求类等内容上报，平台对居民上报信息进行回复和处置。曲靖市菱角乡运用“菱角网格管理小程序”，群众将关心的问题通过图片、文字的形式上传到小程序上，网格员核实后发布工作任务，小程序后台督导办公室对任务进行分配、全程监督，最终由相关部门的处理员完成任务。

（三）重构制度设计，提升精细化精准化治理

一是推进机制重塑流程再造。坚持“条抓块统”理念，实现了“跨层级联动、跨事权联处、跨部门协同”三大机制重塑，推动指挥调度、矛盾调处应急、闭环管理、研判会商等流程再造。梳理了执法清单，打破了原有的执法边界，由相应的执法人员，综合联动处置，实现了“一张清单管全责”。通过对跨部门条线信息的归集，打破之前“多头下

达，重复执行”的弊端，由镇街平台对事件分析研判后统一下派，设立相应考核指标，加强基层对部门处置结果的考核权重，以强化事件处置的闭环化、标准化与数字化，实现“一套标准管考核”。

二是着力发挥企业推进市域社会治理数字化的作用。鼓励和支持企业以“智慧社区”建设为目标，以群众需求为导向，以5G、城市物联网、人工智能、大数据等技术产品为支撑，推进前沿技术在公民身份认证、政府数据开放共享、社区服务等群众迫切需要解决的问题中的深度应用，开展应用示范项目，疏通数字化治理的堵点和断点，助力提升社会治理信息化水平。

（四）实行多部门共建机制，健全数据共享开放机制

一是统筹数字化基础设施建设。统筹规划大数据基础设施建设，合理布局国家政府政务数据资源、平台设施，以及社会数据资源、平台设施的配置，避免盲目建设和重复投资，降低总体层面的资源成本，提高利用效率。加强部门共建，对于跨部门共建共享的政务信息化项目，由牵头部门会同其他部门共同确定建设方案，明确建设内容，确保各部门建设内容无交叉，做到参建部门边界清晰、目标明确、责任到位，形成统一框架方案后联合建设，并实现共建共享。

二是完善共享开放机制。加快建设国家层面的数据统一开放共享平台，引导政府数据资源、公共机构数据、科研单位、企业、行业、社会组织等参与开放、共享。结合市大数据局政务共享平台建设，融合打通省、市及各部门间的信息瓶颈，整合政府公共服务资源和社会服务资源，搭建互联互通的数据共享交换平台，为构建科学高效的决策支持系统、业务经办系统及公共服务体系提供有力的数据支撑。改

进有关政府部门监管和服务体系，推进政府治理精准化，加快社会信用体系建设，推动商业生活服务便捷化，加强国家执法、司法部门间的数据流通，强化社会安全保障。

（五）完善市域社会治理智能化法治体系

一是完善数据安全法律法规。改革不合时宜的法律法规，深入总结、宣传和推广各地成熟的做法并上升为制度规范，鼓励市域进行社会治理创新。建立一套完整的、系统的对社会治理数字化的监管制度和法律，确保信息的提供者同时也是信息的监督者。尽快制定有关“大数据”的监管制度和法律，清晰界定“安全”的定义和内涵；严格控制有关部门以维护“安全”的名义侵犯民众的权利。

二是政府依法加强监管。各环节大数据技术主体，无论政府、企业及其他社会机构，都应该做好自身系统的安全保障工作，加强安全建设及安全督查工作。建立较为规范有效的数据信息使用、搜集以及储存等行为体系。引导相关部门对数据资源使用的道德底线建设，培养其建立个人隐私保护权益意识，并实现对数据资源的合理合法配置，避免出现滥用职权泄露隐私等行为。发育和健全网络社会，赋予民众在网络上的合法权利，通过网络监督数据的管理者和使用者。

参考文献

大勇, 李明忠. “互联网+”下基层社会治理创新研究[J]. 现代商贸工业, 2018, 39(2):138−141.

孟庆国. 线上线下融合是政务服务创新发展方向[N]. 经济日报, 2017−12−06(8).

张波. 基于“互联网+”的基层社会治理创新研究[J].电子政务, 2017(11):30−38.

闵学勤, 王友俊. 移动互联网时代的在线协商治理——以社区微信群为例[J].江苏行政学院学报, 2017(5):103−108.

戴长征, 鲍静. 数字政府治理——基于社会形态演变进程的考察[J].中国行政管理, 2017(9):21−27.

姜晓萍, 田昭. 网络化治理在中国的行政生态环境缺陷与改善途径[J].四川大学学报(哲学社会科学版), 2017(4):5−12.

肖丹. “互联网+”视角下基层治理现代化模式创新探析——以深圳市福田区为例[J].湘南学院学报, 2017, 38(3):24−28.

中共诸暨市委政法委调研组. 打造“枫桥经验”升级版:构建“互联网+社会治理”新模式[J].公安学刊(浙江警察学院学报), 2017(3):17−24.

孟庆国, 谷民崇. 数据主导逻辑下的公共服务价值共创机理探究[J].理论探讨, 2017(3):159−164.

肖秋瑶. “互联网+”视野下基层社会治理创新研究[D].成都:西南石油大学, 2017.

鲍静, 张勇进. 政府部门数据治理:一个亟需回应的基本问题[J].中国行政管理, 2017(4):28−34.

张勇进，鲍静. 基于大数据分析的政府智慧决策新模式[J].南京师大学报(社会科学版), 2017(2):53−59.

王礼鹏. 基层社会治理创新的“互联网+”思维——对地方实践的比较、分析与总结[J].国家治理, 2017(9):39−48.

鲍静，张勇进，董占广. 我国政府数据开放管理若干基本问题研究[J].行政论坛, 2017, 24(1):25−32.

中国行政管理学会课题组，鲍静，贾凌民，张勇进，鲍静，黄璜. 我国政府数据开放顶层设计研究[J].中国行政管理, 2016(11):6−12.

执笔人：赵春飞

调研篇

调研报告一

数字赋能市域社会治理的困境与难点

——基于深圳和杭州的调研

市域社会治理现代化是国家治理现代化的重要内容。党的十九大报告明确提出“加强和创新市域社会治理，推进市域社会治理现代化”。2020年以来，我国市域社会治理现代化试点工作不断向纵深推进，先后出台《全国市域社会治理现代化试点工作实施方案》《全国市域社会治理现代化试点工作指引》，为推进市域社会治理现代化探索新路。杭州市、深圳市作为首批全国市域社会治理现代化试点城市，经中央政法委正式批复以来，在探索加快市域社会治理现代化中发挥了先行先试作用。市域社会治理现代化试点工作的成效如何？有哪些经验做法？还存在什么问题？下一步如何深化？课题组带着这些问题，于2022年5月10日至15日赴杭州市、深圳市开展调研，分别与两市的政法部门座谈，并实地走访了杭州市西湖区兰里社区、萧山区七彩社区，以及深圳市龙岗区南岭村社区、龙岭社区和宝安区海裕社区。综合各方面情况，经研究梳理，形成一些初步认识和思考。

一、数字赋能市域社会治理的主要做法

（一）坚持宏观设计与中观谋划相结合，全域推进市域社会治理现代化

杭州市和深圳市均建立市级统筹的领导体制推进市域社会治理现代化工作，均以市委市政府的名义下发推进市域社会治理现代化的文件，抽调工作人员组建市域社会治理现代化工作专班，并对照《全国市域社会治理现代化试点工作指引》，梳理市域社会治理评价体系和专项指标，形成各自市域社会治理现代化的考核办法，健全完善领导责任制、部门责任制和目标管理责任制。两市结合实际，不断推进试点工作本地化、特色化，杭州市构建市域社会治理现代化“六和塔”工作体系，深圳市突出市域风险防控化解，做强做实社会稳定底板工作。

（二）坚持全域统筹与党建引领相结合，夯实网格基础底座

两市积极构建全方位、深层次、宽领域的市域社会治理体系，靶向解决社会稳定等问题，努力实现全市统筹、全域推进、协调发展。全领域治理坚持以党建为引领，重点推进地址库建设和数据归集，人、房、企等数据入格上图，推动多层级、多部门、多效能的数据落地，夯实了基层治理基础。杭州市以“党建引领社区治理机制创新”这一市委改革项目为牵引，推进党建引领社区治理试点、创新开展小

区党建工作、大力推进行政执法体制改革、深化基层民主协商、建强“全岗通”社工队伍、打造全方位立体式党群服务体系、动真碰硬推动基层减负增效。深圳市坚持党委统揽，搭建党建引领基层治理制度体系的“四梁八柱”。例如，深圳市龙岗区把党组织设在网格上。在综合网格上设立党支部，支部下设基础网格党小组、楼栋长党小组等党组织，通过网格党建化设置，打造出以街道党工委⟷社区党委⟷综合网格党支部⟷基础网格党小组为基本框架的组织体系。

（三）坚持打造平台和应用体系相结合，提升数据资源整合能效

杭州和深圳打破区域、部门、行业界限，加大政务数据、公共数据、企业数据、互联网数据等数据归集，把人工智能、大数据、云计算、5G、物联网、区块链、虚拟现实等前沿科技运用到城市综合治理中，推进数字社会治理转型。杭州建立市级“城市大脑”通用平台，以“城市大脑”建设为中枢，以数据资源为基础，以算力算法为驱动，以智能应用为支撑，建立政治、经济、社会、生态、文化等安全风险防范系统，提升城市公共安全风险防控水平。深圳则依靠网格化智慧管理和“块数据”先发优势，针对“重点人”“重点事”“重点区域”，创新开发智能化的场景应用体系，形成问题联治、工作联动、平安联创的良好局面，做到“街巷楼栋有人巡、矛盾纠纷有人调、重点部位有人看、重点人员有人控、突出问题有人管、违法犯罪有人打、敏感事件有人报”，提高了人民群众获得感、幸福感、安全感。

（四）坚持精细化和智能化相结合，推动城市运转更聪明更智慧

两市充分发挥大数据优势，依托信息化数据平台构建协同联动的政务服务体系，推动城市在社会治理、公共服务、监督管控领域的精细化和智能化。比如，在推动“雪亮工程”建设和智治应用方面，深圳建成一类探头10万余路，二类、三类探头130余万路，形成“全覆盖、全共享、全智能”的公共安全视频监控深度智能应用体系。全面推广“块数据+”，打造服务基层治理“百平台”“千应用”。杭州市在推进“雪亮工程”视频共享应用建设上，全市“一总两分”平台“1+15”架构已具规模，共接入公安机关自建和社会面视频监控点位20万路，新建或整合车辆卡口监控1万余路、人脸抓拍摄像机3.5万余个；实现重点公共区域和重点行业领域公共区域视频监控联网率、覆盖率两个100%，以及住宅小区和农村出入口视频监控全覆盖。

二、数字赋能市域社会治理存在的突出问题

（一）干部队伍对工作理念方法仍需持续创新

在数字化发展的影响下，各级干部对数字赋能市域社会治理有了充分认识，但是对以数字化转型整体驱动生产方式、生活方式和治理方式变革仍然存在误区。有些干部认为数字化发展是一次性、项目化

的工作，将基础设施智能化等同于数字化发展，将数字化作为工具、支撑，而不是改革的重要组成等。有些干部存在两种迷思，一种迷思是默认高层级领导比我们懂得多，我们等着上级提供一个数字化改革方案；另一个迷思是默认技术专家是全能的，只要委托给技术专家，就能够获得我们需要的方案。

（二）适应数字化发展需要的制度规则体系不健全

一方面，数字化发展的系统性有待进一步加强。虽然数字化改革发展对数字赋能市域社会治理发挥了重要引领作用，但是政治、经济、社会数字化分头并进，政策措施、法规标准的统筹与协调联动不足，尚未完全形成三者互相促进、相互融合的可持续发展格局。另一方面，市域社会治理的大数据体系不完善，标准不一、共享不足、协同不畅的问题仍较突出。从横向来看，信息碎片化问题依然存在，人力资源社会保障、公安、税务、民政、司法、卫生健康等部门间的数据共享和关联度不足，部门内部各业务板块间、部门之间的数据没有实现真正的共享，让业务办理低效烦琐、让资金拨付存在风险。从纵向来看，省、市间的数据交换、数据更新、数据共享、数据回流等方面存在不畅通、不高效等问题，没能充分发挥应有的作用。

（三）地区间不均衡问题制约全域数字化发展

东部沿海地区与中西部欠发达地区之间，同一个城市不同区县的经济社会发展水平存在较大差异，相对落后地区的数字化基础相对薄弱，数字经济、数字化人才，以及居民数字化技能和观念都存在短板，数字鸿沟问题已经存在，这就对一个城市的全域数字化发展形成制约。集中表现在各地治理平台能级不同，线上线下、网络网格融合能力不平衡，事件处置能力和执法力量整合参差不齐，落地处置、指挥调度效能有待进一步提升。

（四）熟悉市域社会治理又有数字化技能的复合型人才短缺

人才短缺是数字赋能市域社会治理面临的主要困难之一。市域社会治理所需要的科技信息人才相对匮乏，人才引进、激励机制不健全。许多工作人员来自政府转移人员，或是临时抽调人员，管理理念和方式相对落后，且专职人员较少。在待遇方面，有些岗位工作人员工资偏低，有的刚刚超过市最低工资标准，难以吸引到高级人才。在晋升渠道方面，市域社会治理尚处在探索阶段，工作专班或为临时机构，还不明确具体的人员上升渠道。人才短缺造成数字化平台应用场景单一，创新应用不够，具备市域推广价值的智能应用较少。

（五）数据安全隐患和个人信息保护亟待加强

数字经济时代，随着信息价值的凸显，个人信息收集乱象突出，个人信息泄露事件频发。数字赋能市域社会治理的数据资源确权、开放、流通、交易等基础性制度尚未建立，数字市场、数字服务、数字治理的基本规则仍不完善，新一代数字技术应用带来的商业模式和治理形态创新引发部分法律盲点问题，给社会治理带来新的挑战。尤其是围绕数据管理和应用的法律制度空白，给当前正在推进的数据要素市场化配置改革、一网通办、一网统管、一网协同等重要工作带来挑战。

三、几点思考和建议

（一）注重系统谋划，强化顶层设计

数字赋能市域社会治理是一项系统性的工程，各项工作、各类要素相互交织，牵一发而动全身。因此，必须要有大局意识、协同意识，坚持系统思考、科学统筹，才能更好地聚合改革正能量，实现数字化改革的系统性、整体性、协同性。

一是强化顶层设计。尽快出台推进数字赋能市域社会治理的总体方案，统筹协调推进数字政府、数字经济、数字社会，形成数字化发展的合力。

二是坚持党委领导统筹各方力量。健全完善党委领导的工作制度，研究解决市域社会治理现代化重大问题，下设数字化发展工作领导小组，负责全面数字化发展的重大决策和统筹推进。

三是加强数字赋能市域社会治理的理论研究，明确全面数字化发展的内涵外延等基础理论，指明战略方向，形成理论体系。

（二）注重健全数字化体系，引领智能化发展

一是建强数据中心，推进各部门要素数据化、数据标准化，做好数据核实，摸清数据底数，确保数据资源的实时、准确。以统一地址库为牵引，统筹推进社会治理各类要素归集关联，打通信息壁垒，构

建覆盖全域、统筹利用、统一接入、灵活服务的数据资源共享体系，逐步实现基础统计、考核评价、分析研判、风险预警等社会治理大数据挖掘分析和跨部门、跨区域共同维护和利用。

二是做实基础平台。深化数字化平台建设，做好升级改造、系统对接、主题数据建设等工作，重点落实网格事务基础数据共享、部门业务协同处置，提升社会治理数字化水平。持续深入推进“雪亮工程”智能应用，推进“雪亮工程”与网格化管理联动融合。加强智安小区联网建设，提升可视化水平。

三是创新智能化应用场景。以应用场景建设为抓手，聚焦过程管控、结果展示、考核评价等数字化治理要求，迭代升级政务服务平台，适时推动社会矛盾纠纷调处化解平台优化升级，持续推进“多网合一”改革，打造“一网通”事件管理系统。

（三）注重提升干部数字化素养，加强复合型人才队伍建设

一是率先建立公务员数字化能力测评、培训制度。将数字化能力提升纳入公务员培训计划，提高干部队伍对数字化发展的认识和把握数字化发展规律的能力，打造符合数字时代履职需求的公务员队伍。

二是加强复合型人才培养。鼓励高校开设、增设相关专业，着力培养既懂市域社会治理又懂数字技术的复合型人才，将其充实到基层社会治理队伍中，不断优化队伍结构。

三是营造全社会浓厚发展氛围。通过举办形式多样、内容丰富的宣传活动，加强数字化发展舆论宣传，提高全社会数字化发展认识，营造全民参与的良好发展氛围。

（四）注重数据安全，健全法律法规

一是进一步完善涵盖采集、传输、存储、处理、交换、销毁等全生命周期的数据资源安全保障体系，加强技术保障能力，筑牢网络安全数据安全防线。

二是健全法律法规，完善制度环境。总结实践经验，对行之有效的制度创新，及时从立法层面予以固化。研究吸纳国内外数字化立法经验，抓紧谋划制定数字治理、数字市场等相关法律法规。梳理制约数字化发展的法律法规，有序推进相关法律法规的立改废释。

执笔人：张文明

调研报告二

当前我国市域社会治理现代化试点的主要做法、面临问题与对策建议

——基于四省五市的调研

推进市域社会治理现代化是国家治理体系和治理能力现代化的内在要求，是构建基层治理新格局的关键举措。党的十九届四中、五中全会明确提出“推进市域社会治理现代化”。党的二十大进一步明确提出，完善社会治理体系，加快推进市域社会治理现代化，提高市域社会治理能力。2019年12月，全国市域社会治理现代化工作会议召开，部署启动市域社会治理现代化试点工作。为全面了解市域社会治理现代化试点情况与面临问题，课题组于2021年5—6月先后赴浙江省杭州市、广东省深圳市、陕西省榆林市、云南省昆明市与曲靖市开展调研，实地走访11个街道（乡镇）、16个社区（村）以及综治中心、社会治理中心，与10个区（县、市）以及相关部门进行座谈，在此基础上形成以下初步思考。

一、市域社会治理现代化试点主要做法

试点实施以来，各地在《全国市域社会治理现代化试点工作实施方案》《全国市域社会治理现代化试点工作指引》指导下，在共性工作中求实效、在特色工作中求创新，为推进市域社会治理现代化探索新路。归纳起来，试点城市有以下几方面的共同做法。

（一）工作机制方面，建立市委"一把手"牵头领导小组

杭州市建立由市委市政府"一把手"担任正副组长，市委政法委书记担任常务副组长的平安杭州建设领导小组，区县相应成立了领导小组、工作专班，乡镇街道设立平安办和综合信息指挥室。

深圳市成立由市委书记任组长的平安深圳建设领导小组，下设市域社会治理试点工作专项协调组，全市11个区落实"一把手"责任，形成市、区、街道、社区等四级党委领导体制。

榆林市成立由市委书记任组长的平安建设领导小组，实行市级领导包片、县级领导蹲点的工作制度，健全党管政法、巡视巡查和执法监督的制度机制。

昆明市成立由市委书记和市长任双总指挥长的市域社会治理现代化试点工作总指挥部，由市委政法委书记兼任总指挥部办公室主任，抽调相关职能部门人员组成工作专班，全国范围选聘专家组建"专家智库"，本市选取专业人员建立"本土人才库"。

曲靖市实施“一把手”工程，成立由党委政府主要领导挂帅的平安建设及市域社会治理现代化工作领导小组，建立1个办公室和多个专项工作组的“1+N”工作专班。

（二）治理结构方面，构建纵向到底、横向到边治理体系

杭州市探索形成“六和塔”治理结构，在纵向上明确“市级抓统筹主导、区县抓组织实施、乡村街社抓落实执行”，在横向上实施“党建领和、政府主和、社会协和、智慧促和、法治守和、文化育和”等六和工程，在镇街建立综治工作、市场监管、综合执法、便民服务等“基层治理四平台”。

深圳市推进四力凝结，即坚持党委统揽，增强社会治理领导力；强化政府负责，增强社会治理执行力；全员共同发力，增强社会治理聚合力；落实保障措施，增强社会治理保障力。榆林市构建市级统筹、县级实施、镇街落实的纵向治理架构；完善党委领导统筹各方力量，政府负责落实各方责任，民主协商集中各方意志，社会协同解决各方关注，公众参与激发各方热情，法治保障维护各方权益，科技支撑共享各方资源的横向治理体系。

昆明市通过组织、政策、风险防控、公共服务、基础、社会动员、评价等七大体系，完善市域社会治理架构。

曲靖市在市域社会治理体制上着重强调条块协调联动，在市、县、乡（镇）三级之下，明确提出了村（社区）级负责落细落小，着力解决服务问题。

（三）基层基础方面，形成“综治中心+大数据+网格化”治理模式

杭州市依托“城市大脑”，集成建设社会治理大数据平台，构建“一基两擎三集”市域社会治理数字化协同系统；建设集事件协同、视频监控、指挥调度、分析研判于一体的“基层治理四平台”；同步推进综治队伍、网格队伍、矛盾调处队伍建设，打造数据驱动、人机协同、跨界融合、共创分享的市域社会治理智能化模式。

深圳市整合综治中心职能，对内整合其他平台；推动智治标准建设，建立房屋、人口两大基础标准，打造基层治理“百平台”“千应用”；将基础网格划分为全科网格，健全完善事项清单，实现“以块为主，条块结合”。

榆林市推进综治中心规范化建设，有专门机构、有专职人员、有固定场所、有专项经费；加强社区标准化建设，推进基础设施标准化，服务功能标准化；突出智慧化支撑，依托市级共享交换平台，建立共建共治共享的大数据应用平台；推进网格化管理，统一划分网格、配强网格人员、明确网格员职责、推行全科网格。

昆明市通过推进市县乡三级综治中心规范化建设、网格化服务管理标准化建设，实行同级综治中心和网格化服务管理中心一体化运行，运用“大数据+网格化+跟踪随访”方式，实施市、县、乡、村等四级闭环分类处置机制，实现上下贯通、融合联动。

曲靖市依托市级“综治9+X”大数据应用平台，整合各行业部门基础数据资源，实现各类社会治理数据资源深度融合；将党支部或党小

组建立在网格上，探索居民小组和网格一体化，整合分散在协调员等八大员身上的职责、待遇，推动“钱随事转、减员增效”，实现“大事全网联动、小事一格解决”。

（四）街社治理方面，实施“报到、服务、考评”机制

杭州市三墩镇通过对跨部门条线信息的归集，由平台对事件分析研判后统一下派，设置了视频点验在线率、事件上报率、事件处置率、平安巡检率、联合执法参与率等考核指标，强化事件处置的闭环化、标准化与数字化，做到“一套标准管考核”。

深圳市光明区围绕群众诉求，通过实行“社区发令、部门执行”机制，1个区级+6个街道+31个社区“群众诉求服务大厅”+N个群众诉求服务站点等四级工作机制，公开透明的信息化监管机制、全民参与共治机制、基层治理激励保障机制、基层治理共享机制，为群众提供家门口的诉求服务。

榆林市榆阳区城市基层党建实行“双考双评双报到”机制，即企事业单位党支部和在职党员干部在所在街道社区报到，建立年度考核互听意见、干部考察互作鉴定、街道社区与报到单位相互评价为主要内容的“双考双评”机制。

云南省则全面实施“双报到双服务双报告”机制，即单位党组织到驻地社区报到，在职党员到常住社区报到；单位党组织服务基层，在职党员服务群众；单位党组织向上级党组织报告服务情况，在职党员向所在支部报告服务情况，并通过“报到服务系统”App接受社区评价。

曲靖市更是将市域社会治理工作纳入县（市、区）党委书记抓党建和年终述职重要内容，把市域社会治理成效纳入市委、市政府综合考核

内容，作为对领导班子、领导干部评优评先、提拔晋升的重要参考。

（五）居民参与方面，形成以居民为中心治理导向

杭州市三墩镇通过微信公众号“三墩发布”上的“随手拍”模块、“志愿服务3.0”、“你是我眼”等数字受理端口，构建市民便捷参与基层治理的闭环渠道，打造“人人都是参与者”场景。

深圳市宝安区探索组建以“两长两员”（楼栋长、门店长、物管员、企业保安员）为主体的“十万义警”队伍，通过构建五级管理体系，依托义警智慧管控平台，发动群防群治力量协同开展“三防一禁”。

榆林市榆阳区通过党建引领小区“微治理”创新自治机制，即在居民党小组的指导下，组建“微治理”自管小组，聚焦居民需求，征求居民意见，引导居民主动参与治理。

曲靖市祯祥社区以党建为引领，组建乡贤理事会，通过设立红黑榜，制定村民管理积分制度，激发村民参与的积极性；组建线上议事会，通过微信线上为村民服务平台，为村民提供学习、缴费、咨询等服务；组建代表监事会，牵头制定村级各项制度，做到“三务”公开，增强村民自治能力。

二、市域社会治理现代化试点工作成效

自2020年市域社会治理现代化建设试点以来，试点城市风险防控能力普遍提高，基层治理基础进一步夯实，数字赋能社会治理更加深化，社会治理内在活力有效激发。

（一）风险防控能力普遍提高

深圳市2020年全市接报刑事治安总警情同比下降18.5%，创历史新低，命案连续四年实现“发案不过百、破案百分百”；排查社会领域重大矛盾662宗，化解632宗，化解率达到95.5%；成立全国首个商事调解协会，填补金融等领域商事调解空白。

榆林市2020年刑事、治安警情指数全面下降，扫黑除恶专项斗争综合考核全省排名第三；信访事件平均办理时间从平均55天缩短至16天，实现全年“赴省进京”零非访；全市道路交通事故起数、死亡人数、受伤人数同比下降9.65%、16.14%、10.29%。

昆明市2020年社会治安整体呈现“11降9升”的良好态势，全市“两抢”警情“零接报”225天，命案发案数较2019年下降29.34%；畅通“线上+线下”“现场+远程”矛盾化解双渠道，人民调解成功率始终保持在99%以上，城市公共安全感指数跃居全国省会城市首位。

曲靖市2020年以来连续两年实现命案发案数和十万人发案率大幅“双下降”；到京非接待场所上访同比下降88%，到省集体上访同比下降29.4%，实现信访“退三”目标；发生安全事故起数、死亡人数、受伤人数、直接经济损失数，较2019年分别下降40.5%、37.4%、26.5%、15.9%，实现“四个下降”。

（二）基层治理基础进一步夯实

杭州市2020年市级综治中心建成开放，县级矛盾调处中心实现全面覆盖，镇级矛盾调处中心规范提升；全科网格建设深入推进，全市共划分网格10093个，配专职网格员10419人，将信访维稳、矛盾纠纷、治安隐患、食药安全等22大类网格事件全部纳入网格化管理，网格员上报有效事件办结率达99.65%。

深圳市强固基层基础末端支撑，截至2021年5月，共建成1个市级综治中心、10个区级综治中心、74个街道综治中心、659个社区综治中心，基本实现综治中心全覆盖；宝安区共有楼栋长、门店长义警约5.3万人，物管员、保安员义警约3.56万。

昆明市加强综治中心建设，全市85%的乡镇（街道）联通综治视联网，确保有效发挥综治中心基层社会治理实战平台作用；强化网格管理，划分4265个网格，配备网格员9349名，实现矛盾在网格内化解、问题在网格内解决、服务在网格内满足。

（三）数字赋能社会治理更加深化

杭州市推进“雪亮工程”视频共享应用和智慧安防小区建设，2020年实现重点公共区域和重点行业领域公共区域视频监控联网率、覆盖率两个100%，以及住宅小区和农村出入口视频监控全覆盖；不断更新完善统一地址库，统一地址库内已赋码地址10053844条，有效采集人、房、企等信息11710638条，服务调用信息近亿次；市、县两级“基层治理四平台”迭代升级，综合执法平台、市场监管平台上报事件办结率分别为99.6%、99.95%。

深圳市推进智能成果深度应用，形成“全覆盖、全共享、全智能”的公共安全视频监控深度智能应用体系；建成涵盖2000多万人口、360多万法人、64万栋房屋的社会治理大数据库；统一地址应用范围逐步扩大，“块数据+商事主体登记”破解了虚假地址注册和监管难题。

昆明市构建“服务联系、信息服务、创业促就业服务、纠纷调处和法律援助、民族社团培育”等“五位一体”少数民族服务平台，开展“互联网+公共法律服务”，建成公共法律服务实体平台1815个；建成“智慧安防小区”2372个；研发推广电子居住证，让流动人口共享社会治理便捷服务。

曲靖市完成市级综治“9+X”大数据应用平台建设，建成公共安全视频监控8万多路，初步实现公安、城管等基础数据的整合联通。

（四）社会治理内在活力有效激发

杭州市社会组织活力迸发，2020年已培育省级品牌社会组织9家、领军人才25名，市级品牌社会组织103家、品牌项目38个、领军人才34名，一批优秀社会组织参与基层治理品牌涌现；市共青团组织推进志愿队伍建设，市残联建立市、区、镇街三级助残志愿服务网络体系，市各级关工委开办1524个“假日学校”等。

深圳市推进志愿之城3.0建设，208万志愿者、399支志愿服务队、5.5万名社区志愿者深入参与公共安全、矛盾化解等志愿服务活动；各级工会、共青团、妇联等团体发展各自阵地作用；1万余家社会组织参与心理健康、矫治安帮、纠纷调处等工作；建立“民情诊所”等各类议事平台，行业商会设立调解组织，实现90%以上矛盾纠纷自我消化。

榆林市榆阳区通过党建引领，组建自管小组、“三三制”筹资等方式，有效激励引导居民群众以主人翁的姿态积极主动投身其中、参与治理，100多个老旧小区“微治理”成效显著。

昆明市深化推动党建品牌建设，打造“100个城乡社区治理创新试点”；组织昆明市社会建设暨市域社会治理“十佳社会组织”等评选，开展“春城志愿行、滇池明珠清”等系列活动，100%的社区建立协商议事委员会，广大市民对社会治理的参与率和认可度不断提升。

三、市域社会治理现代化试点经验启示

试点城市市域社会治理体制机制、政策体系不断完善，特别是在理顺条块关系，夯实基层治理基础，激发社会治理内在活力等方面进行了有益的探索，经验启示主要归纳为以下几点。

（一）“顶层推动+政绩考核+舆论氛围”，实现条块协同联动

条块分割是社会治理体制一直面临的核心问题。市域社会治理的提出，使得市域成为以市级行政单位为圆点的区域融合发展单位，也是以市级党委为核心的更高层次且强有力的资源统筹单位，具有垂直化和扁平化两种导向，具备了条块关系协同的体制环境。试点城市通过借助顶层推动，依托政绩考核，形成舆论氛围等方面，实现条块协同联动。

1.加强党政顶层推动

条块协同互动，需要党政领导的介入，通过获得党政领导的重视和支持，不仅赋予了“块”的资源和权限，将基层社会治理由虚导向实；也让职能部门“条”借用党政领导对“块”释放的信号，进而调动“块”对专项治理任务的配合与资源倾斜，实现条块协同。调查发现，市委一把手牵头成为各试点城市推进市域社会治理的共识，成立由市委书记任组长的领导小组，各县（市、区）落实一把手责任。曲靖市并将市域社会治理工作纳入各级党委书记考核内容，成为领导班

子和干部评优评先、晋升提拔的参考，调动了地方政府和各部门、相关干部的关注。

2.依托基层政府参与职能部门政绩考核

政绩考核就是基层政府通过参与职能部门“条”的考核、评比，提升其在上级政府那儿的关注度，这就需要职能部门为其背书，特别是具有“一票否决权”的治理议题，职能部门就成为其政绩考核、塑造良好政绩形象的关键通道。调查发现，杭州市发布“六合指数”，对全市190个乡镇（街道）分类进行赋分排名，并通过重点事件风险评估的“五色预警图”，以市民普遍关心的火警、交通亡人、电诈、偷盗等八类社会治理重点事件为中心，对杭州各地区的这八类风险进行分级预警，并对排名靠后的地区进行专项整治。通过政绩考核排名的施压，增强了各主体工作动力，提升“块”配合“条”的治理效能。

3.吸引公众对议题关注和参与

民意压力有助于推动社会治理的条块结合，增进基层政府、相关部门、市民之间的互动。因此，通过社会治理绩效的公开化、可视化，让公众参与其中，发挥社会问责力量，从而增强社会治理的公共性。调查发现，浙江省平安指数满足了公众对治安信息、公共安全的信息需求，所在地排名先后吸引了公众的注意，当所在地排名较低或指数落后时，公众通过社交媒体表达的不满与诉求，对当地政府和相关部门形成舆论压力，促进条块协同。

（二）“全域网格+平台对接+制度激励”，夯实基层治理基础

市域社会治理相比基层社会治理而言，治理层级得到提高，但重心仍在基层，基层基础的夯实是实现市域社会治理现代化的重要前

提。试点城市通过完善全域网格化体系、平台对接、减负放权赋能相结合制度激励，打出夯实基层治理基础的“组合拳”。

1.完善全域网格化体系

试点城市推进市县两级综治中心、乡镇（街道）党群服务和社会治理中心的建设，从运行模式、人员组成、设施要求等方面标准化、规范化推进，配备必要的终端设备；同时要依托现有条件，整合阵地资源因地制宜。推进网格化管理服务体系建设，科学划分网格，进行“多网融合”，做到基础网格无缝衔接、全域覆盖；规范网格运行，整合建成职责明晰、一网通办的全科网格体系；配强网格人员，明确网格员职责，落实网格员薪资待遇，畅通网格员成长渠道。

2.加强部门间平台对接

市域社会治理涉及政法、司法、公安等多个部门，包括综合执法、疾病防控、应急管理、矛盾化解、治安整治等多项职能，通过技术嵌入，将政府服务中心与社会治理平台对接，解决部门间目标分离和信息失灵的问题。调查发现，部分试点城市通过整合各类信息资源，建立共建共治共享的大数据应用平台，解决了基层治理“碎片化”问题。

3.街社减负放权赋能相结合

厘清职能部门、驻街机构与街道社区的权责边界，完善交办街道社区事项准入机制，理顺社会治理职责交叉事项，制定社会治理事项权责清单，筑牢基层减负“防火墙”。充实街道社区组织机构与人员，优化职能配置，推动执法资源、调解资源、服务资源等治理资源下沉到社区，将城管、查违、安监、网格巡查等街道管理的执法人员编组落到社区、网格。赋予街道社区对职能部门（驻街机构）的工作考核权、负责人任免征得同意权、事项督办权等权力，建立以结果为导向的监督、检查和考核体系，推动部门参与基层治理由虚转实。

（三）“项目支撑+能人带动+信息平台”，激发社会治理内在活力

激发社会治理内在活力不仅是推进市域社会治理现代化的关键任务，也是推进市域社会治理现代化的重要目标。通过项目支撑，促进社会组织孵化、培育和发展；依托党建引领、能人带动，促进自治组织建设；构建便捷化信息平台，激发居民参与活力。

1.项目支撑促进社会组织孵化、培育和发展

完善政府购买服务指导性目录，围绕心理健康、矫治安帮、法律援助、纠纷调处等社会治理重点领域，确定向社会组织购买服务的重点项目，孵化培育社会心理服务类、公益事业类、专业调处类等社会组织。发挥社会组织项目化试错成本较低的优势，通过设置公益大赛扶持创投项目，创新公益基金参与社会治理服务模式，拓宽公益项目筹款渠道，解决社会组织“生存”问题。

深圳市龙岗区设置了公交司机“心灵巴士”、基层网格员“爱的加油站”心理服务、弱势群体“鼓舞飞扬”喘息服务等项目，创新构建了“运动+公益”“体育+公益”等服务模式，搭建线上日常乐捐、日常月捐系统，孵化、培育一大批社会组织，促进社会组织发展。

2.能人带动促进自治组织建设

有效治理单元的培育是居民自治实现的基础，试点城市通过党建引领，发挥党员带头作用，挖掘群众威望高、责任心较强、有时间与意愿的“能人”，促进居民自治组织建设。榆林市榆阳区将街道、社

区两级党组织下沉到“三无”小区，成立小区居民党小组，在居民党小组的指导下，组建“微治理”自管小组，为小区居民反映问题、协商议事建立平台和渠道。区内怀德小区自管小组针对人居环境改造，探索形成了街道和社区支持一部分、小区居民自筹一部分、区级财政兜底一部分的“三三制”资金筹集模式。宣威市把本村有威望、有德行的老干部、老党员或者村内经商办企业，以及在外创业成功人士等组织起来，创建乡贤议事会，为本村献计献策、引才引资、出智出力，取得积极成效。

3.便捷化信息平台激发居民参与活力

在社会治理的末端建立信息平台，将居民整合到社会治理信息平台之中，通过信息平台引导居民密切日常交往、参与公共事务、开展协商活动、组织邻里互助。杭州市三墩镇通过微信公众号“三墩发布”上的“随手拍”模块，居民群众随时随地将执法类、建议类、服务类、诉求类等内容上报，平台对居民上报信息进行回复和处置。曲靖市菱角乡运用“菱角网格管理小程序”，群众将关心的问题通过图片、文字的形式上传到小程序上，网格员核实后发布工作任务，小程序后台督导办公室对任务进行分配、全程监督，最终由相关部门处理员完成任务。

四、市域社会治理现代化试点面临的突出问题

市域社会治理现代化第一期试点时间已过半，试点工作取得积极成效，但在推进过程中仍然面临着一些问题，全面准确梳理问题症

结，将目标导向与问题导向相结合，以期为下一步试点工作提出有针对性的政策举措。

（一）条块协同互动机制仍需完善

横向上各职能部门各自为政，资源信息难以共享，无法形成治理合力；纵向上各层级之间权责不清，治理任务层层下压，治理责任主体虚化。调查发现，试点城市基于“以条带块”，通过政治势能的高位动员、激励等方法，推动条块配合，取得积极成效，但“条块互动”的体制机制还需进一步建立健全。

（二）基层治理权责不匹配问题突出

市域社会治理的重心在基层。街道、社区作为市域社会治理的主阵地、主战场，事务多、任务重、责任大，但治理资源、力量、经费未与权限同步下放，往往是能发现问题，但没有能力解决问题，也不清楚由谁解决问题。各地进行积极探索，相关经验模式也初步形成，但发现问题、解决问题的能力与权责不相适应，治理资源明显不足、人才短缺较为严重等问题仍然存在，这种错位将很大程度上制约市域社会治理能力和治理现代化水平提升。

（三）地区间社会治理基础建设差距明显

基层基础建设既包括市县两级综治中心、乡镇（街道）党群服务中心和社会治理中心的建设，也包括网格化服务管理体系，如网格划分、网格运行、网格责任划分、网格队伍建设，还包括基层基础信息化、智能化建设。调研发现，东西部地区在市域社会治理基础建设方面，呈现出不平衡不充分问题。东部发达地区城市经济发展水平高，地方政府财力较为充沛，综治中心、网格化体系、信息化与智能化建设方面已经走到全国前列。西部地区试点城市综治中心还在建设完善阶段，网格化体系建设还不成熟，特别是网格员薪资待遇、培养渠道、权责划分等问题仍然突出，运用大数据、信息化、智能化手段支撑市域社会治理水平还不高。

（四）社会协同、居民参与水平不高

群团组织助推作用还未能较好发挥，无法较好地引领居民群众投身到社会治理实践中去。社会组织发展“小”“弱”“散”问题严重，能力有待进一步提升，政府购买服务和公益创投的力度还需加大。居民群众参与治理的组织化水平不高，部分地方党员干部唱“独角戏”多、居民群众“大合唱”少，多元共治的格局尚未有效形成。

（五）部门间数据资源共享与关联不足

推进市域社会治理智治建设，已成为各试点城市实施的重点，大数据、5G、云计算等前沿科技不断运用到市域社会治理中。但各部门开发的信息系统“各自为战”，公安、人力资源社会保障、司法、民政、卫生健康等部门数据关联不足，很难在市级层面实现联通共享，信息资源共享程度低，信息碎片化、“信息孤岛”不同程度存在，不利于形成治理“一盘棋”。

五、推进市域社会治理现代化建设的对策建议

推进市域社会治理现代化建设，要牢牢把握国家治理体系和治理能力现代化的内在要求，紧紧抓住实践中存在的主要矛盾和突出问题，以防范市域重大风险为着力点，以增强市民获得感、幸福感、安全感为落脚点，以理顺条块关系、夯实基层治理基础、实现政社调节与居民自治良性互动为关键点，构建市域社会治理现代化新格局。

（一）建立健全市域社会治理政府职责体系

建立健全市域社会治理政府职责体系是理顺条块关系，实现各项治理事务制度化、规范化和程序化的重要路径。要进一步理清纵向政府职责体系，治理职责下移与资源配置下沉同步推进，提升基层政府部门承接能力。厘清、理顺各职能部门间的职责范围，建立跨部门横向协同联动机制，克服各部门本位主义，可以探索在市县（区）政法委员会基础上加挂市域社会治理委员会牌子，加强市域社会治理统筹领导。

（二）推动社会治理重心下移以及减负放权赋能改革

推动治理重心下移和向基层减负放权赋能是市域社会治理改革的一条基本主线。要充分发挥市级层面统筹协调作用，充分运用市域在资源统筹上的优势，通过上下贯通，把更多的资源、服务、管理下沉

到基层。要进一步厘清职能部门、驻街机构与街道社区的权责边界，制定社区社会治理自治清单、协助行政事项清单、负面清单，从体制机制上保障基层减负任务的落实。把推动“街社吹哨、部门报到、接诉即办”机制标准化，作为市域社会治理放权赋能改革举措，把基层党组织建设成为领导基层治理的坚强战斗堡垒。

（三）创新市域社会治理资源要素配置保障体制

完善市域政府面向城乡社区治理的资源统筹保障体制，深化市县财税体制改革，实现人、财、物、责、权对等下沉到城乡社区。出台市域社会治理基本公共服务标准，匹配相应的资金保障机制。各地根据实际财力条件，合理制定综治中心、社会治理中心建设标准，在智能化设施设备投入建设等方面量力而行，不搞“高大上”面子工程。加强网格化管理服务体系建设，将网格员职业增加到国家职业资格目录中，逐步推进网格员管理职责规范化、岗位设定标准化，落实网格员薪资待遇，畅通网格员成长渠道。

（四）提升社会组织在多元共治中的能力

完善政府购买社会组织服务指导性目录，健全政府购买社会组织服务绩效管理机制，设置公益大赛扶持社会组织创投项目，创新公益基金参与社会组织服务模式，拓宽公益项目筹款渠道。落实社会组织税收优惠政策，建设社会组织培育发展基地，加强社会组织人才培育，促进社会组织自我造血和自主创新。此外，充分发挥工会、共青团、妇联、科协、法学会等群团组织的各自阵地作用，广泛组织各方面群众参与社会治理。

（五）构建“党建引领+能人带动+互动平台”自治模式

有效治理单元的培育是居民自治实现的基础，特别是与基层居民联系紧密的“微组织”。以党建为引领，发挥党员带头作用，是组建“微组织”的关键。挖掘群众中威望高、责任心强、有时间与意愿的居民，培育成为社区“能人”，参与社区共治，解决社区中存在的痛点难点问题。在社会治理的末端建立信息互动平台，将居民整合到互动平台之中，引导居民参与公共事务、开展协商活动、组织邻里互助。

（六）打造数字化治理共享平台

推进各部门要素数据化、数据标准化，整合社会治理数据资源，自上而下按“条”建设的各类信息化项目，如公安、应急、能源、司法、交通、消防等公共服务部门数据融入到市级社会治理中心中去，实现“块”上信息数据的共享应用。推进数字化基础平台建设，做好升级改造、系统对接、主题数据建设等工作，落实网格事务基础数据共享、部门业务协同处置，实现线上线下、网络网格相融合。充分利用大数据平台，形成市域社会治理强大数字化合力。

执笔人：王皓田

问卷调查报告

以群众满意为目标 探索市域社会治理新路径

——基于3047份线上问卷调查分析

如果说社会治理是一道“方程式”，那么群众的满意就是最优解。推进市域社会治理现代化，必须发动群众、依靠群众，及时了解群众所“急”，积极解决群众所“难”，有效化解群众所“愁”，主动达成群众所“盼”，靶向发力、精准施策，不断提升人民群众获得感、幸福感和安全感。为真实掌握社情民意，了解群众对市域社会治理现代化当前取得成效的评价以及对后续工作的建议，课题组于2021年10月开展了以“市域社会治理现代化”为主题的线上问卷调查，共回收有效问卷3047份[1]。本报告基于此次问卷调查数据进行结果呈现。

[1] 在性别上，男性占比47.78%，女性占比52.22%；在年龄结构上，以70 后（16.54%）、80 后（38.3%）、90 后（29.54%）为主，合计占比近90%；在学历上，九成以上为初中及以上学历，六成以上为本科及以上学历；在职业上，企业管理或技术人员相对最多（18.67%），科教文卫等事业单位人员、个体私营老板、自由职业者等占比也超过 10%，商业服务业一般员工、产业工人等也相对较多，职业分布较为广泛；在个人月收入上，八成在 3000元以上，在 10000元以上的不足一成；在户籍上，本地城镇户口占比54.87%，本地农村户口占比26.52%，外地城镇户口（12.31%）及外地农村户口相对较少（6.30%）。在常住地上，受访群众覆盖直辖市城区（18.48%）、省会或副省级城市城区（19.20%）、地级市城区（22.15%）、县级市城区（15.88%）、县城城区（10.37%）、乡镇（6.2%）、农村（7.42%）。在社区类型上，商品房社区的受访居民相对最多（32%），城镇老旧社区（19.10%）、“城中村”社区（18.58%）、农村社区（12.27%）的占比也相对较高。

一、关于市域社会治理现代化的总体评价

（一）受访群众对所在地社会治理工作“比较满意”，尤其是认可在信息公开、便捷化信息平台建设方面取得的成绩，整体满意度还有进一步提升空间

关于对所在地社会治理工作的满意度[1]，受访群众对“信息公开水平”（4.25分）和“便捷化信息平台建设”（4.24分）的评价相对最高，超过“比较满意”水平（4.0分）；对“社会矛盾预防化解能力”（4.22分）、“政府人员职业素养”（4.21分）、“公众参与基层治理

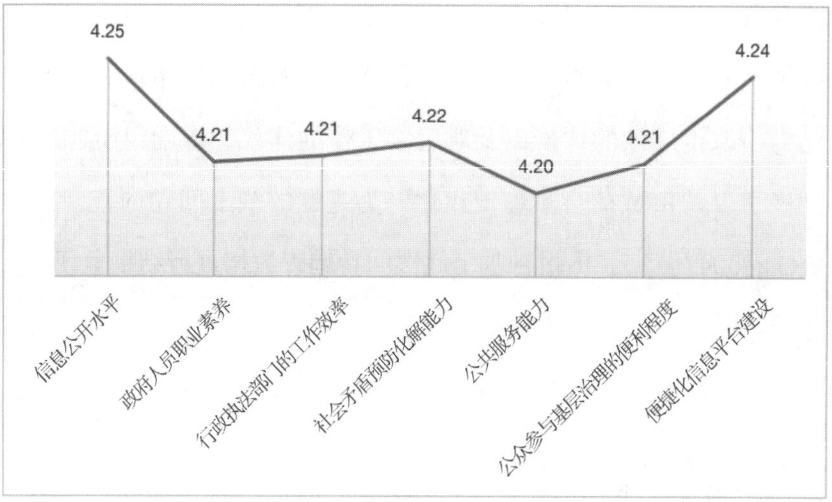

图 1　“您对您所在地的下列治理工作满意吗”调查情况示意图

[1] 问卷将非常满意、比较满意、一般、不太满意、很不满意分别赋值为 5 分、4 分、3 分、2 分、1 分，均分为各项算术平均值，无法选择不参与赋值及均分计算。本报告除满意度外，迫切程度、重要性等也采用同样的赋值方法，不另注。

的便利程度”（4.21分）、“行政执法部门的工作效率”（4.21分）、“公共服务能力”（4.20分）等方面的工作也较为认可。但值得注意的是，所有分项评分离“非常满意”水平（5.0分）还存在较大差距，社会治理工作满意度有待进一步提升。如图1所示。

（二）在治理成效上，受访群众认为人居环境改善治理效果最为显著，但社会组织、居民等力量主体的自治能力有待增强；按社区类型看，农村社区居民对治理成效的评价相对最高

关于近几年来所在地的社会治理取得的成效，有高达62.91%的受访群众认为“人居环境得到很大改善”，在所有分项中排名第一；对所在地在“公共服务能力”（54.68%）、“社会矛盾纠纷化解能力”（53.63%）、“基层党组织建设”（53.59%）等方面的成效也较为认可；相比之下，受访群众对“居民自治活力”（34.33%）、“人民群众获得感、幸福感、安全感”（35.21%）、“社会组织活力”（36.10%）的评价有待进一步提升。如图2所示。

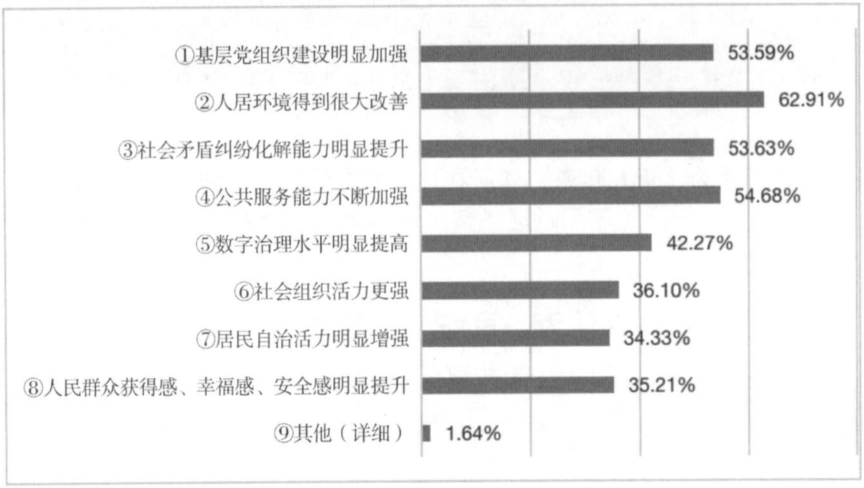

图2 “您认为，近几年来，您所在地的社会治理工作取得了哪些成效”调查情况示意图

按社区类型看，农村社区在“人居环境”（70.05%）、“基层党组织建设”（64.17%）方面取得明显成效，明显好于其他类型社区，但在“数字治理”方面的表现还需提升（36.90%）；相比之下，老旧小区、产业型社区、城中村社区在“基层党建”“人居环境”“公共服务能力”“人民群众获得感、幸福感、安全感”等方面的评价要明显低于其他类型社区。如图3所示。

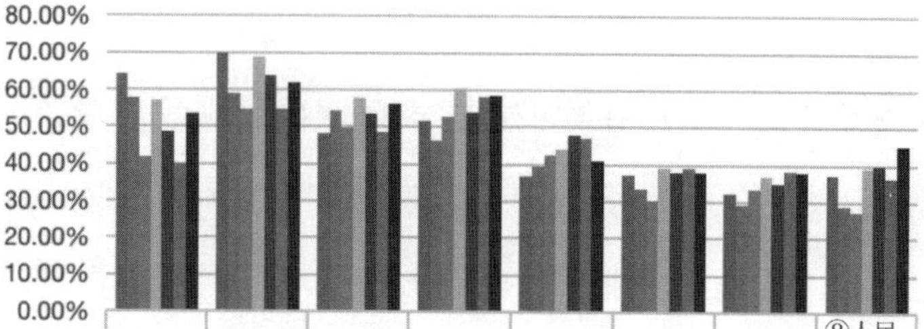

	①基层党组织建设明显加强	②人居环境得到很大改善	③社会矛盾纠纷化解能力明显提升	④公共服务能力不断加强	⑤数字治理水平明显提高	⑥社会组织活力更强	⑦居民自治活力明显增强	⑧人民群众获得感、幸福感、安全感明显提升
■①农村社区	64.17%	70.05%	48.13%	51.60%	36.90%	37.17%	32.35%	37.17%
■②城中村社区	57.60%	59.01%	54.42%	46.47%	39.40%	33.39%	29.15%	28.80%
■③城镇老旧社区	41.75%	54.64%	49.66%	52.92%	42.61%	30.41%	33.51%	27.32%
■④商品房社区	56.92%	68.62%	57.85%	60.51%	44%	39.08%	36.82%	39.08%
■⑤单位型社区	48.47%	63.74%	53.44%	53.82%	47.71%	38.17%	35.11%	40.08%
■⑥产业型社区	40%	54.78%	48.70%	58.26%	46.96%	39.13%	38.26%	36.52%
■⑦小城镇自建房社区	53.52%	61.97%	56.34%	58.45%	40.85%	38.03%	38.03%	45.07%

图3　“您认为，近几年来，您所在地的社会治理工作取得了哪些成效”（不同社区类型）调查情况示意图

（三）受访群众认为，目前“互联网+”社会治理在信息安全、大数据应用、部门信息共享等方面还存在较大短板

受访群众认为，“信息安全问题”（54.55%）是目前“互联网+”社会治理存在的最大短板，在所有分项中排名最高；“缺乏大数据人

才和技术”（52.41%）、“缺乏大数据意识”（42.63%）问题也较为突出，一方面反映出社会治理大数据应用能力有待提升，另一方面反映出群众对大数据与社会治理进一步融合更为期待；此外，“数字鸿沟问题”（32.88%）、“信息孤岛”（27.73%）仍然存在，表明部门间信息协同共享机制仍需健全。如图4所示。

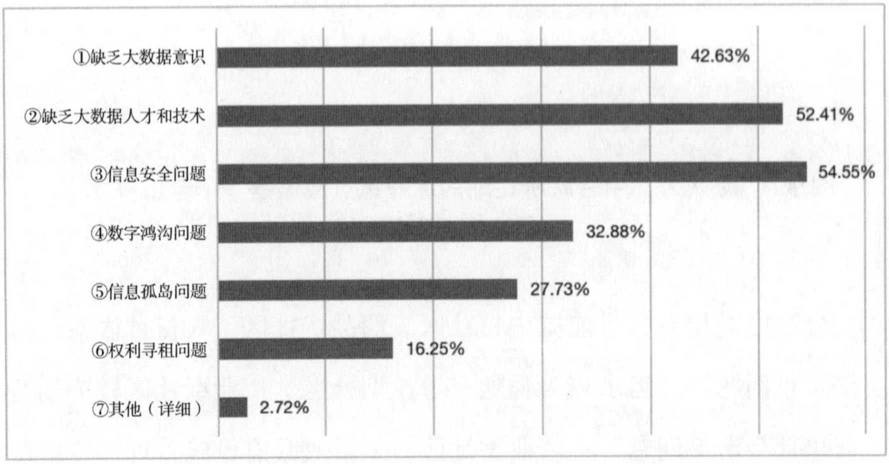

图4 “您认为，政府运用‘互联网+’进行社会治理存在的主要问题是”调查情况示意图

（四）受访群众认为，未来应围绕“解决停车难”“解决社会信用问题”“解决政府设施管理问题”等重点问题加强治理；分社区类型看，不同社区群众关注的治理重点有所不同，反映出在市域中开展分类治理，向基层放权赋能的必要性

关于未来的治理重点，高达50.34%的受访群众认为应着力“解决停车难”问题；此外，对“解决社会信用问题”（40.79%）、“解决政府设施管理问题”（40.43%）的需求也较为迫切；还有人认为“解决社会治安问题”“加强外来人口管理”“稳定社会劳动关系”也应是未来工作重点。如图5所示。

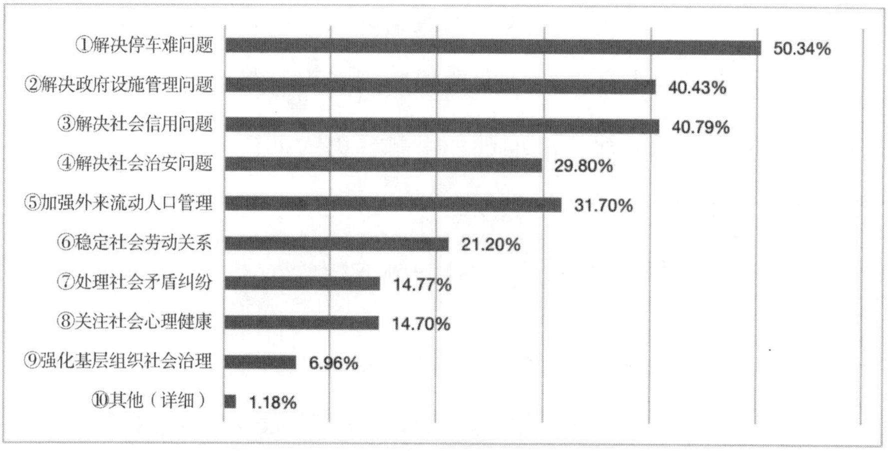

图5 “您认为，今后您所在地的治理重点应该是”（全部样本）调查情况示意图

分社区类型看，目前城中村社区、商品房社区、农村社区对“解决停车难问题”的需求较为强烈；单位型社区、产业型社区较为期待“解决社会治安问题”；产业型社区对“解决政府设施管理”“解决社会信用问题”“加强外来流动人口管理”的关注程度较高。

（五）受访群众建议，应以“健全多方监督机制”为重点，多措并举全面提升市域社会治理现代化水平

关于提高市域社会治理现代化水平的举措，受访群众建议，应以“健全多方监督机制”为主攻方向（48.11%），以更大力气“培育公民参与意识”（46.73%），“优化跨部门协调流程突破”（42.60%），协同推进“建立政社合作框架”（31.15%）、“开展分类治理”（26.81%）、“加强社会治安防控体系建设”（20.41%）、“完善公共法律服务体系”（18.02%）等各方面工作，多管齐下将市域社会治理现代化向纵深推进。如图6、图7所示。

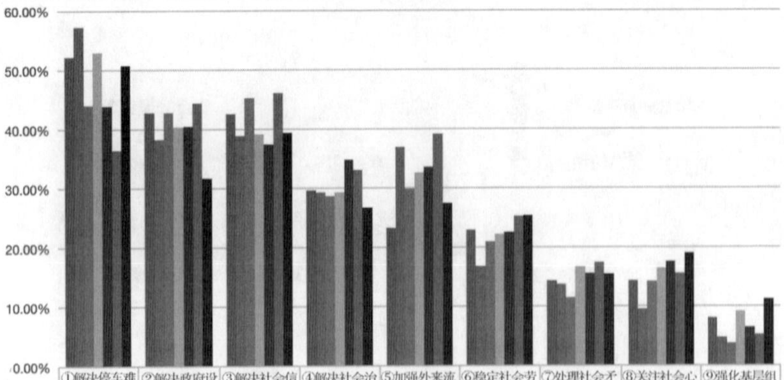

	①解决停车难问题	②解决政府设施管理问题	③解决社会信用问题	④解决社会治安问题	⑤加强外来流动人口管理	⑥稳定社会劳动关系	⑦处理社会矛盾纠纷	⑧关注社会心理健康	⑨强化基层组织社会治理
■①农村社区	52.14%	42.78%	42.51%	29.68%	23.26%	22.99%	14.44%	14.44%	8.02%
■②城中村社区	57.24%	38.34%	38.87%	29.33%	36.93%	16.78%	13.78%	9.54%	4.77%
■③城镇老旧社区	43.99%	42.78%	45.19%	28.69%	29.90%	20.96%	11.51%	14.26%	3.78%
■④商品房社区	52.92%	40.31%	39.18%	29.23%	32.62%	22.15%	16.72%	16.41%	9.13%
■⑤单位型社区	43.89%	40.46%	37.40%	34.73%	33.59%	22.52%	15.65%	17.56%	6.49%
■⑥产业型社区	36.52%	44.35%	46.09%	33.04%	39.13%	25.22%	17.39%	15.65%	5.22%
■⑦小城镇自建房社区	50.70%	31.69%	39.44%	26.76%	27.46%	25.35%	15.49%	19.01%	11.27%

图6 “您认为，今后您所在地的治理重点应该是”（分社区类型）调查情况示意图

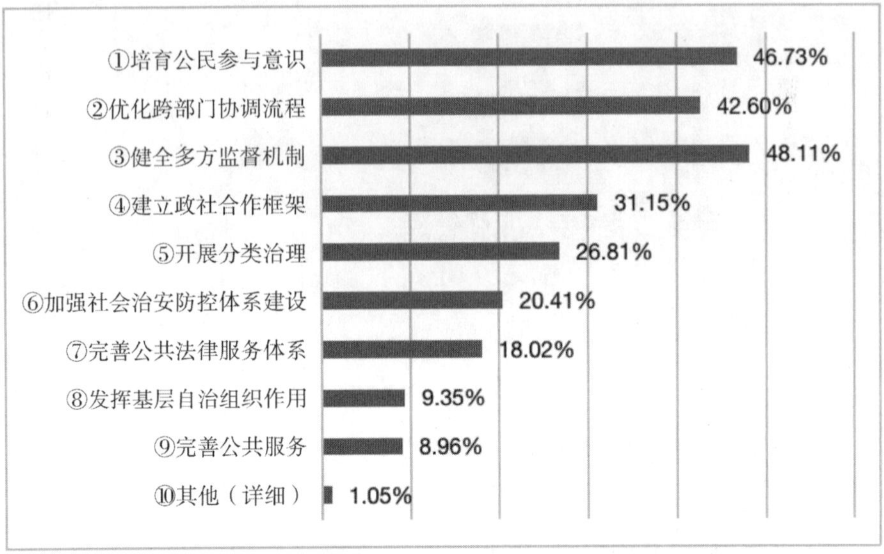

图7 “您认为，从体制机制角度，该如何提高您所在地的社会治理现代化水平”调查情况示意图

图8 受访群众对所在地市域社会治理评价的声量图

图8展示了受访群众对所在地市域社会治理评价的声量图，可以发现，市域居民整体满意度较高，认为治理水平“很好”“越来越好”，建议进一步加快健全市域治理体制机制，推进治理水平迈上新的台阶。

二、关于市域政务服务和公共服务的评价

（一）有近九成受访群众对所在地的政府工作表现“满意”；分常住地看，县城城区、农村的满意度还有进一步提升空间

关于对所在地政府工作表现的总体满意度，有63.41%的受访群众表示“非常满意”，23.93%表示“比较满意”，合计占比87.34%。分常住地看，直辖市城区、乡镇、省会城市或副省级城市城区的满意度相对最高，分别达91.12%、91.01%、90.42%，县城城区、农村的满意度相对最低，分别为74.05%、77.87%。如图9所示。

（二）受访群众认为目前“放管服”改革“成效较大”，对加快“证照分离”改革取得成果最为认可，认为推行“互联网+监管”还应进一步加强

关于目前“放管服”改革取得成效，受访群众认为，“加快‘证照分离’改革”（4.24分）效果相对最为显著，在所有分项中评分最高；其他分项，比如：“加快构建全国政务服务‘一张网’”（4.22分）、“全面推行市场准入负面清单制度”（4.21分）、“推行包容审慎监管”（4.21分）、“推行综合执法监管”（4.21分）等成效也较为

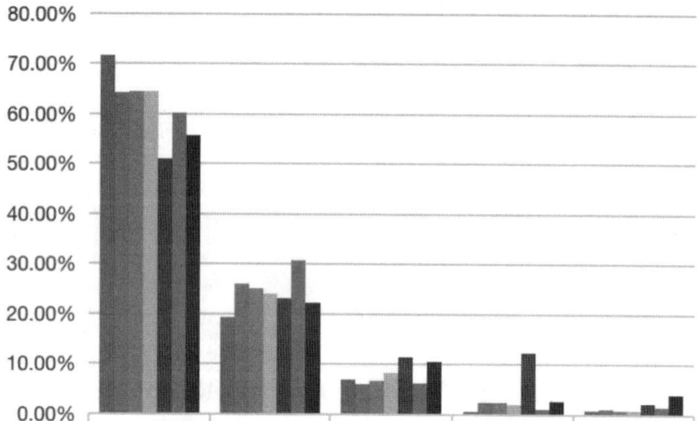

	①非常满意	②比较满意	③一般	④不太满意	⑤非常不满意
①直辖市城区	71.76%	19.36%	6.93%	0.71%	0.89%
②省会或副省级城市城区	64.27%	26.15%	5.98%	2.39%	1.03%
③地级市城区	64.59%	25.19%	6.81%	2.52%	0.89%
④县级市城区	64.46%	23.97%	8.26%	2.07%	0.83%
⑤县城城区	50.95%	23.10%	11.39%	12.34%	2.22%
⑥乡镇	60.32%	30.69%	6.35%	1.06%	1.59%
⑦农村	55.75%	22.12%	10.62%	2.65%	3.98%

图9　“总的来说，您对所在地政府的工作表现是否满意”（分常住地）调查情况示意图

明显，评分差距不大；相比较下，“推行‘互联网+监管’”评分相对最低，为4.17分。如图10所示。

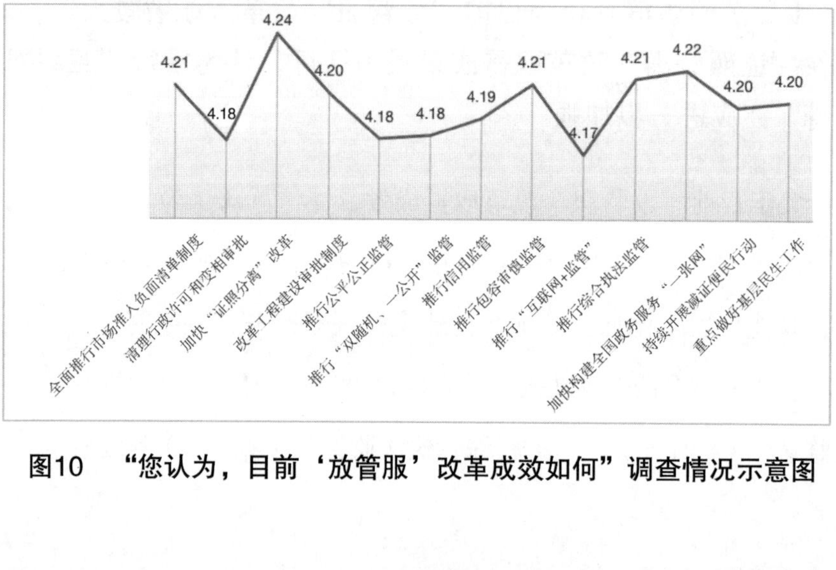

图10　“您认为，目前‘放管服’改革成效如何”调查情况示意图

（三）在各项基础公共设施中，受访群众最希望完善停车库（场）建设；分社区类型看，城中村社区周边基础公共设施短板最为明显，居民改善愿望强烈

问卷数据显示，受访群众对完善停车库（场）建设的需求最为迫切（4.09分），超过“比较迫切”水平（4.00分），交叉印证了上文得出的未来治理应以“解决停车难”为重点的结论；“电动车充电设施建设”（3.98分）、“文化体育设施建设”（3.98分）、“拆除违法建设”（3.99分）、“有条件的楼栋加装电梯”（3.99分）等得分相对较低。如图11所示。

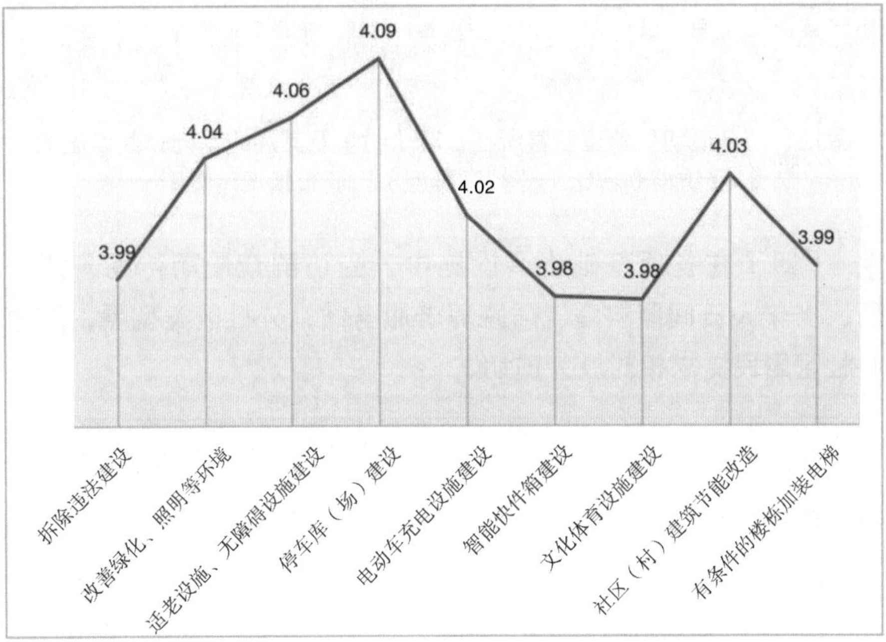

图11 “完善所在社区（村）及其周边基础公共设施的迫切程度”调查情况示意图

分社区类型看，城中村社区对完善周边基础公共设施最为迫切，对各类设施的需求程度都较为旺盛，明显高于其他社区类型。如图12所示。

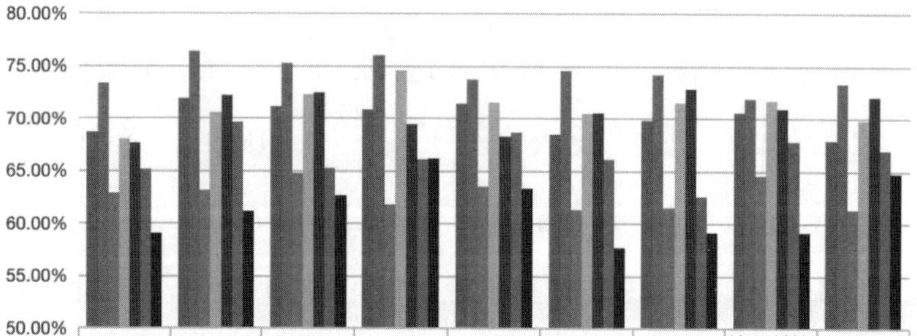

	拆除违法建设	改善绿化、照明等环境	适老设施、无障碍设施建设	停车库（场）建设	电动车充电设施建设	智能快件箱建设	文化体育设施建设	社区（村）建筑节能改造	有条件的楼栋加装电梯
■农村社区	68.70%	71.90%	71.12%	70.86%	71.39%	68.45%	69.79%	70.59%	67.91%
■城中村社区	73.30%	76.40%	75.27%	75.97%	73.67%	74.56%	74.20%	71.91%	73.32%
■城镇老旧社区	62.90%	63.20%	64.78%	61.86%	63.57%	61.34%	61.51%	64.60%	61.34%
■商品房社区	68.00%	70.60%	72.31%	74.56%	71.49%	70.46%	71.49%	71.69%	69.85%
■单位型社区	67.60%	72.20%	72.52%	69.47%	68.32%	70.61%	72.90%	70.99%	72.14%
■产业型社区	65.20%	69.60%	65.22%	66.09%	68.70%	66.09%	62.61%	67.83%	66.96%
■小城镇自建房社区	59.10%	61.20%	62.68%	66.20%	63.38%	57.75%	59.15%	59.15%	64.79%

图12　“‘迫切’希望完善所在社区（村）及其周边基础公共设施的受访群众占比（分社区类型）”调查情况示意图

（四）在各项基础生活设施中，受访群众最期待完善托老所、老年人日间照料室、居家养老服务站；分社区类型看，城中村社区居民需求相对最为迫切

在各项基础生活设施中，受访群众最期待完善托老所、老年人日间照料室、居家养老服务站（4.07分），对社区（村）卫生服务设施（4.04分），以及公园场地、园林绿化设施（4.05分）等需求也相对较大，均超过“比较迫切”水平（4.0分）。如图13所示。

分社区类型看，城中村社区居民改善愿望最为强烈，各分项百分比均高于其他类型社区；此外，农村社区、商品房社区、单位型社区的改善愿望也相对较高。如图14所示。

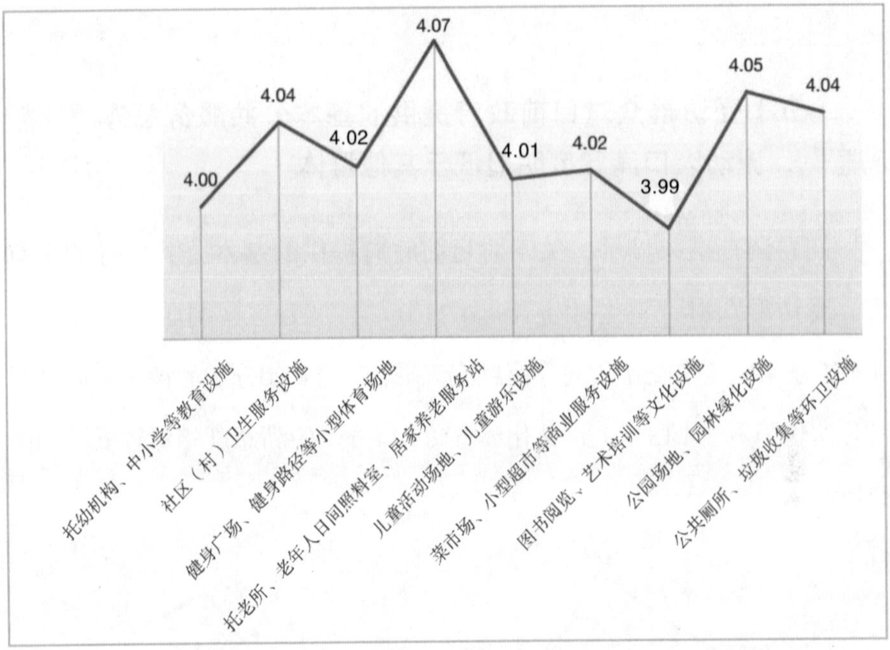

图13　“完善所在社区（村）及其周边基础生活设施的迫切程度”调查情况示意图

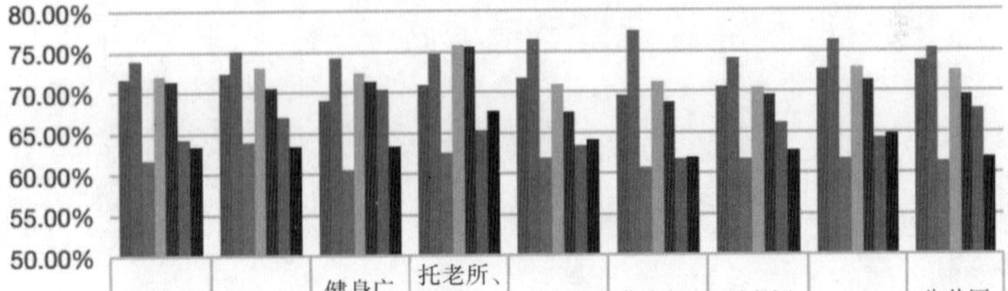

	托幼机构、中小学等教育设施	社区（村）卫生服务设施	健身广场、健身路径等小型体育场地	托老所、老年人日间照料室、居家养老服务站	儿童活动场地、儿童游乐设施	菜市场、小型超市等商业服务设施	图书阅览、艺术培训等文化设施	公园场地、园林绿化设施	公共厕所、垃圾收集等环卫设施
■农村社区	71.66%	72.46%	68.98%	70.86%	71.66%	69.52%	70.59%	72.73%	73.80%
■城中村社区	73.85%	75.09%	74.20%	74.73%	76.50%	77.39%	74.03%	76.33%	75.27%
■城镇老旧社区	61.68%	63.92%	60.48%	62.54%	61.86%	60.65%	61.68%	61.68%	61.34%
■商品房社区	72.00%	73.13%	72.31%	75.69%	70.87%	71.18%	70.36%	72.82%	72.51%
■单位型社区	71.37%	70.61%	71.37%	75.57%	67.56%	68.70%	69.47%	71.37%	69.47%
■产业型社区	64.35%	66.96%	70.43%	65.22%	63.48%	61.74%	66.09%	64.35%	67.83%
■小城镇自建房社区	63.38%	63.38%	63.38%	67.61%	64.08%	61.97%	62.68%	64.79%	61.97%

图14　“‘迫切’希望完善所在社区（村）及其周边基础生活设施的受访群众占比（分社区类型）”调查情况示意图

（五）受访群众对目前政府提供的基本公共服务总体“比较满意”，流动人口满意度明显低于其他群体

问卷调查结果显示，关于对目前政府提供的基本公共服务的满意度，受访群众对“卫生计生”（4.21分）、“社区（村）治安保障”（4.20分）、“建设互联网等信息交流平台”（4.20分）的评价较高；对“住房保障”（4.13分）、文化体育（4.14分）的满意度相对较低。如图15所示。

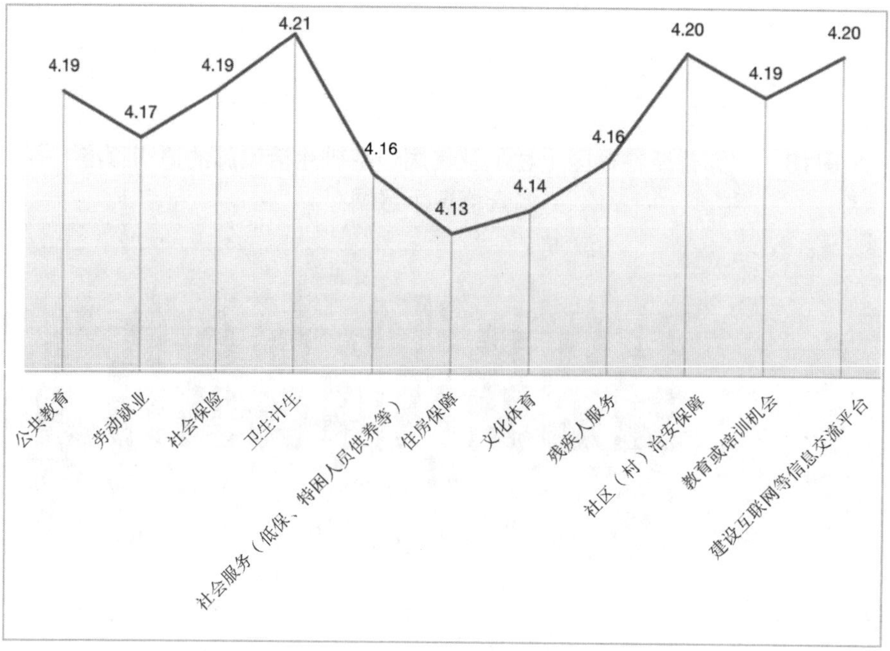

图15 “您对目前政府提供的基本公共服务的满意度如何”（全部样本）调查情况示意图

分群体看，受访群众中的流动人口对其所在地提供的各项基本公

共服务的满意度明显偏低。如图16所示。

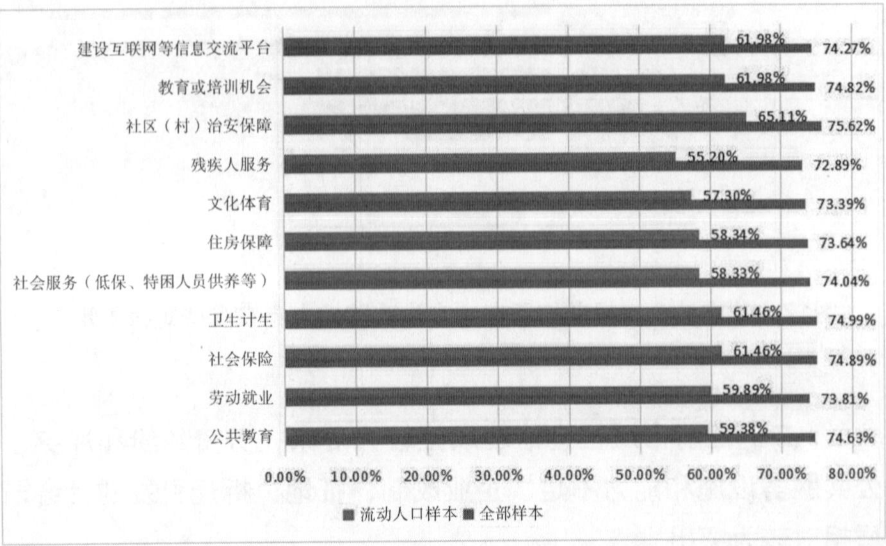

图16 “受访群众对所在地基本公共服务满意度的评价（流动人口样本及全部样本对比）”调查情况示意图

三、关于公共安全和矛盾调解的评价

（一）受访群众认为目前治安防控存在的最大短板在于重点行业、重点区域综合治理成效不佳，经常性专项打击整治机制不太完善

有关目前治安防控存在的短板不足，有54.64%的受访群众认为是“重点行业、重点区域综合治理有待进一步加强”、有55.37%认为是“经常性专项打击整治机制有待进一步完善”，在所有分项中占比相对最高；此外，“参与治安防控的人力较少”问题（44.80%）也较为突出。如图17所示。

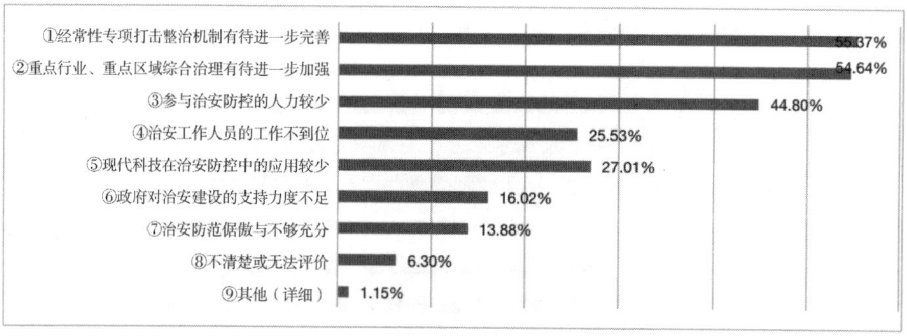

图17　“您认为，目前您所在地在治安防控上存在哪些短板不足”（多选题）调查情况示意图

（二）目前市域社会治理风险较为复杂，劳资纠纷和冲突、公共服务设施和能力不足、企业改制、征地、拆迁引发的社会矛盾相对较为突出

问卷调查结果显示，有高达48.54%的受访群众认为“劳资纠纷和冲突”引发的社会矛盾是其所在地的最为主要的社会矛盾；“公共服务设施和能力不足”（41.94%）、“企业改制”（41.84%）、“征地、拆迁”（40.99%）引发的社会矛盾也较为突出。此外，“贫富差距”（32.00%）、环境污染（24.48%）引发的社会矛盾也不容忽视。如图18所示。

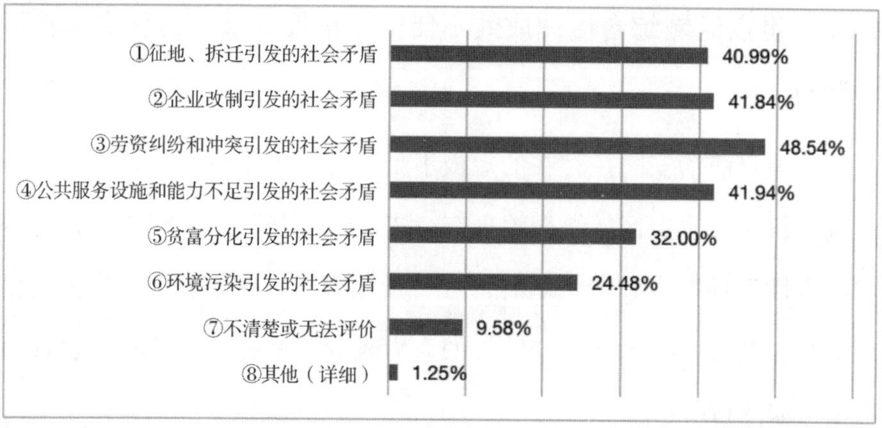

图18　“您认为，目前您所在地的社会矛盾主要体现在”调查情况示意图

（三）总体来看，目前基层社会管理面临多方面挑战，小区业主权益问题较为突出；分社区类型看，不同社区面临的主要矛盾有所差异

据受访群众反映，目前基层社会管理的问题是“小区业主权益问题”（47.39%）；此外，“消防问题”（37.25%）、环境卫生问题（34.89%）、“治安管理问题”（34.36%）也相对突出。如图19所示。

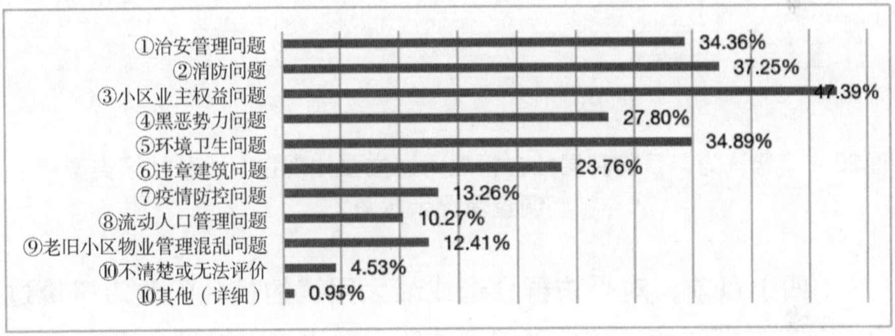

图19 “您认为，目前基层社会管理问题主要体现在”（多选题）调查情况示意图

分社区类型看，农村社区治安管理问题相对最为突出；城中村社区消防问题较为明显；商品房社区小区业主权益问题亟待解决。如图20所示。

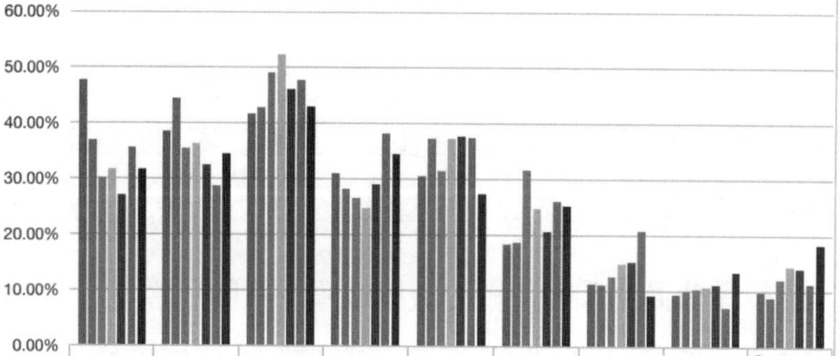

	①治安管理问题	②消防问题	③小区业主权益问题	④黑恶势力问题	⑤环境卫生问题	⑥违章建筑问题	⑦疫情防控问题	⑧流动人口管理问题	⑨老旧小区物业管理混乱问题
■①农村社区	47.86%	38.50%	41.71%	31.02%	30.48%	18.45%	11.23%	9.36%	9.89%
■②城中村社区	36.93%	44.52%	42.93%	28.27%	37.28%	18.73%	11.13%	10.07%	8.83%
■③城镇老旧社区	30.24%	35.40%	49.14%	26.63%	31.44%	31.62%	12.54%	10.31%	12.20%
■④商品房社区	31.69%	36.31%	52.31%	24.72%	37.23%	24.82%	14.97%	10.67%	14.46%
■⑤单位型社区	27.10%	32.44%	46.18%	29.01%	37.79%	20.61%	15.27%	11.07%	14.12%
■⑥产业型社区	35.65%	28.70%	47.83%	38.26%	37.39%	26.09%	20.87%	6.96%	11.30%
■⑦小城镇自建房社区	31.69%	34.51%	42.96%	34.51%	27.46%	25.35%	9.15%	13.38%	18.31%

图20　“您认为，目前基层社会管理问题主要体现在”（分社区类型看）调查情况示意图

（四）目前，对受访群众造成最大困扰的社会问题为房价过高，贫富差距过大、就业形势严峻等问题也易引发群众担忧

问卷调查结果显示，受访群众对“房价过高”（3.50分）的担心程度相对最高；此外，对“贫富差距过大”（3.45分）、“就业形势严峻”（3.42分）、“隐私泄露”（3.42分）、“环境污染”（3.42分）等问题也较为忧虑。如图21所示。

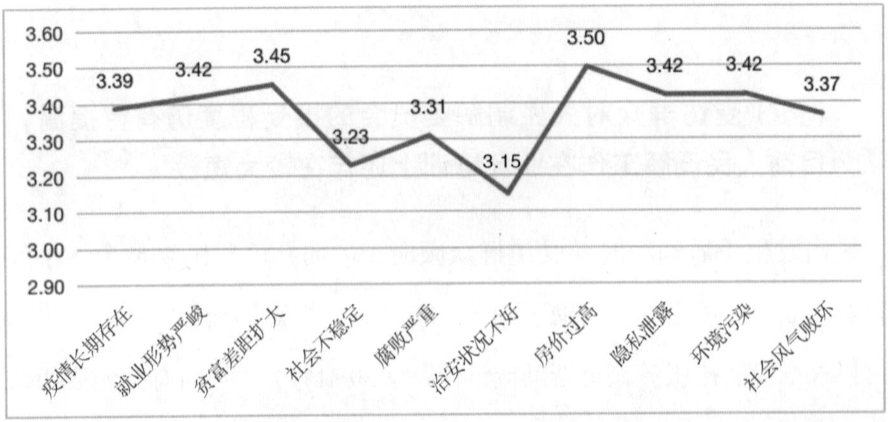

图21 “您是否担心出现所列社会问题”调查情况示意图

分代际看，有高达53%的“00后”、56%的“90后”、54%的“80后”对房价过高表示“非常担心”或“比较担心”。相比于更早实现定居的居民来说，近几年新涌入的新市民在居住问题上面临突出矛盾。如图22所示。

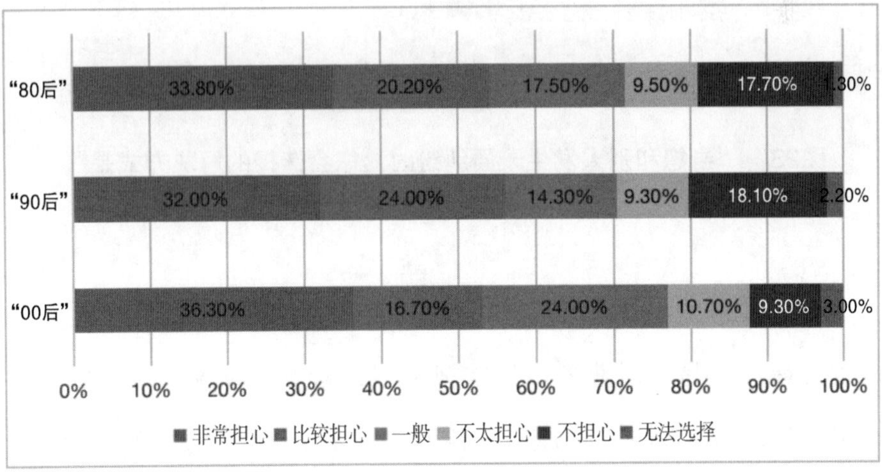

图22 “受访群众对房价过高的担忧程度（分代际看）”调查情况示意图

（五）受访群众对人民调解委员会的接受程度仍有待提高，认为目前人民调解工作在业务培训上还存在较大短板

当发生矛盾纠纷时，受访群众倾向于“向社区居民委员会、小区物业、业主委员会寻求帮助”（59.44%）、“报警处理”（52.87%）、“寻求专业法律服务人员帮助或诉讼”（50.31%）；“向有关矛盾纠纷调解委员会寻求调节”（40.11%）的比例相对较低。如图23所示。

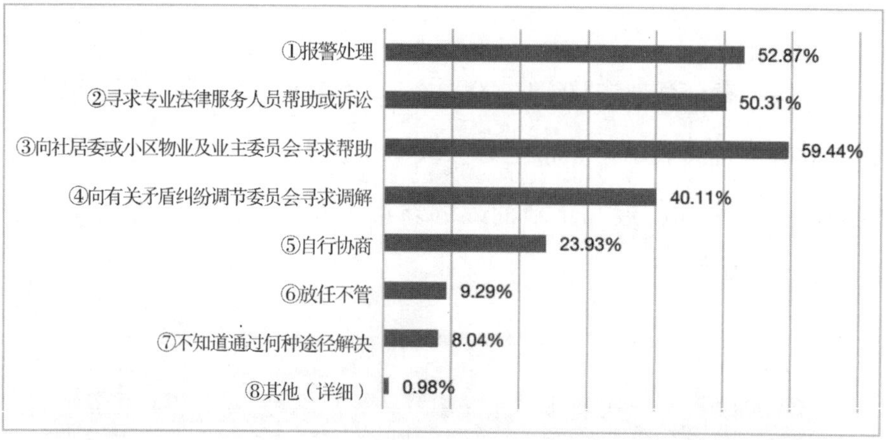

图23　“当您和别人发生矛盾纠纷时，您会选择的解决方式是”（多选题）调查情况示意图

在受访群众看来，目前人民调解工作的主要问题集中在业务培训方面：一是“对业务培训重视不够，未形成系统化，制度化”（60.65%）；二是“调解员工作基础薄弱，培训力度有待加强”（59.40%）。此外，“调解员的待遇不理想，开展工作的积极性有待提高”（45.72%）、“业务办理流程不够清晰通畅”（40.30%）等问题也较为突出。如图24所示。

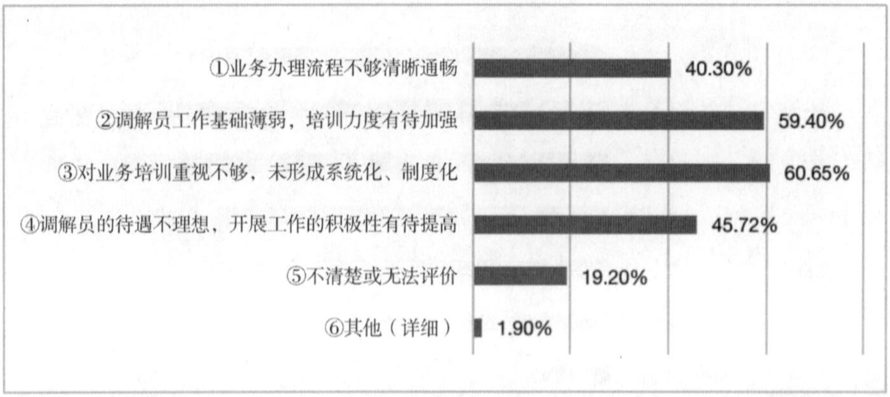

图24　“您认为，目前人民调解工作存在哪些突出问题”（多选题）调查情况示意图

四、关于社区治理与社会参与的评价

（一）受访群众认为，目前基层网格化管理还存在一些短板，在信息化建设、职能优化、办事效率提升等方面有待加强

目前基层网格化管理存在的主要问题是“信息化平台建设不完善”（51.43%），在所有分项中排名第一；此外，“网格员职责划分不合理”（46.41%）、“办事指引不够清楚、详细”（41.29%）、“业务办理效率低，流程烦琐”（40.4%）等问题也较为突出；还有群众反映，“网格职能单一、需要扩充”（33.97%)，期待进一步完善网格职能。如图25所示。

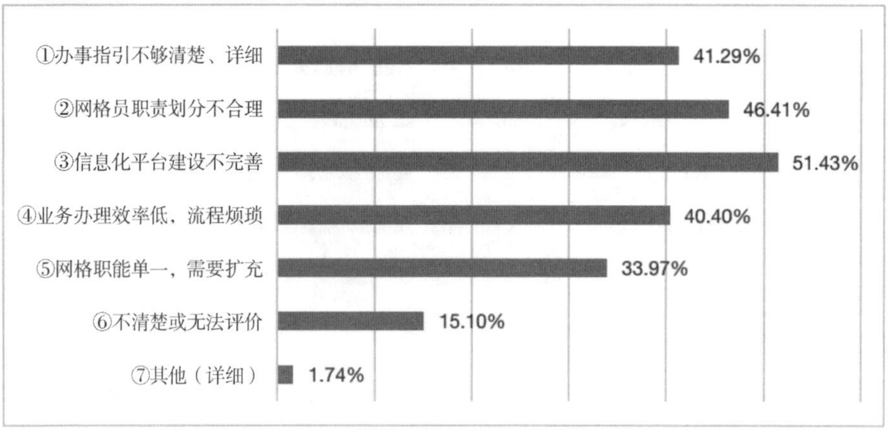

图25　“您认为，目前所在社区（村）的网格化管理存在哪些突出问题”（多选题）调查情况示意图

（二）据受访群众反馈，目前居委会、业主委员会在社区（村）服务与治理中发挥的作用较大，物业公司、社团组织等组织力量发挥相对薄弱

问卷调查结果显示，在社区（村）服务与治理中，居委会、业主委员会发挥的作用相对较大，得分均为4.21分，在所有分项中排名最高；社区（村）党组织的力量也相对较强（4.19分），引领作用较为显著；其他组织力量，尤其是物业公司（4.11分）、社会组织（4.11分）等的功能发挥有待增强。如图26所示。

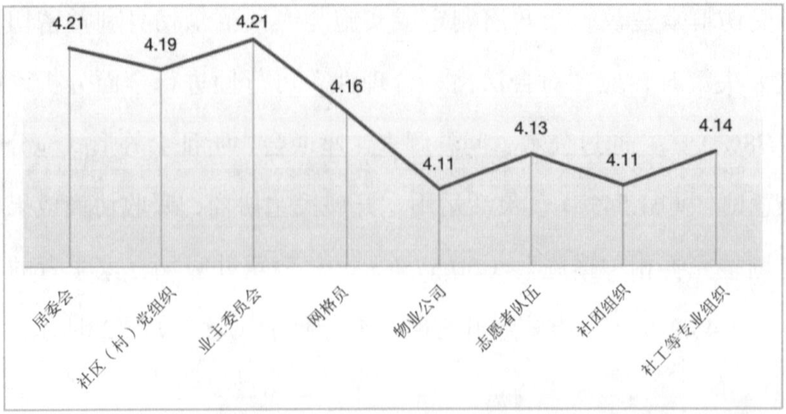

图26 “您认为，在社区（村）服务与治理中，以下组织发挥的重要性如何”调查情况示意图

（三）目前公共意见反馈渠道还较为单一，受访群众期待不断畅通群众诉求表达渠道，提高政府科学决策能力

关于反映公共问题或群众意见的渠道，目前受访群众比较倾向采用“网络意见平台（如微信群）”（55.86%）、“工作人员入户走访”（53.69%）方式提出意见，其他渠道的普及率/利用率相对较低。如图27所示。

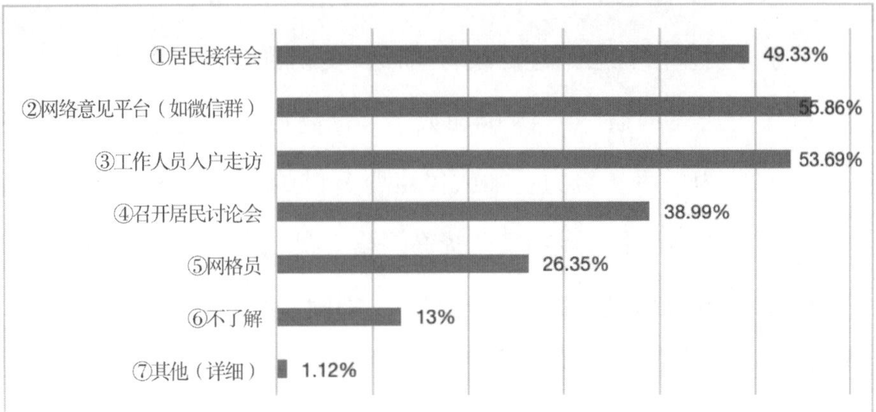

图27 “据您所知，目前您所在社区（村）有哪些反映公共问题或群众意见的渠道”（多选题）调查情况示意图

受访群众建议，当政府制定或实施与人民群众切身利益密切相关的重大决策时，应“对合法性、合理性、可行性进行全面分析论证”（62.78%）、“通过公示、问卷调查、座谈会、听证会等形式充分听取群众意见”（61.54%）、灵活运用“开展民主协商，吸收协商成果，进一步调整完善相关措施”（50.57%）、“尊重并吸纳专家学者的科学意见”（43.94%）等方式广开言路，充分吸纳民意。如图28所示。

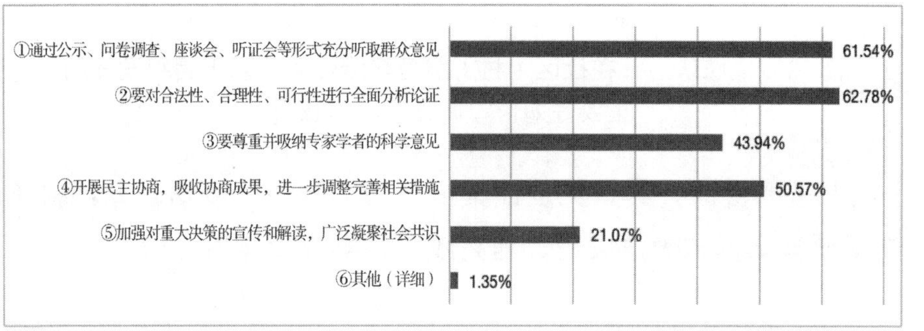

图28 “当政府制定或实施与人民群众切身利益密切相关的重大决策时，您最希望”（多选题）调查情况示意图

（五）受访群众建议，今后应以加强与居民沟通能力、提高社区（村）管理效率等手段为重点，多措并举完善基层社会治理改革

关于今后基层社会治理的改善重点，受访群众建议应以“加强社区（村）与居民沟通”（48.64%）、“提高社区（村）管理效率”（46.87%）为抓手，努力“加大民生服务供给”（41.35%），通过“加强数字平台化手段运用”“提高网格人员专业素质”（35.58%）等多种方式全面提高基层社会治理水平。如图29所示。

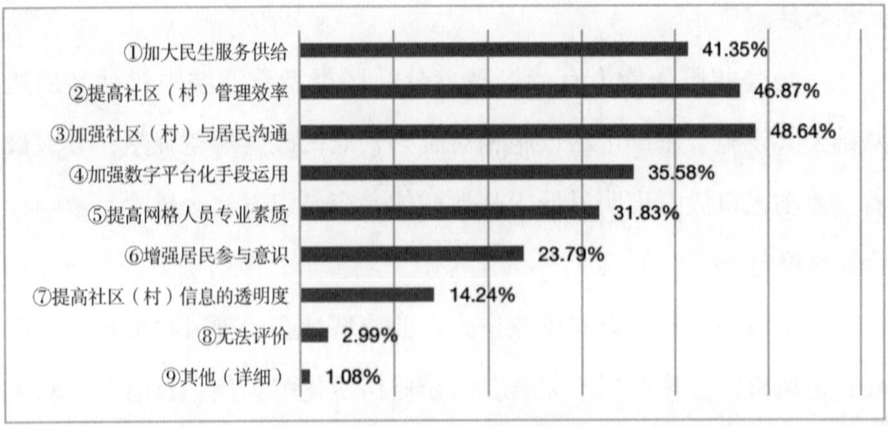

图29 “您认为，今后基层社会治理还需要在哪方面进行改善”（多选题）调查情况示意图

五、结论与建议

（一）主要结论

综上所述，问卷调查发现，多数群众对市域社会治理现代化的多项相关工作赞誉有加。在对市域社会治理现代化的评价上，对所在地的社会治理工作总体“比较满意”，认为近几年来在人居环境上取得明显改善，改善治理效果最为显著；在对市域政务服务和公共服务的评价上，有近九成受访群众对所在地的政府工作表现“满意”，对目前政府提供的基本公共服务总体“比较满意”；在对社区治理与社会参与的评价上，认为目前居委会、业主委员会在社区（村）服务与治理中发挥的作用较大。

然而，调查数据也发现，目前我国市域社会治理还存在以下五个短板不足。

一是公共服务能力有待提高。分社区类型看，城中村社区周边基础公共设施、基础生活设施相对匮乏，居民改善愿望强烈；分人群看，流动人口满意度明显低于其他群体，容易引发社会风险、影响社会和谐稳定。

二是风险防控体系有待健全。目前市域社会治理风险形势复杂严峻，但风险防控体系还不完善。以矛盾纠纷化解为例，目前群众对人民调解委员会的接受程度仍有待提高，认为目前人民调解工作在业务培训上还存在较大短板，多元矛盾调处机制还未成熟。

三是基层治理能力有待增强。目前基层网格化管理仍显薄弱，在信息化建设、职能优化、办事效率提升等方面还须强化。

四是多元主体力量有待强化。据受访群众反馈，物业公司、社团组织等组织力量发挥相对薄弱，群众诉求表达渠道还较为单一。

五是智能治理水平有待提升。目前“互联网+”社会治理在信息安全、大数据应用、部门信息共享等方面还存在短板。

（二）政策建议

一是加快补齐市域基础设施和公共服务短板。提高市域社会治理基本公共服务精准性，明确市域社会治理中的公共服务职能、事项和标准等。健全以社区网格为基础的需求表达机制，健全以协商为基础的沟通机制。提高市域社会治理基本公共服务可及性，强化街道、乡镇和社区的基本公共服务职能，持续改善基层各类公共服务设施条件，推动就业社保、养老托育、治安执法、纠纷调处、心理援助等便民服务场景有机集成、统筹发展。提高市域社会治理基本公共服务均等化，完善以流入地为主的流动人口基本公共服务供给制度，逐步、有序实现基本公共服务向常住人口扩展，通过促进社会权利平等来有效预防和化解市域社会矛盾。

二是建立健全市域社会治理风险防控长效机制。健全风险预测机制，积极借助专家学者力量对市域风险点开展系统调查，科学运用风险评估工具及方法，统一制定市域风险分级分类评估标准及相应风险应对策略。健全风险预防机制，加大风险隐患排查力度，建立风险隐患登记台账，全面梳理所辖各区、街道（镇）、社区（村）内的风险存量和潜在增量，定期开展社会风险排查调处汇总及维稳形势研判工作。健全应急预案制定制度，优化资源保障。健全风险预警机制，加大市域风险监测力度，发展基层工作者，如基层医护、基层疾控人员、网格员等成为信息报送专员，丰富信息报送手段。健全风险控制机制，强化多元矛盾调处机制，针对风险隐患登记台账实行动态化跟踪管理，全力破解影响社会稳定的突出问题，特别是针对征地拆迁、劳动关系、权利维护等社会矛盾及不稳定因素凸显的重点领域。建立健全监察机制，加强行政复议工作。

三是不断夯实基层治理能力。优化基层资源配置，将更多的人力、物力、财力配置到基层社区。利用市场对社区资源进行优化配置，建立完整的以需求为导向、项目为载体的政府向社会组织购买服务的社区服务模式。进一步转变政府职能，坚持“放管服”三管齐下，为基层“减负赋权增能”。提升基层网格效能，有效统筹资源，扎实推进基层党建、综治、城管、民政、应急等网格“多网合一”。在市域层面，推进网格标准化工程，明确网格职能、工作流程、评价标准等。

四是有效激发多元主体活力。健全社会组织培育支持体系，加大社会组织财政扶持力度，拓宽社会组织经济收入渠道。优化社会组织管理体系，通过制度约束、社会规范和组织自律等方式加强对社会组织的管理。完善社会组织与其他社区治理参与主体，以及社区组织间的交流、互动与合作机制。培育居民自治意识和能力，加强自治理念宣传，拓宽社情民意表达渠道，构建“渠道畅通、事能解决”的大调解新格局，建立“自下而上”的询证决策模式。

五是全面提升治理智能化水平。提高政务信息化水平，采用新技术采集、总对总采集、点对点采集等多元化信息采集方式，积极推动建设信息完备的市域公共信息库和个人信息库，加强大数据、区块链等应用能力。加大数据共享力度，建立健全市域跨部门数据开放共享体系，提升电子政务横向协同效能。加强信息安全保障，采取更加高标准、更加严要求的信息安全防范措施，依法处理个人信息公共性与个人隐私之间的关系，以维护公共利益为基点优化政府管理。

（执笔人：刘凡熙）